Las buenas hierbas

Las buenas hierbas

Una guía completa sobre el cultivo y las utilidades de las hierbas

JENNIE HARDING

Copyright © 2005 de la edición española:

Parragon Publishing
Queen Street House,
4 Queen Street,
Bath BA1 1HE, UK

Traducción del inglés: Ana María Gutiérrez para
Equipo de

ISBN 1-40545-239-0

Printed in China
Impreso en China

Nota al lector

Las hierbas contienen sustancias naturales que se
emplean en medicina y se deben tratar siempre con
respeto. Este libro tiene un carácter puramente informativo
y no pretende ser un manual de medicina. Si está bajo
algún tratamiento, no tome ningún remedio a base de
hierbas sin consultarlo antes con su médico. Asimismo,
es aconsejable que los tratamientos de larga duración los
supervise un herbolario cualificado. Le rogamos que tenga
en cuenta los consejos de seguridad que se dan en la obra.
No obstante, el lector asumirá el riesgo que pueda
representar el tomar cualquier hierba y con cualquier
fin, y no podrá responsabilizar a la editorial de ninguna
reacción adversa que pudiera derivarse del uso que se
sugiera en el libro de una hierba o sus derivados.

Las recetas:
• Respete siempre todas las medidas.

• Cuando se da una medida en cucharadas, se trata
  siempre de cucharadas rasas: una cucharadita equivale
  a 5 ml, y una cucharada, a 15 ml.

• A menos que se de otra indicación, la leche será entera,
  los huevos y las hortalizas, como zanahorias, medianos,
  y la pimienta, pimienta negra recién molida.

• Las recetas que contienen huevo crudo no son
  recomendables para niños, ancianos, mujeres
  embarazadas, pacientes convalecientes ni cualquier
  persona que padezca una enfermedad.

• Nunca use mayor cantidad de hierbas que la que se
  indique en la receta.

Índice general

El mundo de las
hierbas

Introducción

Bienvenidos a *Las buenas hierbas*, una detallada guía que le enseñará a cultivar las hierbas y aprovechar sus propiedades. Nuestro mundo moderno está experimentando un creciente deseo de estrechar vínculos con la naturaleza para combatir el estrés y la tensión. Cuántos de nosotros no desearíamos llevar una vida más sana y sencilla, y redescubrir los conocimientos y la comprensión de la naturaleza de nuestros abuelos, que cultivaban y usaban sus propias hierbas con fines culinarios y medicinales. Antes, todo el mundo conocía y recurría a las hierbas más comunes, y, aunque su uso cotidiano ha disminuido a lo largo del último siglo, los principios de la herboristería son muy fáciles de recuperar, como podrá comprobar. El cultivo de hierbas y su uso en la cocina y en la elaboración de remedios medicinales pueden suponer un gratificante paso en su vida, ayudándole a conservar la salud y mejorando su vínculo con la naturaleza.

En este libro descubrirá cómo las hierbas pueden contribuir de forma significativa a su bienestar, así como a mejorar su entorno y su dieta. El ser humano ha aprovechado los efectos beneficiosos de las plantas desde los albores de la civilización, y por todo el mundo se han forjado leyendas acerca de plantas concretas que crecen en regiones determinadas y cuyos beneficios se han apreciado durante siglos. La ciencia está descubriendo hoy el modo de acción preciso de muchas plantas, avalando así su uso tradicional como plantas medicinales.

Las buenas hierbas está estructurada en cuatro partes. En la primera proporciona información detallada sobre cómo cultivar hierbas en casa; en la segunda ofrece una selección de recetas sencillas y deliciosas con hierbas para realzar los sabores. En la tercera se presentan las plantas desde el punto de vista medicinal para elaborar remedios caseros y mejorar así el estado general. La cuarta parte es un índice de las 70 plantas más comunes, con una explicación detallada de cada una. En él encontrará con facilidad cualquier planta que esté buscando; la información botánica y las utilidades de cada planta se exponen con claridad, así como las recomendaciones de aplicación.

Cabe apuntar desde un principio que las tradiciones herbarias, incluida la fitoterapia, son para tomárselas en serio. Las hierbas pueden ser muy beneficiosas si se utilizan correctamente, pero hay que respetarlas porque son agentes muy potentes. Consulte siempre a su médico o herbolario si padece una afección de salud diagnosticada o si no está seguro de si debe usar las plantas en su situación particular.

derecha Las hierbas y especias majadas en el mortero liberan todo su aroma al añadirlas a los platos.

abajo, izquierda Las flores azules de la borraja y el fresco verdor de la menta dan un alegre toque de color a cualquier jardín.

abajo La albahaca es una planta muy aromática que crece a pleno sol. También se puede cultivar en el alféizar de una ventana o un invernadero.

abajo, derecha El tanaceto y la lavanda son dos remedios eficaces contra la cefalea y la migraña.

Ejemplos de tradición herbaria

El extracto de **castaño de Indias** *(Aesculus hippocastanum)* se ha empleado en la fitoterapia occidental tradicional como ungüento para tratar varices o hemorroides. Investigaciones científicas han demostrado que el castaño de Indias contiene una combinación de ingredientes activos denominada «escina» que fortalece las paredes de las venas, deteniendo las filtraciones y reduciendo la hinchazón y pesadez de las piernas y el picor. El extracto se puede adquirir como suplemento dietético natural.

También está comprobado científicamente que el **ajo** *(Allium sativum)* tiene propiedades estimulantes del sistema inmunitario y antivíricas y que, además, ayuda a reducir el colesterol. Nicholas Culpeper, uno de los herbolarios occidentales más famosos, dijo en el siglo XVII: «(...) [el ajo] ablanda las flemas más pertinaces, purga la cabeza (...) es un buen preventivo y remedio contra cualquier peste, llaga o úlcera purulenta».

El mundo de las hierbas

Introducirse en el mundo de las hierbas es como penetrar en un jardín cuyos encantos aún están por descubrir. Antes de emprender viaje, resulta útil conocer las respuestas a algunas de las preguntas más frecuentes para comprender mejor todo lo que concierne a las hierbas. Puede que entonces empiece a sentir que se le abre el apetito (uno de los efectos principales de las hierbas) y quiera saber más y más.

¿Qué es una hierba?

Aunque todas las hierbas son plantas, no todas las plantas son hierbas. Por supuesto, nos estamos refiriendo aquí a las hierbas *útiles,* ya sea por su valor nutritivo, como condimento, o como agente medicinal con fines terapéuticos. Las hierbas son un tipo especial de plantas que tienen la capacidad de ocasionar cambios en nuestro organismo, ya sea ingiriendo la planta con la dieta como en forma de medicamento. Muchas hierbas se emplean como condimento y también en medicina. Además, las hierbas suelen ser aromáticas, y sus fragancias tienen efectos sobre el cuerpo y la mente. El romero *(Rosmarinus officinalis),* por ejemplo, es un condimento excelente para el cordero. Además, como planta medicinal, sirve para activar la circulación sanguínea, y su fragancia intensa y fresca ayuda a mejorar la concentración.

¿Y las especias?

Las especias, como el jengibre *(Zingiber officinale)* o la pimienta *(Piper nigrum),* son las semillas, frutos o raíces de ciertas plantas. Se emplean en la cocina, sobre todo en los países orientales, para intensificar el sabor de los platos. Las especias también se usan mucho en ciertas disciplinas médicas tradicionales como el *Ayurveda,* la medicina natural de India. En fitoterapia se suelen emplear para aliviar problemas digestivos y fortalecer el sistema inmunitario. Las especias han formado parte de la medicina europea occidental desde tiempos de los romanos, cuando se importaban a Occidente por las antiguas rutas comerciales.

derecha El diente de león, de flores amarillas y del que a veces se dice que es una mala hierba, es un potente depurativo y diurético.

abajo El jengibre, de sabor acre, favorece la circulación y da un toque picante a los platos.

Diente de león

izquierda Las hierbas son plantas útiles cuyas propiedades se han apreciado durante siglos de cultivo y recolección.

abajo, izquierda La pimienta negra es una especia que estimula el sistema inmunitario y un buen remedio contra la tos de pecho.

La pimienta negra aparece descrita en el *Herbario* de Culpeper, del siglo XVII, como una especia que «deshace los vientos en los intestinos (...), alivia la tos y otras afecciones torácicas y abre el apetito». En la medicina ayurvédica india, la pimienta negra picante se considera una de las mejores defensas contra los resfriados, la tos y otros estados «húmedos» del organismo. En la fitoterapia moderna, la pimienta negra se usa como estimulante digestivo y remedio antibacteriano.

abajo Los platos exóticos condimentados con especias estimulan la digestión y la eficiente absorción y asimilación de los nutrientes.

¿Simples malas hierbas?

Muchas plantas que pueden parecer simples malas hierbas son en realidad curativas. Ejemplos comunes son la ortiga *(Urtica dioica),* una de las que primero brotan en primavera y con la que antes se elaboraba una nutritiva sopa; el diente de león *(Taraxacum officinale),* la plaga del césped, cuyas hojas verdes y amargas tienen un gran poder depurativo y cuya raíz tostada y molida tiene un sabor muy parecido al del café, y la maya común *(Bellis perennis),* cuyas hojas curan magulladuras y cortes y cuyas flores alivian los problemas digestivos. Todas estas plantas se pueden encontrar en las herboristerías, lo que demuestra su larga tradición. La gente recolectaba estos sencillos ingredientes en campos y setos y los empleaba como remedios naturales.

Las hierbas en la historia

Se cree que el aprovechamiento de las propiedades de las hierbas se remonta a unos 60.000 años atrás. Una de las primeras pruebas se localizó en un yacimiento arqueológico en Irak: en una antigua cueva se hallaron los restos de un hombre de Neandertal junto a una guirnalda confeccionada con hierbas que aún crecen en la región y algunas de las cuales se siguen empleando en medicina. Distintas culturas de todos los rincones del planeta han utilizado las hierbas en rituales, medicina, cosmética y artes curativas, y muchas de esas tradiciones siguen vivas en nuestros días.

Cilantro

China

El uso de hierbas en China está documentado en un texto famoso, el *Canon de medicina interna del emperador amarillo*, de más de 4.000 años de antigüedad. En él se describen distintos remedios, como el jengibre para favorecer la digestión o el opio para aliviar el dolor. La medicina tradicional china emplea miles de hierbas, que se suelen presentar molidas y mezcladas, en forma de polvo que hay que mezclar con agua para bebérselo. En la actualidad hay centros de medicina tradicional china en todo el mundo, y muchas veces en ellos se encuentra remedio incluso a problemas crónicos pertinaces como los eccemas.

India

La tradición india del uso de hierbas y especias tiene una antigüedad de unos 4.000 años. De esa época datan los textos védicos, que son la base de la medicina ayurvédica. Ingredientes aromáticos como la canela, el jengibre, el cilantro y el sándalo se empleaban como medicamentos fragantes para favorecer el equilibrio interno de todo el organismo. La medicina y la cocina ayurvédicas siguen recurriendo a esos y otros ingredientes para recobrar la vitalidad.

La civilización árabe

En la alta Edad Media, la civilización árabe era famosa por sus conocimientos médicos. El médico iraní Abu ibn Sina (980-1037), Avicena, escribió el *Canon de la medicina,* texto en el que se detallan muchos ingredientes de uso común en aquella época. Avicena estaba familiarizado con el alcanfor, la manzanilla y la lavanda, y muchos de sus remedios estaban hechos a base de plantas procedentes de lugares tan remotos como Tíbet o China.

izquierda La manzanilla se usa en la fitoterapia occidental para bajar la fiebre y como calmante en las inflamaciones de la piel.

abajo, izquierda Los campos de lavanda son un deleite para la vista. Para obtener el aceite esencial para perfumería y aromaterapia hacen falta muchísimas flores.

Occidente

La fitoterapia occidental está en deuda con la antigua Grecia, que a su vez debía sus conocimientos a los antiguos egipcios. Hipócrates, nacido en Grecia hacia 460 a.C., utilizaba hierbas como el opio a modo de narcótico, la pulmonaria para infecciones pulmonares, y la granada para detener las hemorragias. Otro médico griego, Dioscórides, catalogó todas las plantas y especias que existían en su tiempo, y su obra *De materia medica,* publicada en 78 d.C., fue una referencia para los herbolarios occidentales durante varios siglos.

En los siglos XVI y XVII, Inglaterra fue la cuna de algunos de los herbolarios occidentales más famosos: John Gerard (1545-1611), que cultivaba una increíble cantidad de hierbas en su jardín de Holborn, en Londres, Nicholas Culpeper (1616-1654), cuyo famoso *Herbario* de 1649 acercó al público toda la información acerca de las hierbas y su poder curativo, y el diarista John Evelyn (1620-1706), cuyo *Discourse of Sallets* alentaba a la población a incorporar hierbas a su dieta para mejorar su salud. A pesar del creciente interés por los fármacos químicos experimentado durante los siglos XVIII y XIX y de la hegemonía de la industria farmacéutica en el siglo XX, el arte de las hierbas ha sobrevivido y tiene muchos incondicionales.

El cultivo de
hierbas

Cultivar hierbas

Es muy fácil comprar las hierbas, frescas o secas, en el mercado. Si no fuera por eso, muchas personas no sabrían siquiera que existen. Pero cultivar en casa esas mismas plantas nos ayuda a saber más acerca de ellas y es una experiencia única, porque cambia de inmediato la relación que nos une a ellas. Se empiezan a valorar las hierbas desde nuevos puntos de vista, porque cultivarlas es un paso previo natural a utilizarlas, y además la implicación es mucho mayor. He aquí unas razones más para ponerse manos a la obra.

Infusiones sanas y tonificantes

Coja dos o tres hojas de salvia fresca y una ramita de 5 cm de arrayán. Lave las hojas y póngalas en una taza. Vierta 150 ml de agua hirviendo. Tape la taza con un plato y déjela en infusión durante un cuarto de hora. A continuación, cuele el líquido, añada una cucharadita de miel y bébaselo despacio.

abajo Cultivar hierbas en el alféizar de una ventana es muy fácil, y el sabor de los platos se realza mucho más con hierbas frescas.

FOENICULUM VULGARE

CORIANDRUM SATIVUM

Es muy fácil

El cultivo de hierbas puede ser tan sencillo como plantar unas semillas en una maceta y colocarla en el alféizar de una ventana. Muchas hierbas aromáticas crecen a pleno sol, por eso cuanto más caluroso sea su emplazamiento mejor se desarrollarán y más fragantes serán. Una maceta de albahaca desprende un aroma fresco y ligeramente picante, y las hojas se pueden comer en ensalada o añadir a platos mediterráneos con salsa de tomate. Además, muchas hierbas no sólo no requieren grandes cuidados sino que es mejor no marearlas demasiado.

Es gratificante

Plantar hierbas en un rincón le permitirá experimentar con colores, formas y fragancias, estimulando sus sentidos de la vista, el gusto y el olfato. Pasear entre las plantas, arrancando unas hojitas de aquí y de allá y olfateando y saboreando los frutos del propio trabajo puede resultar muy agradable en los calurosos atardeceres de verano. Tareas tan sencillas como recolectar unas hierbas para prepararse una infusión o escoger las fragancias que mejor combinan con el plato que se está cocinando adquieren un nuevo significado cuando se trata de las propias hierbas. Cada día,

incluso en invierno, tendrá hojas o flores al alcance de la mano. El aroma de los platos que prepare con sus hierbas sin duda le abrirá más el apetito.

Es bueno para la salud

Cuando se cultivan hierbas, se sabe con exactitud cómo ha sido todo el proceso: cuánto se han regado y abonado (si hace falta) y cuándo se han recolectado. Las hierbas de cultivo biológico son las mejores, porque están llenas de fragancia y vitalidad y son una herramienta utilísima para preservar la salud. Y se tiene la certeza de que las plantas tendrán valor terapéutico porque se han cultivado de la forma correcta, sin pesticidas ni fertilizantes químicos innecesarios. Esas plantas eran el fundamento de la medicina hace tan sólo unas generaciones, y se recolectaban y usaban a diario para preservar la salud. Usted puede dar a su selección de hierbas una utilidad similar.

ELINUM CRISPUM

CHAMOMILLA RECUTITA

SALVIA OFFICINALIS

ALLIUM SATIVUM

El suelo es lo primero

Antes de pensar siquiera en empezar a plantar un jardín o imaginarse su aspecto, es fundamental conocer las características del suelo, de la tierra donde se van a plantar la hierbas. Hay muchos tipos diferentes de suelo, según la situación geográfica y factores ambientales como la humedad. Las distintas hierbas se dan mejor en diferentes tipos de suelo, de modo que los resultados no serán buenos si elige plantas no adecuadas a la zona donde usted vive.

¿Qué es el suelo?

Si coge un puñado de tierra y lo examina, observará que está compuesta por distintos tipos de partículas, unas más grandes y otras más pequeñas. De hecho, la tierra tiene una estructura muy compleja y está integrada por piedras, minerales, sales, microbios, fragmentos de materia vegetal en descomposición e insectos microscópicos. Si tiene la oportunidad de mirar una muestra de tierra con el microscopio, quizá le parezca un zoo en miniatura. La tierra es una materia viva y, para que una planta pueda crecer en ella, hay que nutrir y preservar el equilibrio entre todos sus elementos. Para el jardinero, eso significa aportar con regularidad materia orgánica de buena calidad (compost) para que no se agoten los nutrientes.

Tipos de suelo

Si coge una pala y cava un agujero de unos 30 cm de profundidad, podrá empezar a distinguir algunas de las características de la tierra. ¿Es oscura y desmenuzable (marga) o ligera y arenosa? ¿Es pegajosa y pesada (arcilla) o está muy mojada (pantanosa)? Si crece alguna planta cerca, ¿son sus raíces profundas o se extienden cerca de la superficie? Los suelos más oscuros, donde las raíces de las plantas tienden a ser profundas, son propicios para el cultivo de hierbas en general. Los suelos de color más claro o más húmedos y pesados son adecuados sólo para ciertos tipos de plantas.

Análisis de la tierra

Puede adquirir un equipo sencillo para analizar la tierra en un comercio especializado. Así podrá analizar su tipo de suelo y averiguar si es ácido o alcalino. Lleve a cabo el análisis en distintas partes de su jardín, porque puede que detecte alguna variación en la acidez, incluso en una parcela pequeña.

Tipos de suelo

Gredoso Si vive en una región de cretas, la tierra será ligera y estará bien drenada. Las hierbas que mejor se adaptarán serán el hisopo, el enebro, el romero, la ajedrea y la mejorana.

Ligero, arenoso La arena hace que el suelo esté muy seco y que el agua se drene con mucha rapidez. Es ideal para hierbas mediterráneas como la lavanda, el tomillo y el estragón, que requieren sequedad.

Marga Esta tierra oscura contiene muchos nutrientes y es ligera y desmenuzable. Permite una excelente ventilación de las raíces y las plantas crecen sanas y fuertes. Las más indicadas son la albahaca, el perifollo, el cilantro, el eneldo, el levístico o la salvia.

Arcilloso La tierra arcillosa suele contener abundantes terrones pesados y pegajosos. Las hierbas plantadas en ella tienen que tener unas raíces fuertes y profundas, como la consuelda, la acedera, la melisa y la menta.

Pantanoso Si vive en una región con mal drenaje, se tendrá que inclinar por las hierbas que crecen en entornos muy húmedos, como la angélica o la valeriana.

Cómo identificar el tipo de suelo

Coja un tarro de cristal y llénelo hasta la mitad de tierra de su jardín. Llene el resto del tarro con agua, enrosque la tapa y agítelo. Espere a que la tierra se deposite. Observará capas de arena ligera, piedras más pesadas y partículas arcillosas. Así tendrá una idea bastante precisa del equilibrio del suelo.

Las tierras arenosas y arcillosas tienden a ser más ácidas, y son adecuadas para plantas como la acedera, el enebro, el diente de león y el brezo. Las tierras neutras o muy margosas suelen ser más alcalinas e ideales para plantas como el saúco, el rosal, la milenrama o varias especies de tomillo. El suelo ácido es más difícil de corregir; hay que añadirle cal y materia orgánica para hacerlo más alcalino y adecuado para más plantas.

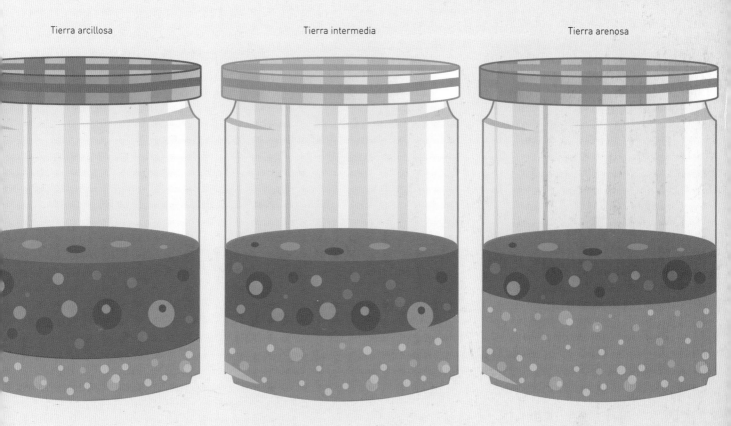

Tierra arcillosa   Tierra intermedia   Tierra arenosa

Su espacio: microclimas

A la hora de diseñar un jardín de hierbas, es importante evaluar los «microclimas» del espacio. Se trata de bolsas de luz y sombra, calor y frío, sequedad y humedad. Todas ellas generan ambientes diferentes, lo que permite planificar la plantación para optimizarla. Cualquier jardín tiene unas zonas clave. Lo primero que hay que hacer es situar el norte con precisión con una brújula y anotarlo en un esquema sencillo del jardín. Así tendremos una visión rápida de la trayectoria del sol sobre la zona, es decir, de este a oeste. Las zonas orientadas al sur son las más cálidas, y las orientadas al norte, las más frías.

abajo Diseñar un jardín de hierbas puede ser muy gratificante, ya que permite crear un bonito espacio aromático para disfrutarlo y del que beneficiarse.

Haga un mapa de su espacio

Dibuje un sencillo esquema de su jardín con áreas de terreno despejado, césped, senderos, árboles y arbustos grandes. Con una brújula, sitúe el norte e incorpórelo al esquema. Dibuje la trayectoria del sol al cruzar el jardín, de este a oeste, y señale el sur, la zona más cálida. Resulta útil saber cuál es el lugar más caluroso del jardín en verano, pues es donde mejor crecen la mayoría de las hierbas, en particular las aromáticas lavanda y romero. Las hojas de esas plantas producen más aceites esenciales si están situadas a pleno sol en verano. Los lugares más fríos y oscuros son óptimos para las hierbas que prefieren la humedad y la sombra, como la consuelda. Señalar esas zonas en el mapa le ayudará a decidir dónde crear macizos y arriates de hierbas o dónde plantarlas entre las plantas ya existentes. Si desea tener un banco en su jardín de hierbas para deleitarse la vista y el olfato, sitúelo en la zona más soleada y plante hierbas aromáticas cerca.

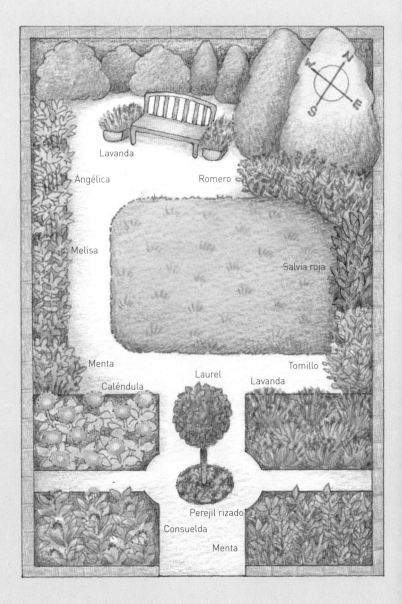

Lavanda

Angélica

Romero

Melisa

Salvia roja

Menta

Laurel

Tomillo

Caléndula

Lavanda

Perejil rizado

Consuelda

Menta

Otros microclimas clave

Muros orientados al sur

Retienen el calor y protegen las plantas delicadas de las heladas. Permiten cultivar hierbas de zonas mediterráneas, como tomillo o salvia, en climas más fríos.

Estanques o puntos de agua

Favorecen la humedad del suelo a su alrededor, por lo que son un emplazamiento excelente para plantas amigas de la humedad como la angélica.

Zonas pavimentadas

Si están situadas a pleno sol, las piedras del pavimento retienen el calor y son ideales para colocar macetas de hierbas aromáticas.

Vallas

Protegen del viento y dan sombra a determinadas horas del día, lo que beneficia a algunas hierbas como la melisa, que no necesita demasiado sol.

También debe fijarse en las zonas de su jardín a las que le gusta acudir de forma instintiva, los lugares donde acostumbra a sentarse y lo que suele hacer cuando pasea por él. Todas las hierbas útiles deben estar plantadas en zonas de paso. Así seguro que las recolectará y utilizará.

izquierda Plante las hierbas en macetas o déjelas crecer de modo natural entre las piedras del pavimento. Puede probar muchas bonitas combinaciones distintas.

El cultivo en espacios reducidos

Estragón

No es imprescindible vivir en una encantadora casa de campo para plantar hierbas y sacar provecho de ellas. De hecho, muchas plantas se pueden cultivar en espacios reducidos porque son muy compactas, y así se crea un rincón atractivo y aromático. Existen formas muy sencillas de mejorar el entorno cultivando hierbas alrededor de edificios o muros en las ciudades. Como siempre, en este caso también es importante planificar el cultivo para que el acceso a las hierbas sea fácil y accesible.

Balcones

Son excelentes para cultivar hierbas, sobre todo si les da el sol al menos durante una parte del día. Lo único que hay que hacer es regarlas más a menudo que si estuvieran plantadas en la tierra. Las macetas pequeñas, es mejor ponerlas en un plato y verter el agua allí. Las grandes tienen que estar siempre húmedas pero no demasiado mojadas. Puede instalar una espaldera en una pared y emparrar una vid plantada en maceta, o comprar una estantería para colocar distintos tipos de hierbas. ¿Por qué no prueba a cultivar sus propios tomates *cherry* en una maceta con una planta de albahaca para acompañarlos?

Alféizares de ventana

En los países del sur de Europa, esos pequeños espacios suelen estar repletos de macetas o jardineras de perejil, tomillo o mejorana para poder usarlos frescos en la cocina. Esas plantas se pueden cultivar en el exterior en los climas cálidos. En los climas más fríos, las macetas se tienen que poner sobre una repisa junto a una ventana soleada dentro de casa, a resguardo de los vientos fríos. Procure no regar las plantas en exceso: basta con mantenerlas húmedas. El cebollino crece bien en maceta, al igual que el estragón o la ajedrea, que, cuando son frescos, aportan un delicado aroma a los platos.

Porches

Aunque suelen estar sobreelevados, si están resguardados ofrecen una excelente protección a las plantas delicadas, y pueden llegar a desempeñar la función de invernaderos en miniatura. Las hierbas aromáticas de fragancia intensa, como la lavanda, los geranios olorosos o el laurel, quedan muy bien en el umbral de la puerta, y todas ellas se pueden cultivar en maceta o jardineras. El porche de entrada a la casa también es ideal para trasladar algunas de las macetas del jardín en otoño y resguardarlas durante el invierno.

Patios

En los países meridionales, los patios rodeados de muros de piedra suelen albergar multitud de macetas y plantas trepadoras, como parras. Los muros las resguardan del viento sin privarlas del sol, creando un hábitat ideal para las hierbas aromáticas. Los patios también son un lugar perfecto para relajarse. Las casas de pueblo sin jardín pero con un pequeño patio son ideales para cultivar diversos arbustos aromáticos como el arrayán o el laurel en jardineras grandes, o romero, hisopo e hinojo en macetas, para que aromaticen el ambiente y deleiten la vista con su colorido.

Página siguiente
Las hierbas aromáticas en maceta crecen muy bien en balcones y escaleras soleadas.

Hierbas para sol y para sombra

Para ubicarlas en las zonas más adecuadas de un jardín o espacio de cultivo, conviene saber qué tipos de hierbas necesitan sol y cuáles sombra. Así se podrá hacer un proyecto detallado del jardín y elegir las plantas más idóneas. Todas las hierbas han sido o son aún plantas silvestres que crecen en hábitats concretos como bosques frondosos, márgenes de prados, laderas u orillas de ríos o lagos. Para obtener unos resultados óptimos hay que elegir un lugar que reproduzca el hábitat natural de la planta en cuestión. Los tres grupos de plantas que se describen a continuación requieren distintos grados de sol o sombra y se pueden cultivar sin problemas en cualquier jardín siempre que ofrezca las condiciones oportunas.

Romero

Página siguiente
Un jardín arbolado es un paraíso para las plantas que crecen en semisombra o sombra bajo el dosel protector de los árboles.

Hierbas para pleno sol

Muchas son hierbas aromáticas (marcadas con un *), con unas células especiales dentro de la estructura de las hojas que contienen aceites esenciales, es decir, fragancias muy concentradas. Cuanto más sol reciban estas plantas, más intenso será su perfume. En la región mediterránea, de donde son originarias, su aroma es perceptible desde lejos. Los aceites esenciales de algunas de estas plantas aromáticas se extraen por destilación y se emplean en aromaterapia (véanse las páginas 138-141). Se trata de una forma especial de aprovechar las fragancias naturales con fines terapéuticos y para el bienestar.

Milenrama, eneldo*, estragón*, borraja, caléndula, hinojo*, hisopo*, laurel, lavanda*, levístico*, marrubio, ajo*, orégano*, cilantro*, albahaca*, mejorana*, romero*, salvia* (común), salvia* (romana), alholva, girasol, arrayán*, capuchina, trébol rojo, frambueso, ajedrea, cola de caballo.

Hierbas para semisol y semisombra

Son hierbas que prefieren la luz del sol filtrada y no soportan el pleno sol. En la naturaleza solían crecer en el margen de los bosques, donde la copa de los árboles no era tan densa pero seguía ofreciéndoles cierta protección. Pueden plantarse a la sombra de árboles o arbustos para recrear ese entorno.

Angélica, perifollo, manzanilla, melisa, menta, perejil rizado, acedera, consuelda, pie de león, fresa silvestre, enebro, equinácea, eufrasia, ortiga.

Angélica

Hinojo

Vahos aromáticos

Para sentir la intensidad del aroma de las flores de lavanda, haga lo siguiente: ponga 30 g de flores frescas o secas en un plato de cristal resistente al calor. Vierta 200 ml de agua hirviendo por encima e inhale el vapor, que contiene las minúsculas moléculas aromáticas del aceite esencial en suspensión. La inhalación del vapor durante unos 10 minutos es muy beneficiosa para la tos de pecho, porque el aceite esencial de la lavanda suaviza las vías respiratorias y ayuda a expectorar. El suave aroma floral es muy calmante.

Lavanda

Hierbas para plena sombra

En lo más profundo de los bosques y matorrales, donde la luz apenas penetra, viven algunas de las plantas más potentes de todas, como la belladona y la mandrágora, cuyas raíces y bulbos contienen unos ingredientes venenosos llamados alcaloides. Pero también hay otras hierbas más inofensivas y fáciles de cultivar que son beneficiosas y prefieren los emplazamientos a la sombra. Acostumbran a tener las hojas de un verde intenso y crecen muy bien en los rincones más oscuros del jardín.

Hipérico, onagra, pulmonaria, valeriana, violeta.

Hipérico

Hierbas en condiciones extremas

El cultivo de hierbas es muy sencillo en casi
todos los tipos de suelo, pero en ciertas zonas las
condiciones ambientales suponen un serio desafío
a la hora de proyectar el jardín. En esos casos no
sólo hay que tener en cuenta el tipo de suelo y
su composición sino también otros factores,
y proteger y dar abrigo a las plantas. Pero puede
que le sorprenda el número y la variedad de
hierbas entre las que elegir. Una forma de saber
las que se darán bien es observar los tipos de
plantas silvestres que crecen en los alrededores.

Regiones costeras

Si vive cerca de la playa o de la desembocadura de
un río, el mar tendrá ciertos efectos sobre su jardín.
La exposición al salitre y los vientos extremos pueden
ser perjudiciales para muchas plantas. Tal vez la tierra
sea poco profunda o rocosa, o haya fuertes pendientes
en su jardín. Pero puede empezar a cambiar el
microclima plantando un seto de plantas resistentes
como el aligustre como protección contra el viento.
Detrás del seto puede plantar arbustos tales como
el saúco *(Sambucus nigra)* o el enebro *(Juniperus
communis),* o romero *(Rosmarinus officinalis)* de una
especie de porte alto (algunas alcanzan los dos metros
de altura). Otras hierbas que crecen bien con algo de
abrigo son especies mediterráneas como el hinojo
(Foeniculum vulgare) o la lavanda (género
Lavandula), que prosperan en terrenos secos y pobres.
En pendientes acusadas, muchas de las hierbas de
porte bajo como la mejorana *(Origanum majorana)*
o el tomillo (género *Thymus)* forman densos tapices
aromáticos que tienen un aspecto inmejorable en
una rocalla.

Regiones cálidas y secas

Si vive en una región muy árida tendrá que recurrir a
arbustos, árboles y otras plantas aromáticas que desarrollan
raíces muy largas para encontrar agua. Uno de esos árboles
es el eucalipto *(Eucalyptus globulus* y otras especies), que
puede llegar a alcanzar 60 metros de altura en el ardiente
interior de Australia, su hábitat natural. Sus aromáticas
hojas de color verde pálido son una fuente de aceite
esencial. En el Mediterráneo, arbustos tales como el
arrayán *(Myrtus communis)* o el laurel *(Laurus nobilis)*
lucen sus olorosas hojas verdes durante todo el año;
además, son ricas en aceites esenciales. Cualquiera de las
hierbas mediterráneas es adecuada para este tipo de clima.
Aproveche los muros para dar un poco de sombra a
plantas como el cebollino *(Allium schoenoprasum)* o la
melisa *(Melissa officinalis)* y protegerlas del sol intenso.

Menta

Regiones frías y húmedas

En este tipo de clima tendrá que optar por aquellas hierbas
y plantas medicinales que crecen en el agua o cerca de
ella. En zonas húmedas suelen darse bien una extensa
variedad de plantas exuberantes, y hierbas tales como
todas las especies de menta (género *Mentha*), la cola
de caballo *(Equisetum arvense)*, la angélica *(Angelica
archangelica)*, la valeriana *(Valeriana officinalis)* o la
consuelda *(Symphytum officinale)* crecen muy bien allí
donde abunda el agua, junto con algunos deliciosos
ingredientes para ensalada, como los berros *(Nasturtium
officinale)*.

Hierbas por el color

Un jardín de hierbas puede ser un deleite para la vista, sobre todo gracias a la asombrosa variedad de colores y formas de las flores y por los tipos de hoja, aunque su aspecto es distinto al de un jardín ornamental, donde los colores tienden a ser muy intensos y espectaculares. La combinación de hierbas crea un efecto más suave, pero que sigue siendo hermoso y conmovedor. He aquí varias plantas y flores agrupadas en función de sus colores. Se puede optar por plantar zonas de un solo color para conseguir un efecto concreto, o por escoger colores que contrasten para complacer la vista.

Mejorana

Rosa

Hierbas por colores

Flores de color rojo rosáceo Rosas (*Rosa gallica, damascena* o *centifolia* y sus variedades).

Flores azules Borraja (*Borago officinalis*), romero (*Rosmarinus officinalis*).

Flores azul púrpura Hisopo (*Hyssopus officinalis*), lavanda (género *Lavandula*), consuelda (*Symphytum officinale*), tomillo (*Thymus vulgaris*), violeta (*Viola odorata*).

Púrpura Equinácea (*Echinacea purpurea*), menta (hojas, *Mentha x piperita*), albahaca rizada púrpura (hojas, *Ocimum basilicum*), salvia purpúrea (hojas, *Salvia officinalis*).

Flores de color rosa violeta Cebollino (*Allium schoenoprasum*), mejorana (*Origanum majorana*), orégano (*Origanum vulgare*), salvia romana (*Salvia sclarea*).

Hojas verdes amarillentas Pie de león (*Alchemilla vulgaris*), eneldo (*Anethum graveolens*), hinojo (*Foeniculum vulgare*), levístico (*Levisticum officinale*).

Flores amarillas Hamamelis (*Hamamelis virginiana*), girasol (*Helianthus annus*), hipérico (*Hypericum perforatum*), onagra (*Oenothera biennis*), abrótano hembra (*Santolina chamaecyparissus*), diente de león (*Taraxacum officinale*), perpetua amarilla (*Helichrysum angustifolium*).

Flores blancas y color crema Arrayán (*Myrtus communis*), saúco (*Sambucus nigra*), consuelda blanca (*Symphytum officinale*), manzanilla romana (*Anthemis nobilis*), perifollo oloroso (*Myrrhis odorata*), tanaceto (*Tanacetum parthenium*), valeriana (*Valeriana officinalis*).

Flores naranja Caléndula (*Calendula officinalis*), capuchina (*Tropaeolum majus*).

Hojas jaspeadas (verdes y color crema) Melisa (*Melissa officinalis*), mastranzo (*Mentha suaveolens*), sándalo (*Mentha x gentilis*), tomillo alimonado (*Thymus citriodora*).

Hojas plateadas Perpetua amarilla (*Helichrysum angustifolia*), lavanda (género *Lavandula*), marrubio (*Marrubium vulgare*), salvia (*Salvia officinalis*), eucalipto (*Eucalyptus globulus* y otras especies).

El círculo cromático

El círculo cromático muestra toda la gama de colores del espectro visible. Los colores adyacentes son armoniosos, mientras que los situados en partes opuestas ofrecen un agradable contraste.

El verde es un color que armoniza con todo, como bien lo demuestran las hojas y las flores. El verde es muy sedante para la vista y ayuda a relajarse. Los rojos, naranjas y amarillos tienen una connotación cálida y un efecto estimulante. Los azules y los morados descansan la vista, como se puede comprobar al contemplar un campo de lavanda,

un mar de color púrpura que calma la vista al instante. Las flores de color blanco cremoso fluctúan entre el amarillo y tonos más pálidos, por lo que también tienen un efecto sedante. Si hacemos girar el círculo cromático a gran velocidad, todos los colores se confunden en un solo color universal, el blanco.

Estas nociones le ayudarán a diseñar el tipo de esquema cromático que desee crear en su jardín de hierbas, si lo que desea es partir de un esbozo, o a decidir dónde colocar cada planta a partir de ahora si ya tiene un jardín estructurado.

Hierbas que atraen insectos beneficiosos

Árboles frutales

Plantar hierbas en el jardín es una medida excelente para atraer insectos beneficiosos. Muchos de esos insectos están perdiendo su hábitat natural debido a los métodos intensivos de cultivo, que destruyen los setos vivos y los prados que solían poblar. Además de ser una interesante curiosidad, muchos de esos insectos son polinizadores, lo que resulta especialmente útil si hay frutales. Además, los insectos impiden que acudan al jardín parásitos como los áfidos y el pulgón verde, que pueden llegar a invadirlo. Atraer insectos beneficiosos es una forma de cuidar el jardín sin pesticidas. Los insectos se sienten atraídos por los aromas de las hierbas, sobre todo cuando están en flor. También los cautivan las flores de colores pálidos, que sus ojos distinguen perfectamente. Los insectos beneficiosos acuden en gran número cuando las hierbas están en flor, la mayoría de ellas en primavera y a principios del verano.

Sírfidos

Los sírfidos, conocidos vulgarmente como «moscas de las flores», son unos insectos a rayas amarillas y negras y el mejor aliado de los jardineros biológicos. Los atraen distintas hierbas, como la milenrama, el eneldo, la manzanilla, el cilantro, el hinojo, la lavanda, el tanaceto o el tomillo, y en el jardín se alimentan de larvas y áfidos adultos, moscas blancas y pulgones verdes. El cultivo en un huerto de los tipos de hierbas mencionados junto a las hortalizas, por ejemplo, hace acudir a los sírfidos y contribuye a evitar las plagas.

Mariposas

Cultivar flores para atraer mariposas contribuye a preservarlas, y cada vez se pueden observar más especies de mariposas en los jardines urbanos. Esos insectos son muy sensibles a los aromas. Contemplar a la mariposa vulcana, cualquier ninfálido, la mariposa cardera o el ícaro es una experiencia maravillosa, y esos lepidópteros se sienten atraídos por la fragancia de hierbas como la lavanda o flores como las rosas o el arrayán. Si cultiva coles y quiere desalentar a la mariposa de la col, cuyas larvas se pirran por las hojas verdes, pruebe un viejo truco de campo: plante hisopo al lado de la col y su aroma confundirá a las mariposas y las ahuyentará.

Colmenas

Rosales

Abejas y abejorros

No evitan la proliferación de plagas, pero son excelentes
polinizadores. El zumbido de las abejas entre las hierbas
es característico de los días de verano, y si dispone de
suficiente espacio para una colmena puede obtener una
miel excelente si las abejas acuden a flores olorosas como
las de la lavanda o el romero. Los abejorros están en
peligro de extinción debido al uso de productos químicos
en la agricultura y a la pérdida de su hábitat natural. El
cultivo de hierbas les proporciona alimento. Mirar cómo
revolotean entre las hierbas con cierta temeridad es un
deleite para la vista, sobre todo cuando se alejan todos
cubiertos de polen.

Mariquitas

Estos simpáticos coleópteros de alas rojas con topos
negros son perfectos para controlar las plagas. Son muy
aficionadas al hinojo, el cilantro y el eneldo, todos ellos
miembros de la misma familia botánica, las umbelíferas.
Cultivar esas hierbas en el jardín garantiza un buen
contingente de mariquitas, a las que les encantan los áfidos
y los pulgones verdes que suelen atacar los rosales.

Jardines curativos: un lugar para relajarse

Sería muy buena idea visitar algún jardín de hierbas consolidado antes de decidirse por crear un tipo de espacio u otro. Muchas casas de campo y jardines botánicos disponen de extensas zonas plantadas con hierbas que ilustran diferentes estilos y trazados. Asimismo, es interesante tomar nota de la sensación que se percibe al estar en esos espacios. Las más de las veces la sensación es de tranquilidad, calma, paz y calidez. Entonces hay que detenerse a observar el entorno y averiguar a qué se debe esa agradable impresión. Los jardines de hierbas son espacios muy reconfortantes por distintos motivos.

Trazado

Observe cómo está distribuido el jardín de hierbas. Los bancales de hierbas dispuestas en macizos elevados regulares son característicos de los huertos medicinales de estilo monástico, donde todos los bancales están rodeados por senderos, lo cual invita a pasear entre ellos y facilita el acceso a las plantas. Ese diseño simplifica mucho la recolección de las hierbas. Los jardines de hierbas en que los bancales están rodeados por setos de boj son muy atractivos y desprenden una fragancia embriagadora, pero en ese caso la estética predomina sobre el aspecto práctico. El enfoque es más bien ornamental.

Muros

Los jardines herbarios medievales estaban rodeados de muros. Al principio, eso se debía a que estaban situados dentro de las murallas de castillos, pero los jardines amurallados siguieron construyéndose incluso después de que los castillos cayeran en desuso. Pronto se descubrió que proteger el jardín con muros tenía sus ventajas, pues resguardaba las plantas del viento y el mal tiempo y creaba una pantalla parasol. Además, los recintos amurallados transmiten sensación de seguridad, recogimiento y silencio, pues la piedra en cierto modo los insonoriza. Pueden ser un lugar tranquilo y bonito para relajarse y descansar.

Paisajismo

Algunos jardines de hierbas tienen una zona deprimida que está por debajo del nivel del suelo. La medida es muy eficaz en los climas fríos o costeros para mantener el viento a raya y la temperatura, cálida. Las hierbas muy delicadas pueden plantarse en el nivel más bajo para protegerlas de las heladas. El Queen's Garden, situado detrás del palacio de Kew en los Jardines Kew de Londres, presenta ese diseño, y en los días calurosos de verano el aroma de todas las hierbas del nivel inferior es muy intenso porque toda la energía del sol se concentra allí.

Factores especiales

A veces, el silencio y la paz de un jardín de hierbas se concentran en torno a un aspecto singular. Un ejemplo podría ser un banco ornamental, un arco o una pérgola instalada para sacar todo el partido del sol y de las flores aromáticas plantadas al lado, como rosas o madreselva. Otro podría ser una alfombra de manzanilla, que al pisarla desprende una fragancia que recuerda la manzana. Un reloj de sol en el centro de un macizo redondo de hierbas le confiere equilibrio y llama la atención, como el eje de una rueda. Todas esas ideas se pueden incorporar a cualquier jardín. En el pasado, este tipo de elementos animaban a la gente a pasear por los jardines y familiarizarse con las plantas que allí crecían.

arriba, izquierda Los senderos de grava entre macizos de hierbas nos acercan a las plantas y nos animan a tocarlas y olerlas.

arriba, derecha Diseñar un jardín de hierbas en torno a un elemento concreto centra la vista en un punto y otorga una sensación de equilibrio y armonía.

abajo Un banco entre macizos aromáticos crea un espacio de reposo y meditación donde los perfumes de las hierbas y flores relajan los sentidos.

Diseñar un jardín de hierbas es sencillo

Le proponemos un ejercicio que le servirá de ayuda para diseñar un jardín que se adecue a sus necesidades. Primero, haga un croquis del espacio del que dispone (véase la página 20) señalando las zonas de sol y sombra y el eje norte-sur. A continuación, tome notas guiándose por sus respuestas a las siguientes preguntas:

¿Por qué quiere cultivar hierbas?

Para cocinar

¿Quiere utilizar hierbas frescas para cocinar y cultivar suficiente cantidad para poder secarlas y conservarlas durante los meses de invierno?

Hierbas apropiadas: albahaca, tomillo, hinojo, mejorana, salvia, ajo, romero y estragón. Todas ellas son muy útiles y sabrosas como condimento y para elaborar salsas.

Para uso medicinal

¿Quiere cultivar hierbas para cuidar su salud y preparar infusiones y otros preparados?

Hierbas apropiadas: tanaceto, eufrasia, pie de león, equinácea e hipérico. Todas ellas son remedios útiles para dolencias comunes y mejoran el estado general.

Para uso cosmético

¿Quiere utilizar las hierbas para el cuidado de la piel?

Hierbas apropiadas: lavanda, cola de caballo, trébol rojo y consuelda. Todas ellas tienen propiedades antiinflamatorias y reparadoras.

Por su aroma

¿Quiere tener un jardín muy perfumado?

Hierbas/flores apropiadas: menta, rosa, manzanilla romana, salvia, tomillo, albahaca y orégano. Todas estas plantas tienen hojas y flores muy olorosas por su contenido en aceites esenciales.

Por su aspecto

¿Le interesa un tipo de trazado en especial? ¿Cuáles son las hierbas que combinan mejor en un jardín formal?

Hierbas/arbustos apropiados: laurel, arrayán, romero y lavanda. Todas estas plantas se pueden podar dándoles una forma geométrica o estilizada que combine bien con un diseño formal de jardín.

arriba Puede elaborar productos naturales para el cuidado de la piel con hierbas de cultivo propio.

izquierda Las infusiones de hierbas medicinales saben aún mejor si se preparan con hierbas frescas y de cultivo biológico.

Responder a estas preguntas le ayudará a decidir qué uso dar a las hierbas que cultive. Es probable que todas las opciones le parezcan interesantes, por lo que debe intentar decidirse por las que considere prioritarias. También tiene que tener en cuenta las siguientes cuestiones:

¿Piensa incorporar las hierbas en un jardín consolidado?

En caso afirmativo, anote cuidadosamente los espacios disponibles y fíjese si están a la sombra o al sol.

¿Está pensando en redistribuir su jardín, o una parte de él?

En caso afirmativo, tendrá que analizar el suelo. Es muy posible que tenga que revitalizar la tierra y proveerla de nutrientes echando compost.

¿Va a trabajar en un espacio pequeño y limitado? *En caso afirmativo, de qué tipo: ¿un patio, un balcón o un jardín muy pequeño? Según la respuesta, puede que tenga que cultivar las plantas en maceta (véanse las páginas 42-43).*

Después de responder a estas preguntas, consulte las páginas 36 a 47, donde encontrará una gran variedad de diseños de jardines de hierbas, desde espacios pequeños hasta diseños más complejos como ruedas de hierbas, desde trazados ornamentales hasta prácticos bancales para uso culinario y medicinal. Puede que esas páginas le ayuden a decidirse por un

trazado. Lo mejor es dibujar un esbozo a escala del proyecto del jardín que incluya las zonas que desee plantar. El croquis de esta página puede orientarle.

Recuerde que antes los jardines de hierbas se consideraban lugares tanto bellos como útiles. Ahora tiene la oportunidad de crear su propio rincón de paz y tranquilidad y, al mismo tiempo, cultivar plantas útiles para su salud y bienestar.

arriba Las hierbas frescas son un delicioso aderezo para sopas y otros platos.

abajo Haga un croquis del espacio del que dispone indicando las zonas de luz y sombra y los elementos existentes.

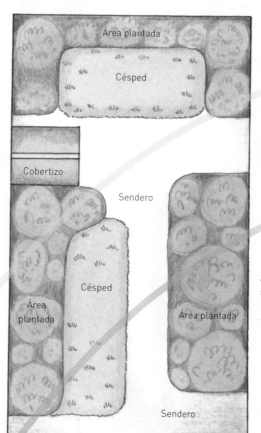

Área plantada

Césped

Cobertizo

Sendero

Césped

Área plantada

Área plantada

Sendero

Puerta trasera   Verja

Área de pleno sol

Área de semisol y semisombra

Área de sombra

La sencilla rueda de hierbas

Es un macizo de hierbas muy sencillo de proyectar y crear, sobre todo si quiere concentrar las hierbas en una zona del jardín. Este diseño se originó en el siglo XIX, cuando era habitual plantar distintas hierbas entre los radios de una rueda de carreta tumbada. La forma se puede imitar con piedras o ladrillos, ya que esas ruedas no son fáciles de encontrar hoy en día. La ventaja de los compartimentos es que delimitan las especies. Delimitar la rueda con ladrillos o piedras planas y pequeñas permite crear pasos que facilitan el acceso a todas las zonas y por lo tanto cualquier intervención, como recolectar las hierbas, podar arbustos o prestar al jardín todos los cuidados que necesita.

Eneldo

derecha Una rueda de hierbas es una forma sencilla y eficaz de cultivar hierbas en un espacio pequeño, y además facilita su recolección.

Situar la rueda de hierbas es una tarea delicada. Hay que encontrar un emplazamiento nivelado, recogido y, a ser posible, a pleno sol, sobre todo si se van a plantar hierbas para la cocina. Asimismo, el acceso a la rueda tiene que ser fácil y rápido. Si la pone en la parte más alejada de su parcela, lo más probable es que no le apetezca ir a buscar hierbas cuando esté lloviendo o haga frío. Además, tendrá que construir un sendero si es que aún no lo hay.

El tamaño de la rueda depende de usted. La forma más fácil de marcar un círculo es clavar un palo en el suelo y atarle un cordel largo. Al otro extremo del cordel hay que atar otro palo con punta, para trazar el círculo en el suelo como si de un compás se tratara e ir marcándolo con piedras a medida que se avanza. Un círculo de unos 2 m de diámetro se puede dividir en cuatro, seis u ocho segmentos, como se prefiera. Los «radios» se pueden marcar con piedras planas o ladrillos hundidos en surcos. Rellene los huecos entre los ladrillos con arena gruesa, o con mortero si prefiere un acabado más sólido.

La tierra de la rueda tiene que ser una mezcla a partes iguales de arena de jardín, compost y tierra superficial. Esta mezcla garantiza un buen drenaje, una textura ligera y desmenuzable y un buen aporte de nutrientes. Es adecuada para las hierbas culinarias más comunes, como:

eneldo	*Anetheum graveolens*
mejorana	*Origanum majorana*
tomillo	*Thymus vulgaris*
salvia	*Salvia officinalis*
romero	*Rosmarinus officinalis*
ajedrea	*Satureja hortensis*
menta	*Mentha x piperita*
perejil rizado	*Petroselinum sativum*

En una rueda con ocho segmentos podrá plantar una hierba en cada uno, mientras que en una con cuatro segmentos las podrá combinar de dos en dos. Tenga en cuenta que las hierbas se extienden, y que deben disponer de espacio suficiente para crecer sanas.

Mejorana

Menta

Hierbas medicinales apropiadas

Milenrama	*Achillea millefolium*
Manzanilla romana	*Anthemis nobilis*
Hipérico	*Hypericum perforatum*
Borraja	*Borago officinalis*
Salvia romana	*Salvia sclarea*
Tanaceto	*Tanacetum parthenium*

Hierbas culinarias apropiadas

Ajo	*Allium sativum*
Cebollino	*Allium schoenoprasum*
Levístico	*Levisticum officinale*
Perejil rizado	*Petroselinum crispum*
Albahaca	*Ocimum basilicum*
Orégano	*Origanum vulgare*

Macizos: el estilo monástico

Este tipo de jardín de hierbas es mucho más grande y complejo, y adecuado para un terreno en el que se pueda empezar de cero. Su diseño se basa en conceptos extraídos de la tradición monástica del cultivo de hierbas. En los siglos X y XI, los monasterios y los conventos hacían las veces de hospitales y proporcionaban a lugareños y viajeros remedios preparados con hierbas cultivadas en sus extensos huertos. Durante la época de las Cruzadas, en esos huertos se introdujeron muchas especies botánicas exóticas, como la adormidera *(Papaver somniferum)*, de cuyas semillas se extrae un jugo con el que se elaboran diversos fármacos modernos, como la morfina. Además de plantas medicinales, en los antiguos huertos de hierbas de los monasterios también se cultivaban hortalizas, como cebollas, puerros, remolachas o ajos, que formaban parte de la dieta habitual de los monjes, y flores como rosas o lirios. Muchos manuscritos medievales contienen ilustraciones de las distintas plantas que cultivaban los monjes.

Este tipo de jardín requiere un terreno con zonas de sol y sombra. Si no las tiene, habrá que plantar unos cuantos arbustos grandes como el saúco *(Sambucus nigra)* o árboles como el manzano *(Malus domestica)* para crear distintos microclimas. En las zonas sombrías se podrán cultivar hierbas como la consuelda *(Symphytum officinale)* o la valeriana *(Valeriana officinalis)*. Este diseño consiste en macizos elevados de forma oblonga rodeados de ladrillos o tablones gruesos de madera a modo de senderos entre los bancales. Los senderos anchos permiten pasar entre los macizos con una carretilla, lo que resulta muy útil a la hora de abonar el terreno. Lo ideal sería que todo el jardín estuviera circundado de muros para poder ubicar las plantas más delicadas en lugares protegidos o plantar rosales trepadores, que necesitan calor y sol, para crear un rincón hermoso, perfumado y lleno de colorido. Todo el conjunto se puede realzar con una pieza central como un reloj de sol o una estatua, o con un laurel bien podado a modo de escultura viva.

Es mejor que los macizos no midan más de 1 m de ancho, pues así se accederá a ellos con facilidad, y de largo pueden llegar a los 2,5 m. Elevar un poco los bancales rodeándolos con ladrillos o tablones favorece el drenaje y facilita la adición de abono en primavera. Cuando planifique los cultivos puede optar por incluir macizos de plantas medicinales y de hierbas culinarias o plantar miembros de la misma familia botánica, como hinojo, cilantro y angélica (todos ellos pertenecen a la familia de las umbelíferas), en el mismo bancal. A la hora de decidir dónde situar las plantas, tenga siempre en cuenta la cantidad de sol o sombra que recibirán. Cuando haya comprado las plantas, antes de sacarlas de la maceta déjelas unos días en el sitio en que había pensado ponerlas y compruebe que reaccionen bien. Si no lo hacen, pruebe en otro sitio. Con el tiempo terminará teniendo un jardín con un diseño bien estructurado y que le permita tener fácil acceso a todas sus hierbas, tanto para su disfrute como para su recolección.

arriba El hipérico tiene unas flores amarillas muy atractivas y hojas oscuras. En la Edad Media se utilizaba para curar las heridas.

izquierda Un jardín de hierbas monástico está rodeado de muros y formado por macizos dispuestos según un diseño geométrico, con senderos amplios para un fácil acceso.

Un parterre de hierbas culinarias

Es una pequeña extensión de terreno destinada al cultivo de plantas para su uso en la cocina. En el siglo XVIII, las casas de campo contaban con huertos enormes para abastecerse de todas las frutas y verduras que necesitaban. Parte del huerto estaba dedicada a las hierbas y especias para condimentar los platos. Además de aromatizar los guisos de diario, con las hierbas y las especias se sazonaban escabeches, salazones y otras conservas para consumir durante el invierno, y se preparaban dulces, como los tallos tiernos de angélica *(Angelica archangelica)* escarchados.

abajo Los tallos escarchados de angélica tienen un sabor dulce y un poco picante.

En vista de que muchas hierbas tienen hábitos de crecimiento desordenados y, a veces, invasivos, es recomendable incorporar algún tipo de seto o división en el jardín culinario para mantener el orden. Una idea sería plantar pequeños setos de boj *(Buxus sempervirens),* de porte bajo, en forma de diamante para crear macizos pequeños. Otra sería dividir el parterre con senderos de piedras, que además tienen la ventaja de facilitar el acceso a todas las plantas para recolectarlas, podarlas y recoger semillas.

Algunas hierbas, como la salvia o el romero, son «vivaces», lo que significa que vuelven a brotar en primavera sin necesidad de replantarlas. Otras, como la caléndula o la albahaca, son «anuales», y hay que sembrarlas o plantarlas cada año. Al planificar un parterre de hierbas culinarias, es aconsejable situar las plantas vivaces (o perennes) en un lugar prominente y rellenar los huecos con las que sean anuales, que habrá que plantar cada primavera. Muchas de las hierbas vivaces, como el arrayán, el laurel, el romero o el tomillo, no pierden las hojas, por lo que, además de aromatizar su cocina, adornarán su jardín durante todo el invierno.

La mejor orientación para el parterre de hierbas culinarias es hacia el sur, y lo ideal sería situarlo junto a un muro. Por supuesto, lo mejor es que esté cerca de la cocina. Cuando planifique su parterre, tenga en cuenta la altura y envergadura de las plantas (véanse las páginas 178-251 y las etiquetas de las macetas en los centros de jardinería), y plante las más altas, como el hinojo, en la parte posterior del parterre, y las de porte bajo, como el tomillo, hacia delante o cerca de los senderos.

Hierbas culinarias básicas

Vivaces

Estragón	*Artemisia dracunculus*
Menta	*Mentha x piperita*
Tomillo	*Thymus vulgaris*
Hinojo	*Foeniculum vulgare*
Cebollino	*Allium schoenoprasum*
Levístico	*Levisticum officinale*
Romero	*Rosmarinus officinalis*
Salvia	*Salvia officinalis*
Arrayán	*Myrtus communis*
Enebro	*Juniperus communis*

Anuales

Albahaca	*Ocimum basilicum*
Perifollo	*Anthriscus cerefolium*
Cilantro	*Coriandrum sativum*
Ajo	*Allium sativum*
Ajedrea	*Satureja hortensis*
Mejorana	*Origanum majorana*
Eneldo	*Anethum graveolens*

Algunas hierbas, como la mejorana, se pueden obtener en variedades de hoja dorada, para crear un despliegue de hojas llenas de color al tiempo que útiles.

izquierda Un parterre de hierbas culinarias puede abastecerle durante todo el año de hierbas frescas para condimentar sus platos y cuidar su salud.

41

El cultivo de hierbas en maceta

Una selección de hierbas plantadas en macetas de distintos tamaños puede ser una solución muy bonita, y útil cuando no se dispone de demasiado espacio. Un tiesto con una única hierba o flor, como la lavanda, atrae todas las miradas y concentra todo su aroma. A veces las macetas también son adecuadas para el jardín. Las hierbas invasivas, por ejemplo, que desarrollan una raíces muy vigorosas denominadas «estolones», se pueden contener plantándolas en una maceta sin fondo y enterrándola a bastante profundidad para que se drene el agua. Siempre que no sean demasiado pesadas, las macetas se pueden trasladar de un lugar a otro del jardín para aprovechar los distintos grados de sol y calor. Las macetas serán la mejor solución para quien viva en una zona climática que dificulte el cultivo de hierbas en el jardín.

derecha Hay receptáculos pensados para cultivar diversas hierbas aprovechables de una forma muy compacta y ordenada.

Tipos de recipiente

Muchas hierbas crecen en formas compactas y bonitas, y quedan muy bien en cualquier maceta o recipiente. Se pueden plantar en macetas de cerámica de distintos tamaños, barriles de madera cortados por la mitad y pilas o artesas antiguas. También se puede recurrir a tiestos de plástico.

abajo Para hacer más atractivo su espacio, combine distintos tipos y modelos de maceta.

Hierbas a elegir

Es mejor plantar las hierbas invasivas como la menta (género *Mentha*) o la consuelda *(Symphytum officinale)* solas en una maceta para mantenerlas a raya. Las hierbas de hojas bonitas, como la melisa jaspeada *(Melissa officinalis)*, o las flores llamativas y de colores vivos como las del cantueso *(Lavandula stoechas)* también resultan más decorativas concentradas en un recipiente. Las hierbas altas como la angélica *(Angelica archangelica)* necesitan una maceta muy grande, pero aportan un toque escultural a un parterre formal. La combinación de hierbas anuales como la caléndula *(Calendula officinalis)* y la capuchina *(Tropaeolum majus)* brinda una explosión de color. Con diversas especies de albahaca *(Ocimum basilicum)*, como la de hojas color púrpura, con su aroma especiado, la perfumada «genovesa», la variedad griega enana «minimum» y la «citriodora», con olor a limón, se puede obtener una maceta muy aromática.

Preparación y cuidado de las macetas

Cuando haya elegido la maceta, ponga una capa de guijarros o cascotes de cerámica en el fondo para facilitar el drenaje y airear las raíces de las plantas. Después, llene la maceta con un sustrato equilibrado de jardinería a base de tierra de los que se venden en centros de jardinería o prepare su propia mezcla a partes iguales de tierra, compost y arena gruesa. La mezcla tiene que ser más fértil que la tierra normal, porque las hierbas agotarán las limitadas reservas de nutrientes antes que si estuvieran plantadas en el jardín. Durante el periodo de crecimiento de las hierbas tendrá que abonarlas con un fertilizante líquido cada seis semanas más o menos (véanse las páginas 52-53 para preparar su propio abono casero). Además, tendrá que regar las macetas, pero no en exceso. Puede poner un plato debajo de los tiestos pequeños y verter allí el agua. En las macetas más grandes, toque la superficie y compruebe que el sustrato esté seco antes de volver a regar.

Los invernaderos

Muchas viviendas modernas tienen un invernadero donde cultivar plantas aromáticas exóticas que no sobrevivirían en climas más fríos. El concepto de invernadero no tiene nada de moderno; ya en el siglo XVII, ingeniosos jardineros empezaron a diseñar invernaderos de cristal con sistemas de calefacción artificial para el cultivo de frutas exóticas. Con el tiempo, esos peculiares espacios recibieron el nombre de *orangerie* porque en ellos se cultivaban cítricos. Al principio, esos edificios, a menudo con calefacción debajo del suelo, eran muy grandes, y aún se pueden ver en los jardines de ciertas mansiones campestres. Las colecciones botánicas de plantas exóticas adquirieron una enorme popularidad en el siglo XIX. La Casa Templada de los Jardines Kew de Londres es un buen ejemplo de los invernaderos de cristal y metal de esa época.

Guindillas

Un invernadero en la parte trasera de la casa deja pasar muchísima luz y se mantiene a una temperatura media constante si se caldea durante los meses de invierno. En un invernadero se pueden cultivar plantas aromáticas muy interesantes siempre que el grado de humedad sea suficiente, lo que incrementa el atractivo de las plantas que suelen tener.

Ejemplos de plantas de invernadero

Jengibre *(Zingiber officinale)* Tiene unas hojas verdes exuberantes y la raíz es muy aromática.

Cúrcuma *(Curcuma longa)* Pertenece a la misma familia botánica que el jengibre, sus hojas tienen una forma similar y la raíz también es amarilla.

Limoncillo *(Cymbopogon citratus)* Es una hierba muy bonita, alta y con olor a limón que se utiliza mucho en la cocina india y tailandesa.

Cítricos Naranjo *(Citrus sinensis),* naranjo amargo *(Citrus aurantium),* mandarino *(Citrus reticulata)* y limonero *(Citrus limonum).* Todos los árboles cítricos tienen las hojas brillantes y aromáticas de un verde oscuro y deliciosos frutos de colores vivos. Casi todos los climas septentrionales son demasiado fríos para estos árboles, que no soportan las heladas, por lo que el invernadero es el lugar ideal para ellos. En los centros de jardinería se pueden adquirir para su cultivo ejemplares compactos y de porte bajo, que crecen sin problemas en macetas grandes. El perfume de las flores de los cítricos, en particular las de color blanco cremoso de la naranja amarga, es muy dulce y floral. De ellas se extrae un excelente aceite esencial empleado en aromaterapia para combatir el estrés y la ansiedad.

Geranios olorosos Son unas especies tropicales de geranio cuyas hojas son muy aromáticas y hermosas, como *Pelargonium graveolens,* cuya fragancia recuerda mucho a la rosa y se emplea en aromaterapia, o *Pelargonium citriodora,* cuyas hojas huelen a limón. Se tienen que cultivar en el interior en los climas fríos, aunque en las regiones con veranos calurosos se pueden sacar al exterior en macetas.

Pimenteros (género *Capsicum*) Los pimientos y las guindillas crecen bien en invernaderos.

Las plantas exóticas requieren un riego cuidadoso y un abonado regular. Además, hay que pulverizarlas con vapor de agua fina para impedir que las hojas se sequen demasiado.

página siguiente, arriba Un invernadero puede convertirse en un precioso rincón de aire tropical, sobre todo si hay plantas poco comunes.

página siguiente, abajo, izquierda Existen muchas especies de geranio, pero las de hojas olorosas suelen requerir protección contra el frío.

página siguiente, abajo, derecha Los naranjos quedan preciosos en un invernadero. Los frutos y las flores son igual de decorativos, y las flores de azahar tienen un perfume exquisito.

Jardinería forestal: respetuosa

Capuchina

Hasta ahora, todas las propuestas que hemos hecho de diseño de jardines de hierbas han sido estructuradas, incluso formales. Pero no tiene por qué ser así. Puesto que muchas hierbas crecen de forma natural en lo más profundo de los bosques o a la sombra de arboledas, parece lógico tener en cuenta formas de cultivo que reproduzcan ese hábitat natural. El concepto de «jardín forestal» lo promovió por primera vez en Gran Bretaña Robert Hart, quien cultivó y abonó su propio terreno durante muchos años para proveerse de frutos en un entorno natural. Hart diseñó su jardín inspirándose en la estructura de los bosques británicos autóctonos, pero existen ejemplos de jardines forestales por todo el mundo, por ejemplo en África, la India o Australia, basados en el paisaje natural propio de esos lugares. La singular ventaja de los jardines forestales es que se adaptan a cualquier clima, extensión y selección de plantas. Aunque pueden parecer «desordenados», es decir, todo lo contrario a un jardín formal u organizado, el secreto reside en que todas las plantas se sostienen mutuamente.

derecha Con las flores de saúco se prepara una deliciosa infusión que refuerza las defensas.

abajo En un jardín forestal hay tres niveles clave: árboles, arbustos y plantas de porte bajo.

Los jardines forestales están integrados por dos o tres
«niveles»: árboles, arbustos y plantas herbáceas, o sólo
arbustos y plantas de porte bajo. Con árboles frutales
y productores de bayas en el nivel superior, arbustos
de fruto en el nivel medio y hortalizas y hierbas
vivaces en el nivel más bajo se puede diseñar un jardín
del todo comestible. Este tipo de jardín es único en
el sentido de que todo crece junto, y no separado
en macizos. Lo que sucede es que, a principios de la
primavera, el nivel de las hortalizas es el primero en
echar hojas, después, el nivel medio, y, por último,
los árboles, igual que en el bosque, de modo que
las condiciones para el nuevo brote son óptimas
sucesivamente para todas las plantas.

Se pueden incorporar unos principios sencillos
de jardinería forestal sin tener que rediseñar toda la
parcela. Si ya dispone de un jardín consolidado y
desea introducir en su dieta hierbas y ensaladas
interesantes, puede adaptar su espacio fijándose
dónde queda algún hueco y plantando las hierbas y
arbustos allí donde vayan a recibir la cantidad idónea
de luz y calor.

Las plantas vivaces, entre ellas la menta (género
Mentha), el perifollo oloroso (*Myrrhis odorata*) y
las llamadas «malas hierbas», como el diente de león
(*Taraxacum officinale*) y las ortigas (*Urtica dioica*),
tienen unas hojas muy sabrosas que dan un toque
especial a las ensaladas, sobre todo a principios de
la primavera, cuando están tiernas. Las zonas más
soleadas del jardín son ideales para plantar capuchina
(*Tropaeolum majus*) por sus flores y hojas comestibles,
que aportan color y sabor a las ensaladas. También
puede reservar un espacio más amplio para un saúco,
que proporciona unas flores excelentes para preparar
infusiones y unas bayas con las que se puede elaborar
un delicioso jarabe para la tos. Si cultiva sus propios
guisantes y judías, puede mejorar la cosecha plantando
caléndula cerca, y utilizar esta planta para preparar
infusiones y lociones para la piel. Para dar una
dimensión completamente nueva a su jardín, sitúe
todas estas plantas entre las ornamentales.

Hierbas poco comunes para ensalada

En una dieta saludable tienen gran relevancia las ensaladas, pero casi todos los ingredientes que se encuentran en los supermercados proceden del cultivo intensivo y son bastante insípidos. Muchas exquisitas hierbas para ensalada son fáciles de cultivar. En el siglo XVII, John Evelyn, en su *Discurso de Sallets,* animaba a consumir hojas verdes por los nutrientes que contenían y sus propiedades. Su recomendación sigue vigente. Olvídese de las ensaladas mediocres y pruebe a cultivar usted mismo estas plantas en su jardín. El sabor de esas hojas es acre, fuerte e intenso, y mezcladas con la más suave lechuga dan lugar a curiosas combinaciones de sabores. Además, por su acusado sabor, favorecen la digestión aumentando la secreción de jugos digestivos.

Zurrón
(Chenopodium bonus-henricus)

Es un tipo de espinaca que se cultiva en toda Europa desde la Edad Media. Requiere un emplazamiento muy soleado pero tolera algo de sombra. Las semillas se pueden adquirir en comercios especializados, y una vez ha arraigado en el jardín es una fuente perenne de hojas, que cuando están maduras tienen forma palmeada y son un poco más pequeñas que las de espinaca. Las hojas y las flores tiernas se pueden comer en ensalada, y las hojas más maduras se pueden añadir a los guisos para darles un toque picante. Alcanza una altura máxima de 1 m, y hay que separar las plantas unos 30 cm. Crece bien en casi todos los suelos.

Acedera
(Rumex acetosa)

Está emparentada con la acederilla común, pero la forma de sus hojas es más puntiaguda. Su sabor ácido se debe a su alto contenido en ácido oxálico, que no se debe consumir en grandes cantidades porque puede interferir en la asimilación del hierro y el calcio. Pero unas hojas de acedera mezcladas con la ensalada le dan un agradable sabor. También se pueden añadir a sopas o menestras de hortalizas verdes. La planta tolera la sombra y es muy fácil de cultivar. Cada mata necesita unos 30 cm² para crecer.

Canónigo
(Valerianella locusta)

La hierba de los canónigos es de sabor suave pero delicioso. Es una planta anual, pero una vez plantada se reproduce sola por semillas. Tiene la ventaja de estar disponible a finales de invierno y principios de primavera, después de crecer muy despacio durante los meses más fríos. Es una planta muy indicada como tapizante debido a su porte bajo (rara vez supera los 10 cm de alto) y tolera bien la sombra. Se puede recolectar sin interrupción desde que aparece, y proporciona hojas en abundancia. Si deja florecer algunas plantas, las flores son de color azul pálido.

Pimpinela menor
(Sanguisorbia minor)

Hermosa planta que florece durante todo el año. Tiene unas flores rojizas pequeñas e hileras dobles de delicados folíolos. Su sabor es suave, muy parecido al del pepino. Es perfecta con una ensalada verde variada y da un toque especial a las ensaladas de patata. Las hojas tiernas son las mejores. Alcanza los 30 cm de altura y se reproduce espontáneamente por semillas. Crece bien en terrenos secos.

Plantas solidarias

Muchas hierbas son muy beneficiosas para el jardín porque mejoran el suelo y el entorno y atraen insectos que protegen las otras plantas. A lo largo de miles de años de experimentos y observación, jardineros de todo el mundo han visto cómo mejoraban el tamaño y el estado de salud de sus plantas, así como las cosechas, si las agrupaban de forma determinada. Observando la naturaleza, averiguando lo que funcionaba mejor y copiando lo que veían se dieron cuenta de que podían reproducir esos efectos.

derecha La borraja en estado silvestre se halla sobre todo en bosques o tierras baldías.

Un ejemplo famoso es que las plantas de ajo bajo los rosales arbustivos impiden que los ataquen pulgones y otros insectos destructivos. Las raíces de ciertos tipos de caléndula denominados *tagetes* segregan una sustancia que ayuda a frenar el crecimiento de malas hierbas, lo que resulta especialmente útil en el huerto. Tiempo atrás, los agricultores plantaban capuchinas debajo de los manzanos, no sólo porque ahuyentaban a los pulgones sino porque las hojas servían de «abono verde» para enriquecer la tierra con nutrientes y alimentar el árbol en crecimiento. Las hierbas aromáticas desprenden perfumes tan intensos que atraen a las abejas, de modo que es aconsejable plantarlas cerca del huerto para mejorar la polinización de los frutales.

Salvia roja

Caléndula

Buenas relaciones solidarias

La siguiente lista muestra las influencias beneficiosas entre plantas cuando se cultivan juntas.

Ajedrea	Beneficia a todas las judías, cebollas y patatas.
Ajo	Beneficia a manzanos, alubias, lechugas, melocotoneros, perales, ciruelos y rosales.
Albahaca	Beneficia a manzanos, espárragos, vides y tomates y combina muy bien con el perejil y la ajedrea.
Borraja	Beneficia a habas, calabacines, pepinos, vides, calabazas, tomates y fresas.
Caléndula	Beneficia a alcachofas, todas las judías, guisantes y patatas.
Capuchina	Beneficia a manzanos, albaricoqueros, calabacines y pepinos.
Cebollino	Beneficia a manzanos, coles, zanahorias, vides, puerros, rosales y tomates.
Cilantro	Beneficia a rábanos y espinacas.
Eneldo	Beneficia a coles de Bruselas, coles, zanahorias, coliflores, apios, colinabos y puerros.
Hinojo	Beneficia a coles, puerros y calabacín/calabaza.

Hierbas beneficiosas especiales

La **borraja**, con sus preciosas flores azules, favorece el crecimiento de las matas de fresas y de unos frutos sanos y sabrosos, y las hojas son resistentes a los hongos y otras enfermedades.

Las **manzanillas** son tan versátiles que se consideran el «médico de las plantas», y se pueden plantar en cualquier sitio para favorecer un crecimiento sano.

Hisopo Beneficia a brócolis, coles, vides y colinabos.

Lavanda Beneficia a coles, cítricos y tomates.

Manzanilla (romana o común) Beneficia a brócolis, coles de Bruselas, coliflores, colinabos, guisantes y tomates.

Mejorana Beneficia a judías, brócolis, coles y patatas.

Melisa Beneficia a patatas y tomates.

Menta Beneficia a brócolis, coliflores, colinabos, guisantes y tomates.

Milenrama Beneficia a frambuesos y maíz tierno.

Perejil Beneficia a alcachofas, espárragos, lechugas y patatas.

Romero Beneficia a judías, brócolis, coles de Bruselas, zanahorias, coliflores y tomates.

Salvia Beneficia a zanahorias, coliflores, vides, colinabos y tomates.

Tomillo Beneficia a berenjenas, judías, coliflores y lechugas.

Trébol Beneficia a manzanos, coles de Bruselas, coles y perales.

El uso de estas plantas representa una forma totalmente ecológica de mejorar el jardín en su conjunto, además de ofrecer hierbas para la cocina y terapéuticas. Cuanto más tiempo pase cuidando de sus plantas, más descubrirá acerca de las relaciones que mantienen entre sí, que pueden ser únicas de su jardín y clima particulares.

El cuidado de un jardín de hierbas

La mayoría de las hierbas se conforman con pocos cuidados, pues son plantas originalmente silvestres y están acostumbradas a sobrevivir sin ayuda. No obstante, cuando se plantan con una finalidad específica hay que procurar que vivan en las mejores condiciones posibles y rindan al máximo. He aquí tres formas clave de cuidar de las hierbas.

El riego

Si sus hierbas están plantadas en macetas, tendrá que regarlas a menudo, sobre todo cuando haga mucho sol (véanse las páginas 42-43). Las hierbas plantadas en el jardín que requieren humedad, como la angélica o la menta, necesitarán más agua cuando haga mucho calor, pero por lo general les basta con la de lluvia. No olvide que muchas hierbas de climas mediterráneos, como el tomillo, el romero o la lavanda, crecen mejor en ambientes calurosos y secos, donde producen más aceite esencial en sus hojas y flores y, por lo tanto, desprenden un perfume más intenso.

El abono

En este apartado cabe considerar dos aspectos. El compost (material vegetal descompuesto) mejora la fertilidad del suelo y suministra nutrientes a las plantas en crecimiento y, sobre todo, a las plántulas que están arraigando. Por supuesto, el compost se puede adquirir en establecimientos de jardinería, pero es mejor prepararlo en casa. Algunos ayuntamientos incluso fomentan el compostaje proporcionando arcones gratis a los residentes. Los arcones de compost suelen ser de plástico o de madera. La mejor forma de hacer compost es rellenar el arcón por capas. Se puede echar el césped segado, pero alternándolo con restos vegetales procedentes de la cocina u hojas secas y ramas podadas del jardín cortadas en trocitos pequeños. El secreto de la descomposición de esos materiales está en la utilización de un «acelerador»: uno de los más sencillos y eficaces son las hojas de consuelda. Con el grado de humedad adecuado, la consuelda favorecerá la descomposición de los materiales. El compost está listo cuando adquiere una tonalidad marrón oscura y se desmenuza fácilmente, lo que puede llevar hasta seis meses en invierno o tres entre primavera y verano.

Las hojas de consuelda también son utilísimas como abono vegetal líquido, que es muy fácil de preparar y usar y recibe el nombre de «abono verde». Llene un cubo con hojas de consuelda hasta la mitad, cúbralo de agua y déjelo en un rincón del jardín durante dos o tres semanas. Las hojas se descompondrán y darán lugar a un líquido rico en nitrógeno de olor muy acre, un abono excelente para las hierbas en maceta y para los frutales y las hortalizas. Para abonar, disuelva una parte de líquido en tres partes de agua.

El acolchado

Consiste en cavar alrededor de las matas un surco de hasta 15 cm de profundidad y rellenarlo para que no las invadan las malas hierbas y preservar la temperatura cuando hace frío. Se puede rellenar con distintos materiales, dando preferencia a los que se descompongan muy lentamente con el paso del tiempo y se vayan incorporando a la tierra. Son ideales hojas secas, fragmentos de corteza, setas descompuestas o el mismo compost casero. Un surco con grava fina entre las plantas mediterráneas como el tomillo y la salvia mejora el drenaje.

Consuelda

derecha El riego es necesario sobre todo cuando el tiempo es seco y caluroso, pero nunca hay que excederse.

derecha, arriba Preparar compost casero es muy fácil y una forma ecológica de reciclar los desechos vegetales de la cocina.

derecha, abajo Las hierbas sanas gracias al equilibrio óptimo de agua y nutrientes presentan un crecimiento vigoroso.

Tareas de primavera y verano

Uno de los placeres que brinda un jardín de hierbas son las tareas que requiere. Por supuesto, las plantas anuales cumplen su ciclo vital en un año, de la germinación a la producción de semillas, pero las vivaces también tienen sus momentos óptimos de foliación y floración. Cada estación revela nuevos descubrimientos. Y siempre hay que tener en cuenta las condiciones climáticas. La primavera, por ejemplo, empieza en distintas fechas según la latitud, y las heladas tardías pueden dañar las plantas que están brotando.

Tareas de primavera

Cuando el suelo empieza a calentarse, es recomendable preparar la tierra añadiendo compost, sobre todo si es muy compacta. El principio de la primavera también es la mejor época para plantar semillas de hierbas como la caléndula, la borraja, la capuchina, el perejil o la ajedrea en semillero y dejarlas en el invernadero hasta que germinen. Las semillas de las anuales, como la capuchina, se pueden sembrar directamente al aire libre entrada la primavera, cuando ya no hay riesgo de heladas tardías. La albahaca necesita calor y crece bien en maceta o al aire libre cuando las temperaturas son altas. Las hierbas como el cilantro o el eneldo también se pueden sembrar directamente en el suelo en ese momento. Las plántulas sembradas en invernadero se pueden plantar en el exterior hacia el final de la primavera. No se recomienda recortar o podar las plantas al principio de la primavera debido al riesgo de heladas tardías. Espere a que haga más calor para podar las vivaces como la salvia hasta los nuevos brotes. Así favorecerá el crecimiento de hojas nuevas y dará forma a la planta. El romero florece temprano y se puede podar para estimular la producción de hojas una vez ha acabado la floración. Por último, revise sus macetas. Puede que tenga que recortar las plantas, trasplantar otras si la maceta se les ha quedado pequeña, añadir compost y abonar con un fertilizante líquido.

abajo Para lograr una consistencia ligera y porosa, hay que llenar las macetas con una mezcla de compost, sustrato de jardinería y piedras.

abajo Recorte y pode sus plantas con unas tijeras de podar bien afiladas. Y siempre que trabaje con rosales, póngase guantes.

derecha El verano es la época en que se recolectan las hierbas, flores y semillas para su uso en la cocina y para conservarlas para el invierno.

Tareas de verano

Ésta es la estación en la que las hierbas están en su mejor momento, rebosantes de aroma y vitalidad, y en que empieza la recolección de hojas, flores o semillas. Puede recolectar, secar y guardar semillas de amapola, caléndula, capuchina, girasol, hinojo, eneldo y levístico. La mejor forma de conservar las semillas es dentro de sobres de papel etiquetados con el nombre para poder identificarlas. Vigile el grado de humedad, pero no riegue demasiado sus plantas. La mayoría de las hierbas culinarias producen abundantes hojas aromáticas en verano y son un condimento delicioso: uno de los platos estrella del verano es la ensalada de tomate aderezada con las hojas de intenso color verde de la albahaca. Además de utilizar hojas frescas siempre que pueda para hacer remedios sencillos en forma de infusión o en la cocina, también tendrá que recolectar y conservar hierbas para poder usarlas en invierno. Podar la melisa y otras hierbas como todas las mentas cuando están en flor favorece la producción de hojas y mejora la cosecha.

Tareas de otoño e invierno

Pasado el verano, el jardín de hierbas puede empezar a verse seco y agotado, ya que la mayoría de las anuales llegan al final de su círculo vital. Ha llegado el momento de hacer limpieza para garantizar que las plantas sobrevivan al invierno durante su ciclo de reposo. Si tiene en su jardín algún arbusto aromático como el romero o el arrayán, se alegrará de saber que no perderán las hojas y seguirán brindando color y estructura a su parcela, además de sus útiles hojas, durante los meses más fríos del año.

abajo El jardín de hierbas está en estado latente durante los meses más fríos, pero las perennifolias siguen dando hojas aromáticas y pinceladas de color.

Tareas de otoño

Es importante podar y arreglar las hierbas tanto como sea posible. Hierbas como la melisa o las mentas tienen en otoño los tallos desordenados y duros, y hay que cortarlos. En primavera volverán a brotar a ras de suelo. Todas las anuales que se hayan secado, como la ajedrea, la borraja o la caléndula, se podrán arrancar y echar en el arcón de compostaje para convertirlas en abono. Las matas grandes de plantas vivaces como el estragón se pueden desenterrar y trasplantar a macetas para pasar el invierno, y luego, en primavera, dividir en varios ramos antes de volver a plantarlas. En otoño sobrevienen las primeras heladas, y por eso hay que empezar a resguardar las plantas o los árboles delicados como el laurel poniéndolos en un invernadero o cubriéndolos in situ. También puede proteger las plantas plantadas en el jardín tapándolas con una lona o plástico, o poniendo paja entre ellas para que la tierra no se enfríe tanto.

Tareas de invierno

Los celtas consideraban el día de Todos los Santos (1 de noviembre) el primer día del nuevo año. Era el momento en que la noche empezaba a ser muy larga, pues se acercaba el solsticio de invierno del 21 de diciembre. En cuanto a las plantas, para ellas el invierno es un periodo de hibernación, pero para sus cuidadores es el momento de planificar el nuevo año. Se puede aprovechar el invierno para decidir cómo será un jardín de hierbas en primavera según lo que haya dado mejores resultados la temporada anterior. Es un buen momento para rediseñarlo. También es la época idónea para buscar catálogos de semillas y pensar en las variedades de hierbas que se querrían cultivar el año siguiente. Proteja sus plantas más preciadas de los rigores del invierno cubriéndolas con lona o plástico. Puede que las macetas de exterior sean demasiado pesadas para entrarlas en casa. Las que sean de cerámica, envuélvalas con lona o tela de saco para que no se resquebrajen a causa del frío. Deje de abonar las plantas de maceta que tenga dentro de casa y riéguelas lo mínimo indispensable. Si en otoño trasplanta a maceta plantas como el estragón, la menta o el cebollino y las guarda en un invernadero, dispondrá de hojas frescas durante todo el invierno.

izquierda, arriba
Recicle todo el material que haya podado de su jardín de hierbas y prepare compost para la primavera.

izquierda, abajo
Las plantas que crecen en macetas de cerámica se tienen que resguardar con una lona o poner en un invernadero para protegerlas de las heladas.

Métodos de **reproducción**

La reproducción de las plantas se lleva a cabo mediante distintos métodos, como la siembra de semillas. Por supuesto, se pueden comprar las plantas en centros de jardinería o en el mercado, lo que resulta muy cómodo cuando se está creando un primer jardín de hierbas. Sin embargo, una vez se ha adquirido práctica muchas veces se prefiere recurrir a las técnicas de reproducción, puesto que resultan más económicas que la compra de nuevas plantas.

Sustrato

Existen cuatro formas principales de reproducir hierbas, y para muchas de ellas son válidos distintos métodos.

1. Cultivo a partir de semilla

Sembrar semillas en un semillero al principio de la primavera es mucho mejor que plantarlas en el exterior porque no existe el riesgo de que los animales se las coman y las plántulas están a salvo de las heladas. Necesitará semilleros y un buen sustrato comercial para semillas para rellenar los compartimentos. Humedezca el sustrato, ponga dos o tres semillas en cada uno y cúbralas con una capa fina de sustrato. Puede tapar holgadamente la bandeja con una bolsa de polietileno para retener la humedad pero dejando que la tierra respire. Coloque el semillero en un lugar cálido pero alejado de la luz hasta que las plántulas empiecen a salir. Entonces, retire la bolsa y ponga el semillero a la luz para que las plántulas crezcan fuertes. Trasplántelas a macetas más grandes o plántelas en el exterior cuando el tiempo lo permita. Este método es adecuado para hierbas como la albahaca, el perifolló, el eneldo, la mejorana, la ajedrea y el girasol.

Entrada la primavera, puede plantar las siguientes semillas directamente en el jardín: borraja, caléndula, manzanilla (romana o común), cilantro, onagra, hinojo, tanaceto, alholva, marrubio, melisa y perejil.

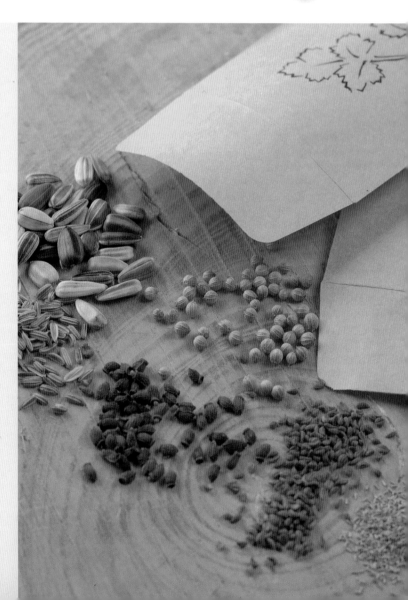

2. División de las raíces

Este método es adecuado a finales de la primavera o en otoño. Desentierre la planta y divídala en varias matas, o bien separe con cuidado las raíces. Plante las partes por separado. Con este método se reproducen plantas como la menta, el cebollino, la consuelda, el hinojo, el pie de león, el levístico o el perifollo oloroso al final de la primavera, y como el tomillo, la mejorana o el estragón en otoño.

3. Acodado

Éste es el método ideal para reproducir arbustos como el romero o la salvia, que pueden desarrollar tallos muy largos y leñosos. Doble un tallo largo con la ayuda de un gancho o un trozo de alambre sin separarlo de la planta madre y cúbralo con tierra. En dos meses habrá echado raíces y podrá cortar la rama para separar la nueva planta del arbusto original, desenterrarla y trasplantarla con cuidado.

4. Esquejes de madera blanda

Los esquejes de madera blanda se arrancan a finales de la primavera o principios del verano de arbustos aromáticos como la lavanda, el romero o la salvia. Elija un brote lateral que no esté en flor y sepárelo de la planta. Tendrá un pequeño «talón» de corteza que ayudará al desarrollo de las raíces. Entierre el esqueje en una maceta con sustrato (puede plantar tres o cuatro en cada una). Mantenga el sustrato húmedo. Las plantas habrán arraigado cuando les salgan hojas nuevas. Plántelas en macetas más grandes o en el suelo.

abajo, izquierda Las semillas se recolectan y conservan en seco en sobres de papel etiquetados con el nombre de la especie.

abajo, centro Para convertirse en plantas fuertes y sanas, las plántulas necesitan luz, calor, humedad y alimento.

abajo Arranque tallos laterales con un poco de corteza y clávelos en el sustrato a un lado de la maceta para favorecer la formación de raíces.

La recolección de hierbas

Hay hierbas que se pueden recolectar durante todo el año, aunque todas suelen tener su mejor temporada. Las perennifolias como el romero dan hojas frescas todo el año, pero su aroma y su acción son mucho más intensos en verano, cuando los aceites esenciales están en su punto álgido. Para conseguir el máximo aroma y efecto terapéutico, hay que saber cuál es el momento óptimo para la recolección de cada planta.

Hojas de laurel

La mejor época para recolectar hierbas aromáticas como la albahaca es justo antes de que florezcan, cuando la fragancia se concentra en las hojas. Y vale la pena ir cortando los tallos florales para favorecer la producción de hojas. Muchas hierbas medicinales, como la milenrama o el hipérico, se recolectan cuando están en flor, y se aprovechan tanto las hojas como las flores. Las flores de caléndula o manzanilla para secar se escogerán entre las que se acaban de abrir. La mejor forma de recolectar las semillas consiste en arrancar toda la inflorescencia de la planta, como el hinojo, meterla boca abajo en una bolsa de papel marrón, atarla y colgarla por el tallo. Las semillas caerán en la bolsa cuando estén maduras. Suele ser mejor recolectar raíces como las del diente de león en otoño, porque guardan abundantes reservas para el invierno.

Todas las hierbas y flores se tienen que recolectar en días secos, a ser posible por la mañana antes de que les toque el sol. Corte las hierbas con un cuchillo, unas tijeras o unas podaderas afilados, de especie en especie, y póngalas horizontales en un cesto. Retire con cuidado las malas hierbas, arranque las hojas enfermas o estropeadas y asegúrese de que los tallos estén secos antes de atarlas en ramilletes para dejarlas secar o cualquier otro método de conservación (véanse las páginas 62-63). Si no dispone de mucho espacio, recoja cantidades pequeñas. Las hierbas frescas se marchitan y pierden propiedades si no se les prestan los cuidados que necesitan.

Una fresca y deliciosa infusión de hierbas

Ponga en una taza para infusiones cinco flores de manzanilla fresca y cinco hojas de menta fresca. Vierta encima 200 ml de agua hirviendo y déjelo reposar durante un cuarto de hora. Después, cuele la infusión, añada una cucharadita de miel y una rodaja de limón y saboréela. Ayuda a digerir y calma los nervios.

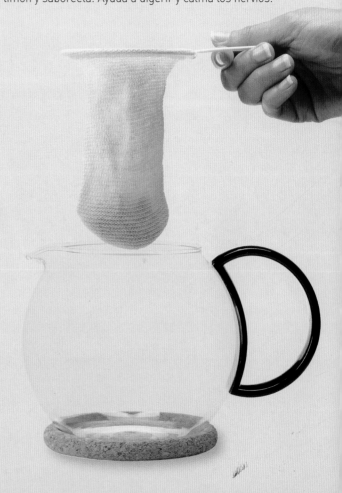

Caléndula seca

Lavanda seca

Cuándo recolectar qué hierbas

Finales de la primavera

Hojas y tallos de angélica, hojas de borraja, hojas de
perifollo, hojas de hinojo, hojas de zurrón, hojas
de acedera, hojas de perifollo oloroso.

Principios del verano

Hojas de albahaca, flores de caléndula, hojas de
eneldo, eucalipto, hojas de melisa, hojas de levístico,
hojas de capuchina, hojas de perejil, hojas de salvia,
hojas de estragón, flores y hojas de tomillo.

Mediados del verano

Semillas de angélica, flores de manzanilla, hojas de
alholva, flores de lavanda, flores y hojas de mejorana,
hojas de menta, flores y hojas de hipérico, hojas de
ajedrea, semillas de perifollo oloroso, flores y hojas
de marrubio, flores y hojas de milenrama.

Finales del verano

Hojas de laurel, hojas de perifollo, semillas de cilantro,
semillas de eneldo, bayas de saúco, semillas de hinojo,
bulbos de ajo, raíz de rábano rusticano, semillas de
levístico.

Principios del otoño

Raíz de angélica, raíz de diente
de león, raíz de perifollo oloroso.

Hierbas secas

La lavanda
conserva mejor
todo su perfume
si se cuelga boca
abajo en ramos y
se deja secar en
un lugar cálido
como una cámara
de aire caliente.

Romero seco

Métodos de conservación

Seleccionar las mejores hojas, flores y raíces y prepararlas para
su conservación es uno de los placeres que brinda un jardín
de hierbas, y cuanto más se practica más se disfruta.
Esta costumbre permite tener siempre una reserva
de hierbas para uso culinario o medicinal.

Secado

Para secar hierbas hace falta
una rápida y eficaz circulación de aire
caliente. Ate hierbas como romero, salvia o
tomillo en ramilletes pequeños y cuélguelos
cabeza abajo en una cámara de aire caliente.
Tardarán alrededor de una semana en secarse. Las
hierbas de tallos tiernos o con hojas como el pie de
león, o las flores como las de caléndula o manzanilla,
se pueden depositar separadas sobre una rejilla
cubierta con una gasa para que el aire circule entre
ellas. Si no tiene una cámara de aire caliente, meta las
hierbas en el horno a temperatura muy baja, en torno
a 33 ºC, sobre una rejilla o atadas en ramilletes, y deje
la puerta entornada. Éste es un método excelente y
muy rápido para secar hierbas en pocas horas o en
una noche, y va muy bien para las hojas con alto
contenido de agua como las de albahaca o melisa.
Las semillas, hay que dejarlas secar en bolsas de
papel marrón a temperatura ambiente durante dos
o tres semanas, en un lugar bien seco. Por último, las
raíces se deben lavar y secar muy bien con un paño,
atar en manojos para colgarlos o cortar en trozos
manejables y secarlas en una rejilla.

Las hojas están secas cuando se vuelven
quebradizas; las flores, cuando adquieren tacto
de papel tisú, y las raíces, cuando se rompen
al doblarlas. Cuando las hierbas ya están secas, hay
que guardarlas en tarros de cristal limpios con tapa
de rosca y etiquetarlos como es debido. Es preferible
guardar los tarros donde no les dé la luz directa del
sol, en un lugar fresco y oscuro. Duran un año.

Conservación en azúcar

Éste es un método excelente para preservar la
fragancia de las flores de lavanda. Sólo tiene que
arrancar un puñado de flores cuando estén en su
mejor momento y mezclarlas con 250 g de azúcar
fino (a poder ser, extrafino) en un tarro con tapa de
rosca. Guárdelo hasta que le haga falta y tamice las
flores antes de su uso. El azúcar aromatizado da un
toque especial a pasteles, bollos, galletas y jaleas.

Conservación en sal

Para preparar sal a las hierbas, mezcle unas cuantas
hierbas, como cebollino (cortado a trocitos),
albahaca, tomillo, salvia y romero (separe las hojas
de los tallos) y colóquelo en una bandeja de hornear.
Esparza 115 g de sal marina por encima, mézclelo
todo bien y deje la bandeja en el horno a 33 ºC hasta
que las hierbas estén secas. A continuación, maje la
sal y las hierbas en el mortero, ponga la mezcla en
un tarro con tapa de rosca y utilícela para sazonar
carnes, pescados, sopas o tortillas.

Congelación

Este método es perfecto para hojas delicadas como
la albahaca, el eneldo, el hinojo o el perifollo.
Sólo hay que elegir las mejores ramitas de cada
hierba, meterlas en bolsas de plástico y congelarlas.
Otra opción consiste en preparar cubitos aromáticos
de hielo poniendo hojas picadas de menta o melisa
mezcladas con agua en las cubiteras. Esos cubitos
son ideales para aromatizar las bebidas de verano
(véanse las páginas 116-117).

---

arriba Corte los
tallos de las hierbas
con unas tijeras o
unas podaderas
afiladas.

Separe las hojas
del tallo.

Déjelas sobre una
rejilla en un lugar
caliente hasta que
estén quebradizas.

centro Desentierre
las raíces con
cuidado y lávelas
para eliminar toda la
tierra. Ayúdese de un
cepillo para las uñas
si es necesario.

Trocee la raíz.

Disponga los trozos
de raíz sobre una
rejilla y déjela al sol
o en un lugar cálido
hasta que estén
quebradizos.

abajo Para usarlas
en la cocina, guarde
las hierbas secas en
tarros pequeños con
tapa hermética.

Ponga las hierbas
secas o preparadas
en tarros oscuros y
guárdelas en un
lugar fresco.

Guarde las hierbas
frescas en bolsitas
de plástico y
congélelas.

Las hierbas silvestres

Todas las hierbas proceden del medio natural, y antes lo normal era salir al campo a recolectaralas para llevárselas a casa y hacer uso de ellas. En su famoso *Herbario*, de 1649, Culpeper describió muchas de las plantas que crecían silvestres en Gran Bretaña, y mostró su preferencia por las hierbas y flores autóctonas frente a las especies exóticas de importación. Incluso explicaba a sus pacientes dónde podían recolectar la hierba indicada para su enfermedad para que pudieran prepararse ellos mismo los remedios. El *Herbario* de Culpeper se ha reeditado en más de cuarenta ocasiones desde su primera publicación, lo que demuestra la popularidad de su método.

abajo Dentro de la familia de las umbelíferas, muchas especies tienen un aspecto parecido: algunas, como el perejil rizado, son comestibles, pero otras pueden ser tóxicas.

Hoy día hay varias cosas a tener en cuenta si se quieren recolectar hierbas silvestres. El medio ambiente ha cambiado mucho desde tiempos de Culpeper. La agricultura intensiva está muy extendida, lo que significa que existen campos muy extensos de un único cultivo sin setos vivos y, por supuesto, el uso generalizado de pesticidas y fertilizantes químicos. Es muy probable que las hierbas que crecen en los campos estén contaminadas por pesticidas o residuos tóxicos. Lo mismo cabe decir de los caminos, las carreteras, los setos vivos o las tierras yermas, sobre todo si se encuentran cerca de zonas industriales, terraplenes de basureros o zonas de mucho tráfico.

Otra cuestión es la identificación. Muchas especies de plantas silvestres son muy parecidas, como algunas de la familia de las umbelíferas. El hinojo, el perejil y otras muchas plantas de esa familia tienen unas umbelas planas características, flores muy pequeñas agrupadas en forma de sombrilla. Una de ellas es la branca ursina falsa, que puede provocar reacciones de terrible quemazón si entra en contacto con la piel. Si le interesa profundizar en el conocimiento de las plantas silvestres, apúntese a una excursión guiada por expertos (a veces se anuncian en los periódicos), y le enseñarán a conocer las plantas y a aprender a identificarlas correctamente. El interés que despiertan las hierbas y plantas comestibles que se puede recolectar en la naturaleza es enorme; en Francia y otros países europeos, en las escuelas se enseña a los

alumnos a identificar y recoger especies de setas silvestres. De todos modos, es de vital importancia saber muy bien lo que se hace.

Por otra parte, muchas especies silvestres de hierbas están en peligro de extinción y protegidas, como el tomillo silvestre de Breckland, una especie británica extremadamente rara. Asimismo, está prohibido recolectar cualquier planta en una propiedad privada sin el permiso del propietario del terreno. Por todos esos motivos, es mejor no recoger plantas silvestres, y se recomienda, o bien cultivarlas en el jardín o bien comprarlas en un centro de jardinería o una herboristería. Eso garantiza que el producto que se tiene entre manos es seguro, está sano y es beneficioso para la salud.

Empezar es fácil

Ha llegado el momento de ponerse manos a la obra. Pero quizá después de tanta información se sienta un poco abrumado. Hagamos un resumen de los aspectos básicos del cultivo de hierbas y de sus ventajas y pongamos en marcha un pequeño proyecto para iniciarnos. Hasta los viajes más largos empiezan con un primer paso, y, aunque a veces es el más difícil de todos, después ya no se puede parar.

No hay que olvidar

Espacio disponible

Tómese su tiempo para decir qué clase de jardín de hierbas le gustaría tener. Las pequeñas extensiones de terreno (1-2 m²) son fáciles de cuidar y pueden suministrar todas las hierbas que necesita una familia de cuatro miembros para condimentar sus platos y elaborar remedios caseros. No hace falta plantar un jardín de grandes dimensiones, pero si dispone de espacio descubrirá que es muy gratificante. Hacer un esquema del espacio y marcar las zonas de sol y sombra, además de conocer las características del suelo, es indispensable para elegir las plantas a cultivar. Si no le apetece tomarse tantas molestias, también puede plantar las hierbas en macetas con un buen sustrato. Ya verá que, situadas en el lugar adecuado, son muy fáciles de cultivar.

Tiempo disponible

El cultivo de hierbas es muy recomendable para quienes llevan una vida ajetreada y no disponen de mucho tiempo para la jardinería, porque son muy fáciles de cuidar y no requieren demasiadas atenciones. La cosecha es buena siempre que las condiciones de cultivo sean las correctas. Una de las mayores ventajas de los jardines aromáticos, sobre todo en las tardes de verano, es que incitan a frenar el ritmo de vida, incluso a hacer una pausa y relajarse tras una dura jornada laboral. Es un lugar ideal para comer al aire libre en un entorno colorido y fragante.

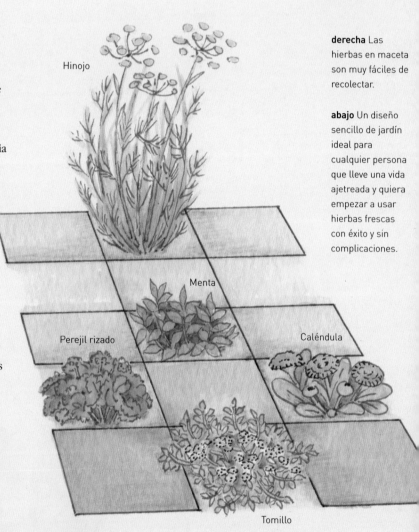

Hinojo

Menta

Perejil rizado

Caléndula

Tomillo

derecha Las hierbas en maceta son muy fáciles de recolectar.

abajo Un diseño sencillo de jardín ideal para cualquier persona que lleve una vida ajetreada y quiera empezar a usar hierbas frescas con éxito y sin complicaciones.

Un diseño cuadriculado como éste permite un acceso fácil a las hierbas caminando por las losas y evita que se extiendan demasiado. Es muy fácil de crear y usar y exige muy pocos cuidados de mantenimiento.

Un proyecto sencillo

Coja cuatro macetas medianas, llene el fondo con piedras o trozos de cerámica y añada un sustrato de buena calidad a base de tierra mezclado con un poco de arena gruesa para facilitar el drenaje. Después, plante las siguientes cuatro hierbas, busque un alféizar de ventana al que dé el sol al menos durante unas horas al día y ponga las macetas en una bandeja alargada. Mantenga el sustrato húmedo pero sin encharcarlo.

Albahaca *(Ocimum basilicum)*

La albahaca es una magnífica hierba verde, esencial en la cocina italiana para elaborar el *pesto* y cualquier plato que lleve tomate. Las hojas, verdes, grandes y frescas, aportan un sabor penetrante a las ensaladas y son uno de los ingredientes indispensables de la *insalata tricolore* italiana, que se prepara con tomates maduros, rodajas de mozzarella y hojas de albahaca fresca, todo ello aliñado con aceite de oliva.

Eneldo *(Anethum graveolens)*

Una planta de eneldo bien podada es una fuente inagotable de deliciosas hojas de sabor intenso y refrescante. El eneldo combina a la perfección con el pepino en las ensaladas y con pescados como el salmón o la trucha. Ayuda a digerir.

Perejil rizado *(Petroselinum sativum)*

El perejil tiene un sabor agradablemente acre. Es rico en vitaminas A, B y C y minerales, favorece la digestión y da un toque especial a sopas, guisos y ensaladas, así como al puré de patatas.

Menta *(Mentha spicata)*

Las hojas frescas picadas de esta especie de la familia de las mentas están deliciosas con patatas nuevas o guisantes frescos. También sirven para preparar una infusión digestiva. El *ratia,* una salsa india que se sirve con los currys para refrescar la boca, se prepara con yogur natural y menta.

Las hierbas en la cocina

¿Por qué cocinar con hierbas?

En este capítulo encontrará ideas para cocinar con hierbas y especias. Las recetas son sencillas pero deliciosas. El ser humano ha condimentado sus alimentos a lo largo de toda la historia, y cada cultura ha creado una tradición culinaria propia gracias a la enorme diversidad de plantas que existe en el mundo. John Parkinson, herbolario de la corte del rey Jaime I, escribió en el siglo XVII que las hojas de ajedrea secas molidas con pan «confieren a carnes y pescados un gusto más vivo». Con ello quería decir que les daba un sabor más estimulante. Las carnes y pescados rebozados en pan rallado mezclado con alguna hierba no son un invento moderno. Es muy recomendable tener siempre a mano hierbas en la cocina, tanto por su sabor como por lo saludables que son.

Las hierbas son deliciosas

Nadie lo pone en duda. La gama de sabores es amplísima, desde las hojas mediterráneas frescas y fuertes hasta las ensaladas más suaves, desde las especias dulces hasta las pimientas más ardientes. Las plantas y especias culinarias estimulan las papilas gustativas y favorecen la producción de saliva, lo cual mejora de inmediato los procesos digestivos. Otro aspecto importantísimo del gusto está relacionado con el sentido del olfato: los platos bien condimentados desprenden un olor agradable que nos hace la boca agua incluso antes de que nos sentemos a la mesa, y eso nos prepara para la digestión. Está demostrado que lo que creemos estar degustando en realidad lo estamos oliendo en un 80%, y sólo el 20% restante corresponde a la percepción de la lengua. Por eso la comida no nos sabe a nada cuando estamos resfriados y tenemos la nariz tapada.

Las hierbas son saludables

Comer y beber hierbas es muy beneficioso para la salud. Los ingredientes activos que contienen las hierbas pasan al tubo digestivo y recorren todo el aparato, contribuyendo a la asimilación de los alimentos en diversos aspectos. Las hojas amargas como las del diente de león (*Taraxacum officinale*) en ensaladas, por ejemplo, ayudan al hígado a digerir los alimentos grasos. Las hojas aromáticas como las de la menta (*Mentha x piperita*) son ricas en aceite esencial. La acción de la menta en el intestino elimina los gases y mejora el movimiento rítmico de los intestinos. Flores como las de la manzanilla (*Chamomilla recutita*) tienen un efecto calmante sobre las paredes del tubo digestivo y alivian la indigestión. Los bulbos como el ajo (*Allium sativum*) son famosos por sus propiedades antisépticas y fortalecedoras del sistema inmunitario.

Las hierbas ofrecen variedad

No cabe duda: las hierbas y especias nos animan a experimentar con aromas y sabores, lo que nos abre nuevos horizontes gastronómicos. Es probable que sintamos interés por determinadas recetas de diferentes culturas, como la india o la china, o por estilos peculiares de cocinar que exigen hierbas o condimentos concretos. Buscar los ingredientes o cultivarlos y emplearlos de cosecha propia se convierte en un viaje fascinante.

izquierda
Las hierbas
y especias y la
experimentación
con sus
fragancias pueden
abrir nuevos
horizontes de
sabores y aromas.

Hierbas frescas y secas

Es importante entender la diferencia que existe entre usar hierbas frescas o secas. El sabor y la intensidad varían, por lo que hay que saber qué es lo que requiere el plato que se está preparando. La tendencia actual es la de usar cada vez más hierbas frescas, y en muchos supermercados venden macetas pequeñas de hierbas para tenerlas en casa. Pero a veces hace falta el sabor de las hierbas o especias secas, porque la desecación concentra el aceite esencial de la planta dotándola de un potente sabor.

Hierbas frescas

Lo mejor es cogerlas directamente del jardín, el balcón o la ventana. Las hierbas frescas que venden en los supermercados no suelen ser de cultivo biológico. Las que se cultivan de forma natural son más saludables y tienen mejor sabor. Con las hojas o flores frescas se preparan las mejores infusiones de hierbas, ensaladas y platos calientes. Las hierbas frescas como la albahaca se tienen que trocear con los dedos, pues de ese modo desprenden mucho más aroma que si se cortan con un cuchillo. Es preferible añadir las hierbas frescas a un guiso durante los últimos cinco a diez minutos de cocción, para que el aroma pueda desplegarse bien sin evaporarse, pues el calor prolongado destruye los aceites esenciales aromáticos de la planta y reduce su sabor.

Hierbas y especias secas

Las hierbas secas entran en escena en invierno, cuando es más difícil encontrarlas frescas. Las hojas, como las del tomillo, tienen un sabor muy intenso debido a la concentración de aceite esencial. También en este caso, las hierbas deben incorporarse hacia el final de la cocción. La cantidad de hierba seca indicada en las recetas siempre equivale a la mitad de la hierba fresca, porque las hierbas secas tienen un aroma más intenso que las frescas. Lo mismo ocurre en la preparación de infusiones de hierbas. Las especias (semillas olorosas como el cardamomo, la pimienta negra y la nuez moscada o cortezas como la canela) siempre se secan para acentuar su penetrante aroma. En las recetas indias, el primer paso suele ser freír las especias para que suelten su aroma y se potencie su sabor.

arriba Un ramillete casero de hierbas puede llevar tomillo, perejil rizado y hojas de laurel, por ejemplo.

derecha La albahaca es una hierba esencial en la cocina italiana, en especial para sazonar el tomate.

abajo Las hierbas secas son útiles sobre todo en invierno. Prepare mezclas de las de cultivo casero.

Pesto

Una famosa salsa italiana elaborada con albahaca fresca que queda deliciosa con pasta.

PARA 3-4 PERSONAS

55 g de hojas de albahaca fresca picadas

3 dientes de ajo picados

90 ml de aceite de oliva virgen extra

25 g de queso parmesano recién rallado

1 cucharada de piñones

350 g de pasta cocida

Ponga todos los ingredientes (excepto la pasta) en la batidora y tritúrelos hasta obtener un puré fino. Si no tiene batidora, maje los ingredientes sin prisa en un mortero con una mano grande. Mezcle el *pesto* con la pasta.

arriba La nuez moscada se tiene que guardar en un lugar seco para preservar todo su aroma, y hay que rallarla justo antes de usarla.

Posset con nuez moscada

En la Edad Media, el *posset* era una bebida a base de leche que se tomaba de noche para relajarse y dormir mejor. Esta sencilla receta data de tiempos de Chaucer, del siglo XIV. Es una bebida excelente para las frías noches de invierno. Favorece la digestión y relaja.

PARA 1 PERSONA

200 ml de leche entera

1 nuez moscada entera
o 1 cucharadita de nuez moscada rallada

Caliente la leche. Cuando arranque a hervir, viértala con cuidado en una taza. Ralle por encima una cuarta parte de una nuez moscada o espolvoréela con la especia molida. Desprenderá un olor cálido y dulce. Espere un momento y remueva. Bébaselo despacio.

Nota No ponga más cantidad de hierbas que la indicada.

Las hierbas culinarias más comunes

Estas 25 hierbas y especias son adecuadas para distintos tipos de recetas.
Consulte esta guía cuando esté planificando un menú o como recordatorio
siempre que lo necesite.

Hierbas y especias culinarias

Hierba	Uso
Ajedrea	Hojas frescas o secas para gratinados de pescado o carne; también con judías, col o coliflor.
Ajo	Dientes recién picados en aliños de ensalada, sopas, mantequilla, pan, platos mediterráneos o indios.
Albahaca	Hojas frescas para el *pesto*; con tomate crudo o cocido.
Canela	Molida, con manzanas al horno; en bebidas de leche caliente y vino caliente con especias.
Cardamomo	Semillas secas para pasteles, galletas, café o platos indios.
Cebollino	Fresco, picado, en platos de huevo y queso, mantequilla salada; en ensaladas y sopas, para adornar.
Cilantro	Hojas frescas para adornar platos indios o sopas, también en ensaladas verdes; semillas, para encurtidos.
Clavo	Clavos enteros en asados de cerdo, con manzanas al horno o en vino especiado caliente.
Eneldo	Fresco, en platos de pescado y de queso, también en encurtidos o vinagres; semillas en tartas de manzana, pasteles.
Estragón	Hojas frescas o secas en platos de pollo, pescado o cordero; con tortillas y mantequilla a las finas hierbas.
Guindillas	En pequeñas cantidades, entera o molida, para dar un toque picante. En los platos exóticos.
Hinojo	Hojas frescas con platos de pollo, cerdo o pescado; semillas con pescado graso, infusiones.
Jengibre	Raíz fresca en platos indios, tailandeses o chinos; raíz seca y molida en pasteles, galletas y manzanas al horno.
Laurel	Hojas secas en sopas, caldos, salsa boloñesa, lentejas y otros guisos.
Levístico	Hojas frescas en sopas, guisos, platos de pollo, jamón o pescado.

Mejorana	Hojas frescas o secas en carnes saladas y platos vegetarianos, con platos de queso o en mantequilla a las finas hierbas.
Menta	Hojas frescas con patatas nuevas, guisantes frescos o en ponches de verano.
Nuez moscada	Especia rallada en platos de carne, asados, con manzanas al horno o cocidas, en bebidas lácteas y platos con huevo.
Orégano	Para platos de carne y verdura, en salsas de tomate para pasta.
Perifollo	Hojas frescas para platos a base de huevo, como tortillas, o en sopas y guisos de verduras.
Pimentón dulce	Molido, en guisos de carne, con platos de queso o huevos, aliños de ensalada o salsas para pasta.
Pimienta negra	En grano, recién molida, para realzar el sabor de todos los platos salados.
Romero	Hojas frescas o secas en platos de cordero, cerdo o pollo y mantequilla a las finas hierbas.
Salvia	Hojas frescas o secas con platos de cerdo, venado o carnes fuertes; en puré de manzana y platos de queso.
Tomillo	Hojas frescas o secas en salsas italianas para pasta; con pescado, cordero, cerdo o ternera; también con queso *feta*.

Utensilios

Para manipular las hierbas, necesitará los siguientes utensilios:

- unas tijeras de cocina para cortar las hierbas frescas y picar las hojas,
- cuchillos afilados para picar hojas y tallos,
- una prensa para ajo de buena calidad para chafar el ajo fresco,
- un mortero con su mano de almirez para moler las especias.

Alimentos que curan: el concepto occidental

La medicina natural occidental tradicional considera los alimentos una herramienta medicinal capaz de influir en la salud.

El consumo excesivo de sal y azúcar, además de grasas saturadas y sustancias químicas, es hoy una de las principales causas de las cardiopatías, la diabetes y la obesidad. Conocer los beneficios de ciertos alimentos y distintas formas de comerlos puede ayudarle a cambiar su visión de la comida. Dejará de considerarla simplemente como algo rico y que sacia el hambre, y se dará cuenta de que es una fuente de energía y bienestar.

Hipócrates

En la antigua Grecia, Hipócrates (hacia 460-370 a.C.), el padre de la medicina occidental, escribió: «Que tu alimento sea tu medicina y tu medicina, tu alimento». Él era un naturópata, un sanador que profundizó en diversos aspectos de la dieta y el ayuno con el propósito de mejorar la salud de sus pacientes, además de aplicarles baños y masajes. Entre sus recomendaciones estaba la de incluir el berro *(Nasturtium officinale)* en la dieta como tónico respiratorio, expectorante y digestivo, en particular masticando las hojas crudas para fortalecer las encías.

Berro

Hildegarda de Bingen

Entre los sanadores más influyentes y famosos de la Edad Media estaba la abadesa Hildegarda de Bingen (1098-1181), cuya apasionante vida comprende una extensa producción literaria, gran parte dedicada a la medicina y la alimentación. Los principios de la alimentación medicinal que preconizaba la abadesa siguen poniéndose en práctica en la región de Renania, en el sur de Alemania, donde vivió. Hildegarda consideraba los alimentos necesarios a la vez para el sustento físico y espiritual. También creía en las propiedades de distintos alimentos para ahuyentar la negatividad o los «humores» oscuros del cuerpo y la mente. Sostenía que la causa de todas las enfermedades era el desequilibrio de los cuatro humores (sangre, flema, bilis amarilla y bilis negra).

Muchas de sus recetas curativas son sencillas y riquísimas, y recurren a una gran variedad de hierbas y especias con fines concretos: he aquí unos ejemplos.

Lavanda

El **vino de lavanda** era el remedio de Hildegarda para desintoxicar el hígado y conservarlo en buenas condiciones; ella sabía que era un órgano vital para la salud. Vacíe en un cazo una botella de vino tinto de mesa. Añada cinco cucharadas de flores de lavanda fresca sin tallo. Lleve el líquido a ebullición, baje el fuego y déjelo hervir a fuego lento entre 35 y 40 minutos para que se evapore el alcohol. Déjelo enfriar, cuélelo y embotéllelo. Tome dos cucharadas de la mezcla de tres a cuatro veces al día durante diez días. También puede elaborar esta receta con 750 ml de agua con tres cucharadas de miel en lugar del vino (no es cosa nuestra, Hildegarda ya lo decía).

Las **gachas calientes** de copos de avena o espelta (*Triticum vulgare,* una variedad de trigo) como desayuno son el remedio de Hildegarda contra el estrés o la tensión nerviosa. La avena se sigue empleando en fitoterapia moderna como tónico nervioso.

Las **castañas** (*Castanea sativa*) hervidas en agua y trituradas fortalecen, según Hildegarda, el cuerpo y la mente. Son un excelente acompañamiento para los asados, y los médicos modernos las recomiendan para las convalecencias posteriores a enfermedades infecciosas porque son una magnífica fuente de vitaminas A, B y C.

Masticar **semillas de hinojo** (*Foeniculum vulgare*) después de las comidas neutraliza los ácidos del estómago, endulza el aliento y ayuda a digerir las comidas grasas. Para Hildegarda, el hinojo era una de las hierbas más completas.

página anterior
Hildegarda de Bingen creía que alimentación y salud estaban en estrecha relación.

arriba La avena es un desayuno excelente porque libera la energía poco a poco a lo largo de la mañana y ayuda a evitar el picar entre horas.

izquierda Las flores de lavanda son el ingrediente principal de un tónico revitalizador de la época de Hildegarda.

Alimentos que curan: el concepto oriental

En la tradición ayurvédica india, con más de 4.000 años de antigüedad, los límites entre cuerpo y mente, espíritu y materia, alimentación y medicina se desdibujan, y lo que se come puede llegar a equilibrar todos los aspectos de la vida. La tradición sostiene que la energía primigenia dio lugar al *akasha* o «éter», el elemento sin forma física. De él surgieron los otros cuatro elementos: aire, fuego, agua y tierra. El cuerpo humano está integrado por esos cinco elementos, que se combinan en las tres *doshas* o tipos físicos característicos. Aunque los tres están presentes en cada individuo, siempre predomina uno. Eso determina el tipo de alimentos y remedios medicinales que se adecuan a una persona en concreto.

Las tres *doshas* son:

Vatta

Son individuos dominados por el viento, propensos a padecer insomnio. El frío les parece muy desagradable. Suelen tener la piel seca y el cabello ralo. A menudo sufren estreñimiento y tienen la boca seca. Son de constitución alta y delgada. Les gusta la comida caliente y jugosa, como los platos elaborados con huevo, pescado, judías, boniatos o trigo. También les agradan los sabores agrios como el limón o el yogur.

Pita

En estos individuos predomina la bilis, y tienden a sudar mucho y estar de mal humor. Les encantan las flores y los perfumes. Suelen tener el rostro congestionado. Son irascibles y se excitan con facilidad. Casi siempre están hambrientos y sedientos, comen mucho y pueden tener sobrepeso. Los alimentos fríos, pesados y secos, como los plátanos verdes, la calabaza o el calabacín compensan su temperamento.

Calabacines

Kafa

En ellos predomina el moco. Son fornidos, guapos y simétricos y tienen la frente ancha y el cabello espeso. Tienen el sueño profundo y una buena digestión. Comen con moderación. Pueden ser propensos a la tos, los resfriados y los problemas inmunitarios. Los más adecuados para su carácter son los alimentos calientes, ligeros y secos, como los dátiles, la miel, las lentejas, la cebolla y los guisantes, sobre todo condimentados con pimienta negra, jengibre o guindilla.

Las *doshas* y la salud

La distinción entre tipos no significa que haya que comer sólo los alimentos relativos a la *dosha* principal, pero cuando no se está bien o falta energía sí que puede ayudar ceñirse a ellos.

Lentejas

Yogur

Alimentos y condimentos comunes

Éste es el uso que se hace de ciertos alimentos y
condimentos comunes en la tradición ayurvédica:

Alimento	Uso
Zanahoria	Estimula los riñones para que eliminen toxinas, favorece la digestión y depura el estómago y los intestinos, y también es una buena fuente de vitamina A.
Pepino	Es ligero y refrescante y ayuda a mitigar el ardor de estómago y a proteger el aparato digestivo del exceso de acidez. La mejor forma de consumirlo es con yogur natural.
Hojas de laurel	Son un remedio para problemas de la piel como sarpullidos o irritaciones. Se recomiendan las infusiones. Con la comida, alivian el dolor de las hemorroides y la diarrea y contribuyen a mejorar la función hepática.
Pimienta negra en grano	Se considera vital para una buena digestión y muy beneficiosa para el asma, la tos, los resfriados y la gripe. También ayuda a digerir las comidas grasas.

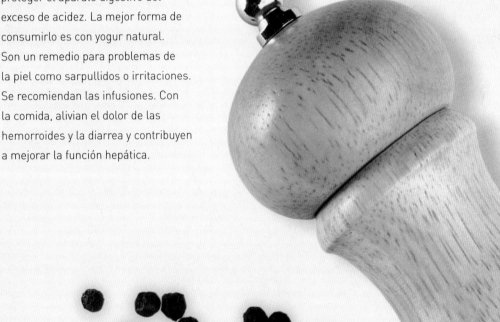

derecha En
la medicina
ayurvédica, la
pimienta negra
es esencial para
tonificar y activar
las vías
respiratorias, el
aparato digestivo
y el sistema
inmunitario.

Mantequilla y salsas a las finas hierbas

Mezclar unas hierbas con mantequilla, mayonesa, yogur o aceite realza su sabor y es una forma muy fácil de incorporarlas a platos rápidos que convierten una cena ligera en algo delicioso. Cualquiera de las siguientes opciones combina muy bien con una patata asada o una ensalada, o carne o pescado a la plancha, o unas hamburguesas vegetarianas. Las salsas para untar palitos crudos de zanahoria, apio, pimiento dulce o pepino, o cuartos de tomate fresco, son deliciosas como aperitivo en fiestas y barbacoas.

derecha El guacamole es suave aunque algo picante, y combina bien con hortalizas crudas.

abajo Si prefiere que su alioli no pique tanto, ponga menos ajo.

Mantequilla a las hierbas

La mantequilla a las finas hierbas es un buen acompañamiento, y con pan caliente está deliciosa.

PARA 4 PERSONAS
115 g de mantequilla sin sal de buena calidad a temperatura ambiente
30 g/2 cucharadas de perejil fresco picado
1 cucharada de cebollino fresco picado
pimienta y unas gotas de zumo de limón

Trocee la mantequilla en un cuenco pequeño y bátala con un tenedor.

Añada el perejil, el cebollino, la pimienta y el zumo de limón y siga batiendo hasta obtener una pasta homogénea.

Cubra el cuenco y déjelo en el frigorífico durante al menos una hora.

VARIANTES

Para servirla con pescado, sustituya las hierbas anteriores por 2 cucharadas de eneldo fresco picado y 15 ml/1 cucharada de zumo de limón. Añada dos dientes de ajo majados al perejil y el cebollino, unte con la mantequilla una barra de pan francés, envuélvala en papel de aluminio y hornéela a 200 ºC durante 20 minutos.

Alioli

Esta famosa salsa provenzal es sólo para auténticos amantes del ajo. Los franceses la toman con pescado, pero también está buenísima con carnes a la brasa o butifarras de buena calidad.

PARA 4 PERSONAS
3 dientes grandes de ajo picados finos
2 yemas de huevo
225 ml de aceite de oliva virgen extra
1 cucharada de zumo de limón
1 cucharada de zumo de lima
1 cucharada de mostaza de Dijon
1 cucharada de estragón fresco picado
sal y pimienta
1 ramita de estragón para adornar

Para asegurarse de que salga bien, todos los ingredientes deben estar a temperatura ambiente. Ponga el ajo y las yemas de huevo en la batidora y mézclelos bien.

Con el aparato en marcha, vierta el aceite a cucharadas hasta que se empiece a ligar, y después siga vertiéndolo en un chorrito fino hasta obtener una salsa espesa.

Añada los zumos de limón y lima, la mostaza y el estragón, y sazone al gusto con sal y pimienta. Pase la salsa a un cuenco que no sea metálico. Adórnela con una ramita de estragón. Cúbrala con film transparente y guárdela en la nevera hasta que la lleve a la mesa.

Nota Esta receta no es adecuada para quien no deba comer huevo crudo.

Guacamole

Es una suerte que esta salsa picante mexicana sea tan rápida de preparar porque si se elabora con mucha antelación se estropea su color.

PARA 6 PERSONAS

4 aguacates

2 dientes de ajo

4 cebolletas

3 guindillas rojas frescas sin semillas

2 pimientos rojos sin semillas

5 cucharadas de aceite de oliva (1 de ellas para echar por encima)

el zumo de $1^{1}/_{2}$ limas

sal

perejil fresco picado para adornar

chips de maíz para servir

Corte los aguacates por la mitad a lo largo y haga girar las mitades para separarlas. Retire y deseche los huesos y extraiga la pulpa con una cuchara. Póngala en un bol grande y cháfela con un tenedor.

Pique el ajo, las cebolletas, las guindillas y los pimientos y mézclelos con el aguacate chafado. Añada cuatro cucharadas de aceite y el zumo de lima. Sazone al gusto con sal y remuévalo todo muy bien. Si prefiere una salsa más fina, triture todos los ingredientes en la batidora.

Pase el guacamole a un bol de servir. Vierta el resto del aceite por encima, esparza el perejil y sírvalo con los chips de maíz.

Salsa de hierbas y yogur

Una salsa cremosa elaborada con yogur griego, de consistencia espesa. Si prefiere una versión más ligera, hágala con un yogur desnatado.

PARA 4 PERSONAS

225 ml de yogur griego

15 ml/1 cucharada de zumo de limón

una pizca de sal

pimienta negra recién molida

2 cucharaditas de salvia fresca picada fina

2 cucharaditas de mejorana fresca picada fina

5 g/1 cucharadita de tomillo fresco

Mezcle todos los ingredientes y guarde la salsa en el frigorífico.

Salsa de ajo, hierbas y tomate

Una salsa mediterránea de exquisitos color y sabor que queda aún mejor si se hace con tomates de cultivo casero.

PARA 4 PERSONAS

3-4 tomates medianos

1 cucharada de cebollino fresco picado

1 diente de ajo majado

5 hojas de albahaca fresca

una pizca de sal

pimienta negra recién molida

Pele los tomates sumergiéndolos uno o dos segundos en agua hirviendo. Así la piel se desprenderá fácilmente. Pique los tomates, añada el cebollino picado y la albahaca en trocitos. Condimente. También puede poner todos los ingredientes en la batidora y triturarlos hasta obtener una mezcla homogénea.

VARIANTE

Para dar a la salsa un toque picante, sustituya la albahaca por una cucharadita de cebolla picada fina y $^{1}/_{2}$ cucharadita de guindilla seca molida.

Vinagres aromatizados

El vinagre, que se elabora dejando agriar el vino, la sidra o la cerveza, es uno de los conservantes más antiguos que existen. El sabor agrio se debe a que el contenido de alcohol se transforma en ácido acético, que suele estar presente en torno al 6% del volumen. Elaborar vinagre aromatizado con hierbas y especias es muy fácil y aporta nuevos sabores a los aliños para ensaladas, los escabeches de carne o pescado o las salsas y sopas. Además, en una elegante botella pueden ser un regalo original.

abajo Ponga sus vinagres aromatizados en botellas divertidas; llaman la atención y pueden ser un bonito regalo de elaboración casera.

Elija los mejores vinagres

El **vinagre de vino** puede ser de vino tinto o blanco, y los de mejor calidad son los que se elaboran en Orleans, donde se dejan madurar durante largo tiempo en barricas de roble. Queda muy bien con hierbas suaves, cuyo sutil sabor no se desvirtúa por el aroma de un vinagre tan fino.

El **vinagre de sidra** se elabora con sidra, cuya materia prima es la manzana, y es muy útil en la dieta porque neutraliza el exceso de ácidos gástricos, mejora la función digestiva y depura todo el aparato. Tiene un sabor muy intenso y sólo queda bien con hierbas o combinaciones fuertes. El más saludable es el vinagre de sidra madurado en barrica de madera.

Nota El vinagre de malta se elabora con cerveza y tiene un sabor demasiado fuerte para aromatizarlo con hierbas, aunque va muy bien para escabechar.

Elaboración de vinagres aromatizados

Vinagre de vino al estragón y al limón

una botella de 500 ml de vinagre de vino blanco
3-4 ramitas largas de estragón fresco lavado y sin hojas estropeadas
3-4 tiras de cáscara fresca de limón de cultivo biológico

Saque un poco de vinagre de la botella e introduzca las ramitas de estragón y la cáscara de limón. Vuelva a cerrar la botella y déjela junto a una ventana soleada de dos a tres semanas.

Para intensificar el sabor, puede retirar las hierbas viejas y sustituirlas por otras nuevas. Este vinagre dura hasta dos años con la botella bien cerrada.

SUGERENCIA DE RECETA
Aliño para ensaladas de pollo frío con hortalizas verdes frescas.

2 cucharadas de vinagre de vino al estragón y al limón
2 cucharadas de aceite de oliva
sal y pimienta

Mezcle el vinagre con el aceite de oliva. Añada una pizca de sal y pimienta negra recién molida. Aliñe la ensalada.

Vinagre al romero y al ajo

Este aromático vinagre es perfecto para ensaladas de invierno a base de judías o lentejas.

una botella de 500 ml de vinagre de sidra
3-4 dientes de ajo partidos por la mitad
3 ramitas de romero fresco (puntas tiernas, cada ramita de unos 10 cm de largo)

Saque un poco de vinagre de la botella e introduzca las ramitas de romero y el ajo.

Vuelva a cerrar la botella y déjela al sol entre dos y tres semanas.

Vinagre a las cuatro especias

Un poco de este vinagre picante potencia el sabor de cualquier plato sazonado con guindilla.

una botella de 500 ml de vinagre de vino tinto
1 cucharadita de semillas secas de cilantro
1 cucharadita de pimienta negra en grano
2 cucharaditas de semillas de eneldo
1 cucharadita de copos de guindilla

Maje un poco en el mortero las semillas de cilantro y eneldo y los granos de pimienta. Añada la guindilla.

Incorpórelo con cuidado al vinagre, cierre la botella y deje macerar el vinagre entre dos y tres semanas.

Cuele el líquido y vuelva a meterlo en la botella.

Aceites aromatizados para cocinar

Las hierbas aromáticas contienen aceites esenciales, que son los que les confieren su sabor particular. Esos aceites se pueden extraer de las fibras vegetales con la ayuda de otro aceite vegetal, que conserva todas sus propiedades. Los aceites aromatizados con hierbas son excelentes para preparar un sinfín de recetas. Por ejemplo, para sofreír la cebolla para preparar una sopa, en platos calientes de carne, pescado o verduras y como aliño en ensaladas. Le invitamos a experimentar con sus propias combinaciones.

abajo Los aceites aromatizados tienen un sabor sutil que realza delicadamente el de cualquier plato.

Aceites a elegir

El **aceite de oliva** (*Olea europea*) es rico en nutrientes, sobre todo si está prensado en frío y es de calidad virgen extra. Su sabor y su aroma son peculiares y distintivos, por lo que está indicado para hierbas picantes, pimienta y ajo.

El **aceite de pepita de uva** (*Vitis vinifera*) es un aceite vegetal ligero de color verde oscuro y con un sabor muy suave, por lo que se puede usar como base para muchas combinaciones de hierbas.

El **aceite de girasol** (*Helianthus annus*) tiene un color dorado y es una buena fuente de ácido linoleico, que favorece la digestión y es beneficioso para la piel y las uñas. También tiene muy poco sabor y se puede aromatizar con una amplia variedad de combinaciones de hierbas o especias.

Comprar aceites vegetales

Es muy aconsejable comprar los aceites vegetales en tiendas de dietética o buenos supermercados. Procure comprar aceites biológicos y prensados en frío. Muchos aceites vegetales baratos se refinan y aclaran mediante procesos a altas temperaturas que destruyen todo su valor nutritivo.

Aceite al ajo, a la pimienta y a la mejorana

Este aceite es una base perfecta para salsas de carne para pasta o para rociar filetes a la barbacoa.

una botella de 500 ml de aceite de oliva virgen extra

3-4 dientes de ajo cortados por la mitad

5 g/1 cucharadita de granos chafados de pimienta negra

4 ramitas de mejorana fresca, de unos 15 cm de largo cada una, lavadas y sin hojas estropeadas

Saque un poco de aceite de la botella e introduzca el ajo, la pimienta y la mejorana.

Compruebe que el nivel de aceite llegue hasta el mismo cuello de la botella, vuelva a cerrarla y déjela junto a una ventana al sol durante dos semanas. Agite la botella de vez en cuando para mezclar bien los sabores.

Al cabo de las dos semanas, cuele el aceite y vuelva a embotellarlo. Dura hasta tres meses.

Aceite al hinojo y al eneldo

una botella de 500 ml de aceite de girasol

4 ramitas de hinojo fresco lavadas

4 ramitas de eneldo fresco lavadas

Saque un poco de aceite de la botella e introduzca las ramitas de hinojo y eneldo.

Compruebe que el nivel de aceite llegue hasta el mismo cuello de la botella, vuelva a cerrarla y déjela junto a una ventana al sol durante dos semanas. Agite la botella de vez en cuando para mezclar bien los sabores.

Al cabo de las dos semanas, cuele el aceite y vuelva a embotellarlo. Dura hasta tres meses.

SUGERENCIA DE RECETA

Esta combinación es un aliño de ensalada excelente para el verano.

30 g/2 cucharadas de aceite al hinojo y al eneldo

1 cucharada de zumo de limón

sal y pimienta

Mezcle el aceite con el zumo de limón, la sal y la pimienta y viértalo por encima de la ensalada.

Aceite especiado

una botella de 500 ml de aceite de pepita de uva

1 cucharada de semillas de cilantro

1 cucharada de semillas de comino

1 cucharadita de pimienta negra en grano

1 cucharadita de copos de guindilla

Maje en el mortero las semillas de cilantro y de comino y los granos de pimienta. Añada la guindilla. Saque un poco de aceite de la botella y meta las especias majadas.

Compruebe que el nivel de aceite llegue hasta el mismo cuello de la botella, vuelva a cerrarla y déjela junto a una ventana al sol durante dos semanas. Agite la botella de vez en cuando para mezclar bien los sabores.

Al cabo de las dos semanas, cuele el aceite y vuelva a embotellarlo. Dura hasta tres meses.

Este aceite es una base excelente para recetas con *curry*, para freír carne o aliñar ensaladas de garbanzos o lentejas.

SUGERENCIA DE RECETA

2 cucharadas de aceite especiado

2 cucharadas de zumo de limón

una pizca de sal

Mezcle el aceite, el zumo de limón y la sal y aliñe con ello ensaladas invernales de garbanzos o lentejas con cilantro fresco o ensaladas verdes.

Ensaladas verdes con hierbas

Las ensaladas nunca deben ser aburridas, y hay excelentes alternativas a las bolsas de insípidas hojas que se encuentran en el supermercado. Hierbas como el hinojo, el eneldo, la melisa o la borraja son deliciosas en las ensaladas, a las que aportan sabor y textura. Y no olvide las hierbas para ensalada «pasadas de moda» que aparecen en las páginas 48 y 49, como el zurrón o la pimpinela menor, ni los berros o las hojas de menta. Preparar una ensalada puede ser muy divertido si se dispone de una amplia gama de hojas de distintas formas y sabores y, por supuesto, mejor aún si son de cosecha propia.

Ideas para ensaladas
Ensalada de lechuga, diente de león y berros

Una deliciosa combinación de primavera con el rotundo sabor del diente de león y los berros, ambos ricos en vitamina C.

1 lechuga romana pequeña
85 g de hojas tiernas de diente de león
85 g de berros
2 cucharadas de cebollino picado

Mezcle la lechuga cortada con el diente de león, los berros y el cebollino.

Ensalada de canónigo, zurrón y perifollo

Una interesante combinación de hojas sabrosas y suaves.

125 g de hojas de zurrón
125 g de hojas de canónigo
2 cucharadas de hojas de perifollo
1 lechuga

Prepare la ensalada mezclando todos los ingredientes.

Ensalada de capuchina, espinacas, berros y ruqueta

Una deliciosa ensalada de verano de la que se comen hasta las flores.

175 g de hojas de espinaca
1 manojo grande de berros
115 g de hojas de ruqueta
6-8 flores de capuchina

Mezcle las hojas de espinaca con los berros y la ruqueta. Ponga por encima las flores de capuchina para dar un sensacional toque de color a la ensalada.

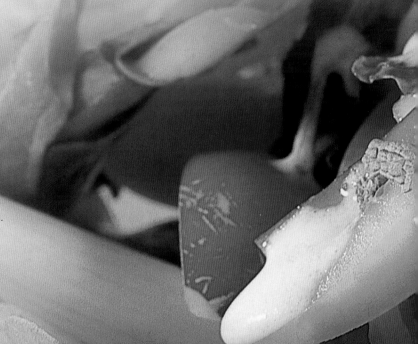

abajo Una ensalada variada con ingredientes de distintos colores y un aliño de yogur es un plato veraniego muy refrescante.

Aliños de ensalada

Las salsas preparadas para aliñar ensaladas que ofrece el mercado están llenas de aromas y conservantes artificiales. Cuando descubra lo fácil que es preparar aliños y lo buenos que están, no volverá a comprar productos comerciales. Los italianos aliñan las ensaladas con zumo de limón, aceite de oliva y un poco de sal y pimienta. También se pueden usar vinagres o aceites aromatizados.

Aliño francés

Este aliño es estupendo para una ensalada verde. Si lo desea, puede añadirle un diente de ajo picado.

175 ml de aceite de oliva virgen extra
4 cucharadas de vinagre de vino blanco
1 cucharadita de mostaza francesa (a poder ser de Dijon)
10 g/2 cucharaditas de cebollino o perejil picado
una pizca de azúcar
sal y pimienta

Ponga todos los ingredientes en un frasco limpio con tapa de rosca. Tápelo y agítelo bien.

Guarde el aliño en el frigorífico y consúmalo en el transcurso de una semana.

Ensalada con aliño de yogur

Una refrescante ensalada muy rápida de preparar y con mucho colorido, lo que la hace tan apetitosa para el paladar como para la vista. Aliñe la ensalada justo antes de servirla.

PARA 4 PERSONAS
75 g de pepino cortado en bastoncitos
6 cebolletas partidas por la mitad
2 tomates sin semillas y cortados en octavos
1 pimiento amarillo cortado en tiras
2 ramas de apio cortadas en tiras
4 rábanos cortados en cuartos
75 g de ruqueta
1 cucharada de menta picada para adornar

ALIÑO
2 cucharadas de zumo de limón
1 diente de ajo picado
150 ml de yogur natural
2 cucharadas de aceite de oliva
sal y pimienta

En una ensaladera grande, mezcle el pepino, el tomate, la cebolleta, el pimiento, el apio, los rábanos y la ruqueta.

Para preparar el aliño, mezcle el zumo de limón, el ajo, el yogur y el aceite de oliva. Sazónelo con sal y pimienta.

Con una cuchara, vierta el aliño por encima de la ensalada y remuévala bien.

Adorne la ensalada con la menta picada.

Sopas condimentadas con hierbas

Las sopas de hierbas son muy fáciles de preparar, y las posibles combinaciones de hortalizas y hierbas son tantas que las opciones son infinitas. Estas sopas son ideales para el invierno; en las noches más frías no hay nada mejor para entrar en calor que un delicioso plato de sopa con pan tierno, tal vez acompañado de un trozo de queso. Para dar a la sopa un sabor más fuerte, puede añadirle extracto de levadura o una buena salsa de soja, o también puede prepararla con caldo biológico de verduras en polvo o en cubitos. Las hierbas confieren a las sopas un sabor intenso.

Sopa de acedera

Una magnífica sopa verde muy tonificante para principios de primavera, sobre todo si las hojas de acedera son jóvenes y tiernas. La acedera es rica en vitamina C y tiene un sabor ligeramente alimonado. Todo un lujo de temporada.

PARA 4 PERSONAS

1 cebolla pequeña picada fina

15 ml/1 cucharada de aceite de girasol

1-2 dientes de ajo picados

un puñado generoso de tallos y hojas tiernos de
 acedera fresca, lavados y picados gruesos

850 ml de agua

2 cucharaditas de caldo vegetal en polvo o 1 cubito

sal y pimienta

150 ml de nata líquida

nuez moscada molida para adornar

Sofría la cebolla en el aceite de girasol hasta que se ablande, añada la acedera y el ajo y sofríalos durante 1 minuto.

Vierta el agua, disuelva el caldo en polvo o el cubito, llévelo a ebullición y baje el fuego. Déjelo cocer durante 15 minutos.

Sazone al gusto con sal y pimienta. Si lo desea, puede verter la sopa en la batidora y batirla hasta que quede muy fina.

Eche un chorrito de nata líquida en el fondo de cuatro tazones de sopa, vierta la sopa encima y adórnela con una pizca de nuez moscada molida.

abajo El cilantro tiene un sabor fresco y algo alimonado que combina muy bien con todos los sabores de esta sopa.

Sopa fría de cilantro fresco

Esta sopa es una combinación tailandesa de sabores y constituye un refrescante entrante frío.

PARA 4 PERSONAS

2 cucharaditas de aceite de oliva

1 cebolla grande picada fina

1 puerro cortado en rodajas finas

1 diente de ajo cortado en rodajas finas

1 litro de agua

1 calabacín pelado y picado

55 g de arroz blanco

un trozo de hierba limón de 5 cm

2 hojas de lima

55 g de hojas y tallos tiernos de cilantro fresco

pasta de guindilla (opcional)

sal y pimienta

pimiento rojo y/o guindilla picados finos para adornar

En una cazuela grande, caliente el aceite a fuego medio. Añada la cebolla, el apio y el ajo, tape la cazuela y sofríalo, removiendo de vez en cuando, durante 4 o 5 minutos o hasta que la cebolla esté blanda.

Añada el agua, el calabacín, el arroz, una pizca generosa de sal y un poco de pimienta. Incorpore la hierba limón y las hojas de lima. Lleve la sopa a ebullición y baje el fuego. Tápela y déjela cocer entre 15 y 20 minutos, hasta que el arroz esté hecho.

Sumerja el cilantro en el líquido. Deje la cazuela al fuego 2 o 3 minutos más, hasta que se ablande. Retire la hierba limón y las hojas de lima.

Deje enfriar un poco la sopa, pásela a la batidora o a un robot de cocina y tritúrela hasta obtener una crema fina. Vierta la sopa en un recipiente grande. Sazónela al gusto con sal y pimienta. Tápela y déjela en el frigorífico hasta que esté fría.

Pruébela y rectifique de sal y pimienta. Si quiere darle un toque picante, añádale un poco de pasta de guindilla. Si la sopa está demasiado espesa, échele un poco de agua helada. Repártala en cuencos fríos y adórnela con pimiento rojo y/o guindilla picados finos.

Sopas condimentadas con hierbas

Sopa de pavo con arroz, champiñones y salvia

Una suculenta y sustanciosa sopa ideal para aprovechar las sobras del pavo de Navidad.

PARA 4 PERSONAS

40 g de mantequilla

1 cebolla picada fina

1 rama de apio picada fina

25 hojas grandes de salvia fresca picadas finas

4 cucharadas de harina

1,2 litros de caldo de pavo o pollo

100 g de arroz integral

250 g de champiñones en láminas

200 g de pavo cocido picado

200 ml de nata

queso parmesano recién rallado para adornar

Funda la mitad de la mantequilla en una cazuela grande a fuego medio-bajo. Añada la cebolla, el apio y la salvia y sofríalos durante 3 o 4 minutos o hasta que la cebolla se ablande, removiendo de vez en cuando. Incorpore la harina y sofríala 2 minutos más.

Añada una cuarta parte del caldo y remueva bien, rascando el fondo de la cazuela para despegar la harina. Vierta el resto del caldo, removiendo para mezclar bien todos los ingredientes, y llévelo a ebullición.

Añada el arroz y sazone al gusto. Baje el fuego y cueza la sopa a fuego lento, medio tapada y removiendo de vez en cuando, unos 30 minutos o hasta que el arroz esté tierno.

Mientras tanto, funda el resto de la mantequilla en una sartén grande a fuego medio. Eche los champiñones y sazónelos con sal y pimienta. Sofríalos unos 8 minutos o hasta que estén dorados, removiendo de vez en cuando al principio y más a menudo cuando empiecen a dorarse. Agregue los champiñones a la sopa.

Añada el pavo y la nata. Deje cocer la sopa durante unos 10 minutos más o hasta que esté bien caliente. Pruébela y rectifique la sazón. Repártala en cuencos calientes y sírvala con queso parmesano.

abajo La sopa de pavo y champiñones es deliciosa y perfecta para entrar en calor.

Sopa de tocino, lentejas y salvia

Esta sustanciosa sopa es un plato muy nutritivo para una noche fría.

PARA 4 PERSONAS

15 ml/1 cucharada de aceite de girasol

3 lonchas de tocino magro entreverado cortado en trocitos

1 cebolla picada fina

225 g de lentejas rojas lavadas

1,2 litros de agua

15 g/3 cucharaditas de caldo vegetal deshidratado o 1¹/₂ cubitos de caldo

4 hojas de salvia fresca picadas finas

1 hoja de laurel

sal y pimienta

Caliente el aceite en una cazuela grande y sofría el tocino hasta que se dore. Añada la cebolla picada y sofríala hasta que se ablande. Agregue las lentejas y sofríalas con la cebolla y el tocino para que se impregnen bien de aceite.

Añada el agua y el caldo deshidratado o los cubitos, la salvia picada y el laurel. Lleve la sopa a ebullición sin dejar de remover.

Baje el fuego al mínimo y tape la olla. Deje cocer la sopa a fuego lento durante 45 minutos, hasta que las lentejas estén muy tiernas y cremosas. Remueva de vez en cuando. Es posible que tenga que añadir un poco de agua hacia el final de la cocción.

Antes de servir la sopa, sazónela al gusto con sal y pimienta recién molida. Retire la hoja de laurel y vierta la sopa en cuatro cuencos grandes.

VARIANTE

Para una variante vegetariana de esta deliciosa sopa, prescinda del tocino.

Caldo de pollo y tomillo

Una sopa deliciosa, ligera y barata que se puede preparar con patas de pollo. El secreto de los franceses para hacer deliciosas sopas con todos los sabores concentrados consiste en cocerlas a fuego muy lento. Así se extrae toda la sustancia de los huesos y la carne y se logra un aroma maravilloso. Con ese método, las hierbas se pueden poner en la cazuela al principio, porque el fuego lento extrae todo su aroma sin echar a perder su sabor.

PARA 4 PERSONAS

6 patas de pollo lavadas bajo el chorro de agua fría y sin piel

1 cebolla picada fina

2 dientes de ajo troceados

3 ramitas de tomillo fresco lavadas

1 hoja de laurel

850 ml de agua

2 cucharaditas de caldo vegetal deshidratado o 1 cubito

sal y pimienta

Ponga las patas de pollo en una cazuela grande. Eche por encima la cebolla, el ajo, el tomillo y la hoja de laurel. Vierta el agua, añada el caldo o el cubito y llévelo a ebullición.

Baje el fuego al mínimo y deje cocer la sopa durante una hora con la cazuela tapada.

Retire las patas de pollo y separe la carne de los huesos. Corte la carne en trozos pequeños, quitando los cartílagos, y vuelva a ponerla en la cazuela para calentarla bien. Sazone al gusto con sal y pimienta. Retire la hoja de laurel y el tomillo y sirva la sopa.

VARIANTE

Para enriquecer la sopa, añada 150 ml de nata líquida justo antes de servir.

Las hierbas y la carne

Además de aportar sabor a la carne, las hierbas ayudan a digerirla porque estimulan la secreción de jugos digestivos a través del gusto y el olfato, incluso antes de que la comida llegue a la boca. Existen muchas combinaciones tradicionales de ciertas hierbas con determinadas carnes.

Chuletas de cerdo con hinojo y enebro

El enebro y el hinojo confieren a estas chuletas de cerdo un sabor inusual y delicado.

PARA 4 PERSONAS
$^1/_2$ bulbo de hinojo
1 cucharada de bayas de enebro
unas 2 cucharadas de aceite de oliva
la piel rallada y el zumo de una naranja
4 chuletas de cerdo de unos 150 g cada una
pan tierno y ensalada crujiente para acompañar

Pique el bulbo de hinojo con un cuchillo afilado, desechando las partes verdes.

Chafe un poco las bayas de enebro en el mortero. Mézclelas con el hinojo, el aceite y la piel de naranja.

Con un cuchillo afilado, haga unos cortes en cada chuleta. Colóquelas en una bandeja para asar o una fuente resistente al calor. Extienda la mezcla de hinojo y enebro sobre las chuletas con una cuchara. Vierta el zumo de naranja por encima de las chuletas, tápelas y déjelas macerar en el frigorífico durante unas dos horas.

Ase las chuletas bajo el gratinador precalentado de 10 a 15 minutos, según el grosor de la carne, hasta que estén tiernas y bien hechas, dándoles la vuelta de vez en cuando.

Ponga las chuletas en los platos y acompáñelas de una ensalada fresca y crujiente y abundante pan tierno para untar el jugo del asado.

abajo El dulce y anisado sabor del hinojo combina muy bien con el cerdo.

Chuletas de cordero fritas con romero fresco y ajo

Es probable que alguna vez, estando solo en casa, le haya apetecido comer algo especial. Este plato de cordero está pensado para un solo comensal. Si se cocina para alguien más, sólo hay que multiplicar las cantidades.

PARA 1 PERSONA

2 chuletas de cordero (o 1, o 3, según tamaño)

30 ml/2 cucharadas de aceite de oliva virgen extra

2 dientes de ajo picados

1 cucharada de hojas de romero fresco o 2 cucharaditas de romero seco

75 ml de vino tinto

sal y pimienta

30 ml de nata líquida

GUARNICIÓN

puré de patatas y brócoli al vapor

Lave la carne bajo el chorro de agua fría y séquela con papel de cocina. Sazónela por ambos lados con un poco de sal y pimienta recién molida.

Caliente el aceite en una sartén y fría las chuletas a fuego medio entre 5 y 10 minutos por cada lado, según su grosor. Esparza el romero y el ajo por encima y fríalas 1 minuto más, dándoles la vuelta una o dos veces.

Vierta el vino tinto y llévelo a ebullición. Baje el fuego y cuézalo a fuego lento durante 10 minutos. Sazone al gusto con sal y pimienta recién molida.

Retire la sartén del fuego y añada la nata líquida a la salsa removiendo con suavidad.

Sirva las chuletas con puré de patatas y brócoli al vapor.

Filetes de pechuga de pollo en salsa de nata al estragón

El estragón es una hierba de sabor fuerte con un aroma característico que recuerda la menta. Aporta chispa e interés al pollo, que de otro modo puede resultar un poco soso. A ser posible, compre pollo de granja ecológica porque sabe mejor.

PARA 2 PERSONAS

2 pechugas de pollo de granja ecológica

30 ml/2 cucharadas de aceite de girasol

1 chalote picado fino

1 diente de ajo majado

1 cucharada de hojas de estragón fresco

5 ml/1 cucharadita de zumo de limón

sal y pimienta

150 ml de nata líquida

GUARNICIÓN

patatas nuevas, zanahorias al vapor y tirabeques

Lave, seque y filetee las pechugas de pollo.

Caliente el aceite en una sartén a fuego medio y fría los filetes hasta que empiecen a estar dorados por ambos lados.

Añada el ajo, el chalote y una pizca de sal y pimienta y sofríalo todo 5 minutos más.

Esparza sobre el pollo las hojas de estragón y añada el zumo de limón. Tape la sartén y siga cociéndolo a fuego lento durante 10 minutos. Compruebe el punto de sazón antes de servir, retire la sartén del fuego y añada la nata.

Este plato está buenísimo acompañado de patatas nuevas *baby*, zanahorias al vapor y tirabeques.

Las hierbas y la carne

Cazuela de cerdo a la sidra con salvia

Las carnes de fuerte sabor, como el cerdo o la ternera, se pueden cocinar con hierbas de aroma intenso como la salvia. Lo mejor es usar salvia fresca, pues tiene un sabor más penetrante que la seca, que es más dulce y suave. El laurel también les va muy bien por su alto contenido en aceite esencial, que realza los sabores. El cerdo con manzana o sidra es una combinación tradicional. La salvia lo realza aún más y aporta un matiz cálido, fresco y especiado.

PARA 4 PERSONAS

4 filetes de cerdo

45 ml/3 cucharadas de aceite de oliva

1 manzana grande, pelada, descorazonada y troceada

1 cebolla grande, picada fina

1 cucharada de hojas de salvia fresca picadas o 2 cucharaditas de salvia seca

50 g de harina

450 ml de sidra seca

sal y pimienta

GUARNICIÓN

puré de patatas con mostaza y judías verdes

Recorte la grasa de los filetes y córtelos en trozos.

Caliente el aceite en una sartén, dore los dados de cerdo y, conforme vayan estando, páselos a una cazuela que pueda ir al horno. Añada los trozos de manzana.

Sofría la cebolla y, cuando esté blanda, añada las hojas de salvia y la harina removiendo bien. Vierta la sidra por encima y siga removiendo hasta que se espese. Añada una pizca generosa de sal y pimienta negra recién molida y vierta la salsa en la cazuela por encima de la carne. Mézclelo todo bien y tape la cazuela.

Termine de hacer el guiso en el horno (a media altura) a una temperatura de 180 ºC durante 45 minutos. Sirva el plato con el puré de patatas y judías verdes.

abajo El limón y el estragón tienen un sabor fresco y ligero que combina muy bien con todas las aves.

Picantones al limón y al aroma de estragón

Los picantones son pollos jóvenes, y aquí se asan y se complementan con la delicada fragancia del limón y el estragón.

PARA 2 PERSONAS

2 picantones

4 ramitas de estragón fresco

1 cucharadita de aceite

2 cucharadas de mantequilla

la corteza de $1/2$ limón

1 cucharada de zumo de limón

1 diente de ajo picado

sal y pimienta

estragón y rodajas de naranja para adornar

Prepare los picantones, póngalos sobre una tabla con la parte de las pechugas hacia abajo y córtelos por el espinazo con unas tijeras de cocina. Aplaste con cuidado las aves para romper los huesos y que queden planas. Sazónelas con sal.

Deles la vuelta e introduzca una ramita de estragón bajo la piel de cada lado de la pechuga. Con una brocha de cocina, pinte los picantones con aceite. Áselos en el horno precalentado a unos 13 cm del gratinador encendido, durante unos 15 minutos o hasta que se empiecen a dorar, dándoles la vuelta a mitad de cocción.

Para preparar el glaseado, funda la mantequilla en una cazuela, añada la corteza y el zumo de limón y el ajo y sazone al gusto.

Pinte los picantones con el glaseado y áselos otros 15 minutos, dándoles la vuelta una vez y pintándolos de vez en cuando para que no se sequen. Adorne los picantones con estragón y rodajas de naranja y sírvalos con patatas nuevas.

Salsa boloñesa

Esta salsa es un clásico de la cocina italiana y también se llama «ragú». Hierbas muy aromáticas como la albahaca, el orégano y el laurel mejoran el sabor de la ternera, que es la base de la salsa, y se complementan con el tomate y el ajo. Ésta es otra receta que queda mucho mejor si se elabora a fuego lento, y es perfecta para invitados poco puntuales.

PARA 4 PERSONAS

45 ml/3 cucharadas de aceite de oliva virgen extra

1 cebolla grande picada fina

1 rama de apio picada fina

175 g de tocino entreverado sin ahumar en dados

1-2 dientes de ajo picados

450 g de ternera magra picada

2 cucharadas de concentrado de tomate

400 g de tomate de lata

150 ml de vino tinto

sal y pimienta

1 cucharadita de albahaca seca o 4 hojas si es fresca

1 cucharadita de orégano seco o 3 ramitas si es fresco

1 hoja de laurel

PARA SERVIR

espaguetis cocidos

queso parmesano rallado

Sofría la cebolla, el apio y el tocino en el aceite a fuego medio de 3 a 5 minutos, removiendo varias veces.

Añada el ajo y la carne y sofríalo todo junto hasta que la carne se dore. Añada el concentrado de tomate, mezcle todo bien e incorpore el tomate y el vino. Remueva hasta que la salsa se espese. Sazónela con sal y pimienta, añada las hierbas y llévela a ebullición. Baje el fuego y cuézala a fuego lento durante al menos 45 minutos.

Sirva la salsa con espaguetis, el plato típico italiano. Con esta receta también se puede preparar lasaña. No hay que olvidar espolvorear el plato con queso parmesano para darle un toque más auténtico.

Las hierbas y el pescado

El pescado es una fuente sana de proteínas y muy rápido de preparar. Lo más sencillo es hacerlo frito o a la plancha. Hoy día en cualquier mercado se encuentran filetes de pescado limpios y listos para cocinar. Cuando compre pescado fresco, fíjese en que las escamas sean brillantes o, si es salmón, que la carne sea de color melocotón. Los pescados congelados se tienen que descongelar del todo antes de cocinarlos.

Salmón macerado con lima y albahaca

La combinación de hierbas y cítricos ofrece sabores ligeros y penetrantes al pescado. Es importantísimo preparar este plato con salmón fresco. La sal y el azúcar extraen el agua del pescado, que queda crudo pero macerado y lleno de sabor.

PARA 6 PERSONAS

900 g de filete de salmón muy fresco, de la parte de la cabeza, sin piel

50 g de azúcar

50 g de sal marina

5 cucharadas de albahaca fresca picada

la piel rallada de 2 limas

1 cucharadita de pimienta blanca en grano, ligeramente majada

ALIÑO

200 ml de vinagre de arroz

5 cucharadas de azúcar

la piel rallada de 1 lima

$1/2$ cucharadita de mostaza inglesa

3 cucharadas de albahaca fresca picada

1 cucharada de jengibre japonés encurtido, picado fino

150 g de hojas variadas de ensalada para acompañar

PARA ADORNAR

trozos de lima

hojas de albahaca

Quite las espinas que pueda tener el salmón. Lávelo y séquelo. Póngalo en una fuente grande que no sea de metal y espolvoréelo con el azúcar, la sal, la albahaca, la ralladura de lima y la pimienta. Cúbralo y déjelo macerar en el frigorífico entre 24 y 48 horas dándole la vuelta de vez en cuando.

Para el aliño, caliente en un cazo el vinagre y el azúcar, a fuego lento, hasta que el azúcar se disuelva. Llévelo a ebullición y déjelo hervir entre 5 y 6 minutos, hasta que el líquido se reduzca un tercio. Retire el cazo del fuego y añada la ralladura de lima y la mostaza. Resérvelo.

Retire el filete de salmón de la marinada y séquelo un poco con papel de cocina. Córtelo en lonchas.

Añada al aliño la albahaca y el jengibre picados. Aliñe la ensalada con un poco de la salsa y repártala en seis platos. Reparta también el salmón y rocíelo con un poco de aliño. Adorne los platos con trozos de lima y hojas de albahaca.

abajo La lima tiene un aroma alimonado e intenso que realza el delicado sabor del salmón.

Bacalao crujiente con salsa de tomate

Le recomendamos comprar una salsa de buena calidad que lleve cebolla, tomate, pimiento y especias.

PARA 4 PERSONAS
115 g de miga de pan blanco fresco
3 cucharadas de zumo de limón
1 cucharada de *pesto* (véase la página 73)
2 cucharadas de perejil fresco picado
sal y pimienta
aceite vegetal en pulverizador
4 filetes de bacalao
1 tarro de salsa de tomate para acompañar

Ponga la miga de pan, dos cucharadas de zumo de limón, el *pesto*, el perejil, sal y pimienta en un cuenco y mézclelo todo bien.

Forre una rejilla con papel de aluminio y pulverícela con aceite vegetal. Ponga los filetes de bacalao sobre papel de aluminio y eche por encima la otra cucharada de zumo de limón, y un poco de sal y pimienta. Gratínelo 5 minutos con el horno precalentado.

Dé la vuelta al pescado y esparza por encima la mezcla de miga de pan y hierbas.

Gratínelo de 5 a 10 minutos más o hasta que el pescado esté tierno y la costra, dorada.

Sirva el pescado con una cucharada de salsa de tomate por encima.

Trucha con almendras, limón y perejil

La trucha es un pescado de agua dulce y sabor suave con un aroma exquisito que combina muy bien con el limón y el perejil, tanto de hoja lisa como rizada.

PARA 2 PERSONAS
2 truchas frescas
55 g de mantequilla con sal
55 g de almendras fileteadas
2 cucharadas de perejil fresco lavado y picado
3 cucharadas de zumo de limón recién exprimido
sal y pimienta
verduras al vapor para acompañar

Sazone las truchas con sal y pimienta por ambos lados. Funda la mantequilla en una sartén grande y fríalas de 6 a 8 minutos por cada lado, hasta que estén doradas y bien hechas.

Retire las truchas de la sartén y resérvelas en una fuente dentro del horno caliente.

Fría en la sartén las almendras fileteadas, sin dejar de remover, hasta que se doren. Añada el perejil y el zumo de limón y mezcle bien hasta obtener una deliciosa salsa de hierbas al limón.

Sirva las truchas con una cucharada de salsa por encima. Acompáñelas de unas verduras al vapor, por ejemplo, zanahorias mini y maíz dulce, brócoli y patatas nuevas.

abajo La miga de pan aderezada con hierbas es un delicioso rebozado crujiente para el bacalao.

Las hierbas y el pescado

Lomos de bacalao con tomillo y mejorana

Éste es un plato muy fácil de preparar al horno
con pescado congelado. Predomina el sabor del
tomate, complementado por los aromas del tomillo y
la mejorana, y puede ser una práctica cena informal.
El olor que desprende este plato al asarlo le hará la
boca agua gracias a la fragancia del tomillo.

PARA 4 PERSONAS
4 lomos de bacalao, descongelados si no son frescos
10 ml/2 cucharaditas de zumo de limón recién
    exprimido
30 ml/2 cucharadas de aceite de oliva virgen extra
1 cebolla picada fina
2 dientes de ajo majados
1 cucharada de concentrado de tomate
400 g de tomate de lata
1 cucharada de hojas de tomillo fresco o 2 cucharaditas
    de tomillo seco
2 cucharaditas de hojas de mejorana fresca
    o 1 cucharadita de mejorana seca
2 cucharadas de aceitunas verdes rellenas de pimiento
    partidas por la mitad
sal y pimienta

PARA ACOMPAÑAR
arroz blanco y ensalada verde

Ponga los lomos de bacalao en una cazuela que pueda ir
al horno y vierta el zumo de limón por encima.

Caliente el aceite en otra cazuela grande, sofría la
cebolla hasta que se ablande y agregue el ajo y el
concentrado de tomate. Añada el tomate, las hierbas
y las aceitunas. Sazone al gusto con sal y pimienta.

Cueza la salsa a fuego medio durante unos 10 minutos y
viértala por encima del pescado. Tape la cazuela y déjela
en el horno a 190 ºC (posición alta) 25 o 30 minutos.

Sirva el plato con arroz blanco y una ensalada verde.

Arenques rellenos de naranja y estragón

El pescado lleva un relleno aromatizado con naranja y se envuelve en papel de aluminio antes de asarlo a la barbacoa.

PARA 4 PERSONAS

1 naranja

4 cebolletas

50 g de miga de pan integral fresco

1 cucharada de estragón fresco picado

4 arenques limpios y destripados

sal y pimienta

ensalada verde para acompañar

PARA ADORNAR

2 naranjas

1 cucharada de azúcar moreno

1 cucharada de aceite de oliva

ramitas de estragón fresco

Para preparar el relleno, ralle la piel de media naranja con un rallador. Pele la naranja y pique la pulpa en un plato para aprovechar el jugo.

Mezcle en un cuenco la pulpa de la naranja con el zumo, la ralladura, las cebolletas, la miga de pan y el estragón. Sazónelo al gusto con sal y pimienta.

Divida el relleno en cuatro partes iguales y rellene los arenques. Ponga cada pescado sobre un cuadrado de papel de aluminio un poco engrasado y envuélvalos bien.

Áselos en una barbacoa de carbón durante 20 o 30 minutos, o hasta estén a su gusto.

Mientras tanto, prepare la naranja para adornar. Pele dos naranjas y córtelas en rodajas gruesas. Espolvoréelas con el azúcar. Justo antes de sacar el pescado del fuego, écheles un poco de aceite por encima y caliéntelas en la barbacoa unos 5 minutos.

Sirva el pescado en platos y adórnelo con las rodajas de naranja asadas y ramitas de estragón fresco. Acompáñelo de una ensalada verde.

izquierda El toque de la dulce naranja y el aromático frescor del estragón realzan el sabor de los arenques.

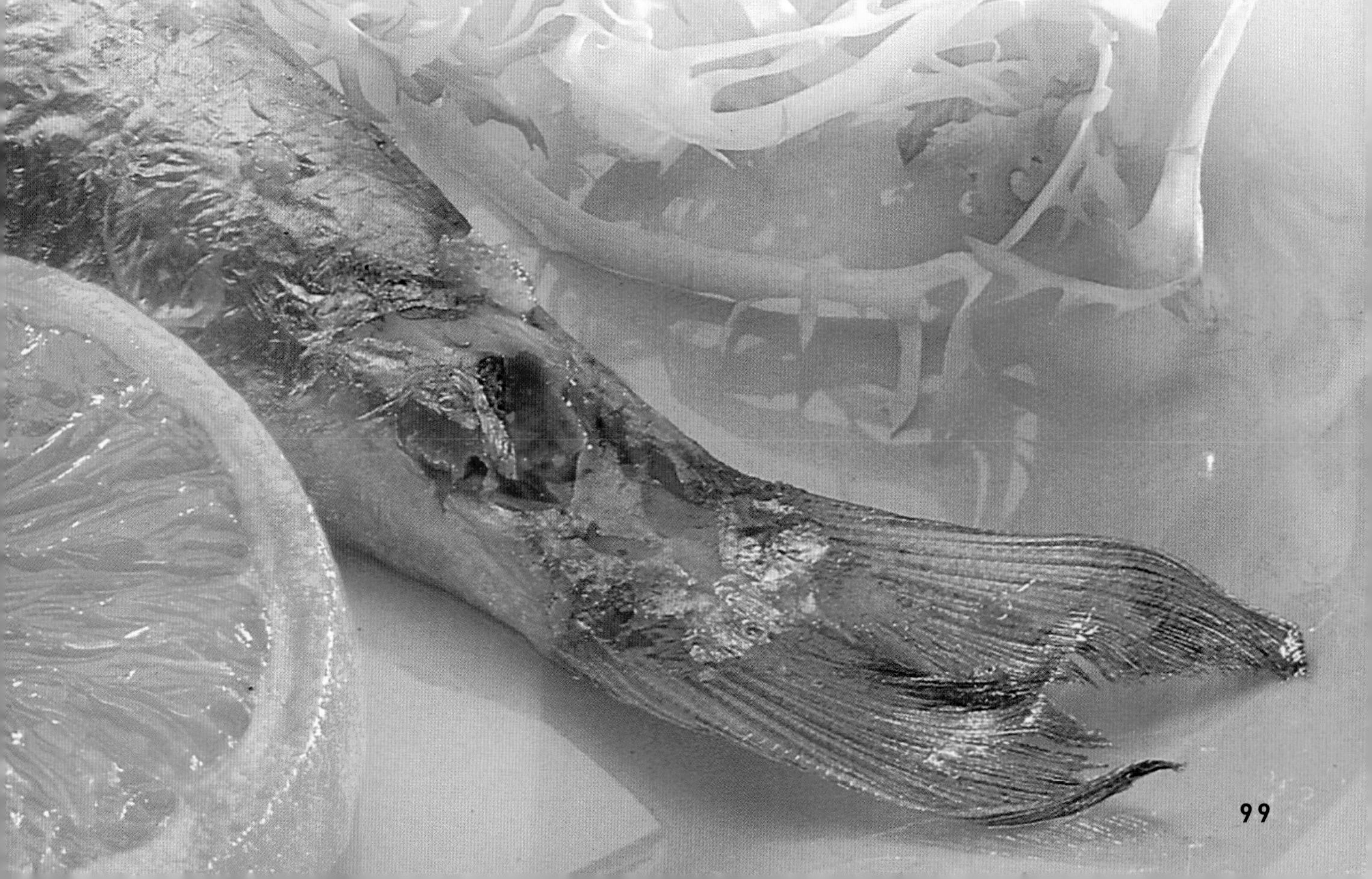

Las hierbas y la cocina vegetariana

Las hierbas y las especias combinan muy bien con las legumbres, ricas en proteínas, en la elaboración de platos deliciosos y baratos. Les dan un sabor riquísimo y, además, ayudan a digerirlas. Las recetas indias potencian los sabores con especias de sabor intenso y ajo, y en Occidente se intensifican los aromas con hierbas como la ajedrea.

abajo La ruqueta, de sabor intenso y un poco picante, aporta cierto contraste a este plato.

Risotto con tomate y *mozzarella* al aroma de ruqueta silvestre

El arroz nunca se debe secar durante la cocción.

PARA 4 PERSONAS

2 cucharadas de aceite de oliva

25 g de mantequilla sin sal

1 cebolla grande picada fina

2 dientes de ajo picados finos

350 g de arroz arborio

125 ml de vermú blanco seco (opcional)

1,5 litros de caldo de verdura hirviendo

6 tomates de rama o pera, sin semillas y picados

125 g de ruqueta silvestre

un puñado de hojas de albahaca fresca

115 g de queso parmesano recién rallado

225 g de *mozzarella* fresca de búfala, rallada gruesa
 o en dados

sal y pimienta

Caliente el aceite y la mitad de la mantequilla en una sartén grande. Sofría la cebolla unos 2 minutos o hasta que se empiece a ablandar. Añada el ajo y el arroz y rehogue, sin dejar de remover, hasta que el arroz esté transparente y bien impregnado de aceite y ajo.

Vierta el vermú blanco, si lo desea. Burbujeará y se evaporará casi de inmediato. Añada un cucharón (unos 225 ml) del caldo hirviendo y remueva hasta que se absorba del todo.

Siga añadiendo caldo, más o menos medio cucharón cada vez, y espere a que se absorba antes de añadir el siguiente.

Justo antes de que el arroz esté hecho, incorpore el tomate y la ruqueta. Esparza la albahaca por encima y mézclela enseguida con el arroz. Siga añadiendo caldo hasta que el *risotto* esté cremoso y el arroz, cocido pero un poco duro.

Retire la sartén del fuego y añada el resto de la mantequilla, el queso parmesano y la *mozzarella*. Sazone al gusto con sal y pimienta. Tápelo y déjelo reposar alrededor de 1 minuto. Sírvalo enseguida, antes de que la *mozzarella* se haya fundido del todo.

Curry de lentejas rojas y espinacas

Éste es un *curry* muy fácil de preparar y poco picante, con el suave sabor a frutos secos de las lentejas combinado con las nutritivas espinacas.

PARA 4 PERSONAS
900 g de espinacas frescas
225 g de lentejas rojas lavadas
30 ml/2 cucharadas de aceite de girasol
1 cebolla grande picada fina
2 dientes de ajo majados
un trozo de 2 cm de jengibre fresco, pelado y picado muy fino
$1/4$ de cucharadita de copos de guindilla
1 cucharadita de comino seco
1 cucharadita de cilantro seco
1 cucharada de zumo de limón recién exprimido
sal y pimienta

PARA ACOMPAÑAR
arroz basmati, una ensalada de pepino en rodajas aliñada con yogur natural

Lave las espinacas y póngalas en una cazuela grande con muy poca agua y una pizca de sal. Cuézalas a fuego medio de 5 a 7 minutos. Ya verá cómo se reducen mucho. Escúrralas muy bien. Píquelas y resérvelas.

Ponga las lentejas y una pizca de sal en otra cazuela. Vierta 450 ml de agua y cuézalas a fuego lento unos 15 minutos, hasta que estén cremosas.

Caliente el aceite en una sartén grande y sofría la cebolla, el ajo, el jengibre y la guindilla 5 minutos. Añada el comino y el cilantro y sofría 3 minutos más. Incorpore las espinacas y el zumo de limón y mézclelo todo bien. Baje el fuego y remueva de vez en cuando.

Cuando las lentejas estén tiernas, incorpore el sofrito de espinacas, mezclando muy bien. Sazone al gusto con sal y pimienta recién molida. Sirva el plato de inmediato, con arroz *basmati* indio hervido y una ensalada de pepino aliñada con yogur natural.

Ensalada de judías, champiñones y ajedrea

Esta exquisita ensalada de judías es ideal para el verano.

PARA 2 PERSONAS
225 g de champiñones
60 ml/4 cucharadas de aceite de oliva virgen extra
1 diente de ajo majado
225 g de judías blancas de tarro, escurridas y lavadas
30 ml/2 cucharadas de zumo de limón recién exprimido
2 cucharadas de hojas de ajedrea fresca troceadas
sal y pimienta recién molida

PARA ACOMPAÑAR
ensalada verde, panecillos integrales

Lave los champiñones y filetéelos.

Caliente la mitad del aceite de oliva en una sartén.

Fría los champiñones con el ajo y una pizca de sal y pimienta durante 5 minutos.

Ponga los champiñones y su jugo en un bol. Añada las judías escurridas y lavadas, el resto del aceite de oliva, el zumo de limón y la ajedrea. Remuévalo un poco. Sazone al gusto con sal y pimienta.

Sirva este plato acompañado de ensalada verde y panecillos integrales.

Las hierbas y la cocina vegetariana

Pasta con tomate a la albahaca

Asar los tomates confiere un sabor más dulce y suave a esta salsa. Procure comprar tomates pera o de rama, pues tienen mejor color y sabor.

PARA 4 PERSONAS

1 cucharada de aceite de oliva

2 ramitas de romero

2 dientes de ajo sin pelar

450 g de tomates partidos por la mitad

1 cucharada de concentrado de tomates secados al sol

12 hojas de albahaca fresca

sal y pimienta

675 g de lazos *(farfalle)* frescos o 350 g de lazos secos

hojas de albahaca para adornar

sal y pimienta

Ponga el aceite, el romero, el ajo y los tomates, con la piel hacia arriba, en la bandeja del horno. Écheles unas gotas de aceite por encima y áselos bajo el gratinador precalentado durante 20 minutos o hasta que la piel de los tomates empiece a quemarse.

Pele los tomates. Pique la pulpa y póngala en una cazuela. Chafe los ajos y mézclelos con el tomate y el concentrado. Desmenuce la albahaca y añádala a la salsa. Sazone al gusto con un poco de sal y pimienta.

Hierva los lazos en una cazuela siguiendo las instrucciones del paquete o hasta que estén hechos pero no blandos. Escúrralos.

Caliente la salsa de tomate y albahaca. Reparta los lazos en los platos y sírvalos con la salsa.

abajo Tomate y albahaca, una combinación clásica repleta de sabor.

Asado especial de frutos secos

Este plato vegetariano es ideal para las ocasiones especiales, como la Navidad. Está aromatizado con ajo y romero fresco y tiene un sabor delicioso. Pueden comerlo los vegetarianos más estrictos, porque no lleva huevo ni productos lácteos.

PARA 4 PERSONAS

30 ml/2 cucharadas de aceite de girasol

1 cebolla grande picada fina

300 ml de agua

10 g/2 cucharaditas de extracto de levadura

115 g de castañas cocidas, peladas y picadas finas

55 g de avellanas molidas o picadas muy finas

55 g de nueces peladas

115 g de pan integral rallado

1 cucharada de hojas de romero fresco

2 dientes de ajo majados

sal y pimienta

tirabeques o judías verdes al vapor para acompañar

Caliente el aceite en una cazuela y sofría la cebolla hasta que se ablande. Añada el agua y el extracto de levadura y llévelo a ebullición.

Ponga los frutos secos, el pan rallado, el romero y el ajo en un cuenco y mezcle bien. Añada el líquido y remueva con un tenedor hasta obtener una consistencia espesa y homogénea. Sazone con una pizca de sal y pimienta.

Viértalo en un molde engrasado no muy alto, a poder ser antiadherente, y hornéelo a media altura durante 30 minutos a 180 °C, hasta que se dore. Déjelo enfriar 10 minutos para que sea más fácil de cortar en rodajas.

Sírvalo con tirabeques o judías verdes cocidos al vapor.

Gratinado de patatas, queso y orégano con vino blanco

Un plato de patatas muy aromático.

PARA 4 PERSONAS

450 g de patatas peladas y cortadas en rodajas muy finas

175 g de queso *cheddar* o gruyer rallado

2 cucharadas de hojas de orégano fresco o 1 cucharada de orégano seco

600 ml de agua caliente

2 cucharaditas de caldo de verduras deshidratado o 1 cubito

1 vaso de vino blanco seco

sal y pimienta

tirabeques o judías verdes para acompañar

Cubra el fondo de una cazuela grande con un poco de agua fría. Ponga las rodajas de patata y cuézalas a fuego lento durante unos 10 minutos para ablandarlas.

Engrase con un poco de aceite una fuente llana grande para el horno y ponga una capa de patatas en el fondo. Esparza un poco de queso rallado, una pizquita de sal y pimienta y unas hojas de orégano. Siga poniendo capas de patata, queso y sazón hasta llenar la fuente.

Añada el caldo deshidratado o el cubito al agua caliente y remueva bien. A continuación, incorpore el vino blanco. Vierta el líquido sobre las patatas, con cuidado, y cubra la capa superior con abundante queso y orégano; eche una pizca más de sal y pimienta.

Meta la fuente en el horno, hacia la parte alta, y hornee las patatas durante 30 o 45 minutos a 180 °C, hasta que estén tiernas. Sirva el plato acompañado de judías verdes o tirabeques.

Las hierbas y los postres

Con hierbas como la menta se pueden elaborar deliciosos y refrescantes postres, ideales para una fiesta o para una barbacoa veraniega.

Peras a la menta

Estas dulces peras son muy fáciles de preparar y están riquísimas. Se pueden hacer con antelación y dejar enfriar en el frigorífico. Son un postre sencillo y perfecto para coronar una buena comida.

PARA 4 PERSONAS
4 peras grandes
4 cucharadas de azúcar extrafino
4 cucharadas de miel clara
2 cucharadas de crema de menta verde
ramitas de menta fresca para adornar

Pele las peras y póngalas de pie dentro de una cazuela de base gruesa. Cúbralas con agua. Llévela a ebullición, reduzca el fuego, tape la cazuela y cueza las peras a fuego lento durante 25 o 30 minutos, hasta que estén tiernas. Deseche la mitad del agua de cocción y añada el azúcar. Cuézalo a fuego lento durante 10 minutos más.

Con una espumadera, pase las peras a un cuenco. Vierta 150 ml del almíbar de cocción en un vaso medidor y mézclelo con la miel y la crema de menta. Vierta el almíbar por encima de las peras.

Cuando las peras se hayan enfriado, cúbralas con film transparente y guárdelas en el frigorífico entre una y dos horas. Sirva las peras en cuencos individuales, bañadas con el almíbar y adornadas con menta fresca.

abajo El delicado aroma a menta complementa muy bien la dulzura de las peras cocidas.

Puré de manzana a la menta y al limón

PARA 4 PERSONAS

450 g de manzanas para asar peladas y cortadas
  en rodajas
50 g/4 cucharadas de azúcar moreno
30 ml/2 cucharadas de agua
la piel lavada y rallada de 1 limón biológico
2 cucharadas de hojas lavadas de menta fresca
150 ml de nata para montar
hojas de menta fresca para adornar

NATILLAS

3 yemas de huevo
275 ml de nata líquida
15 g/1 cucharada de azúcar extrafino
15 g/1 cucharada de harina de maíz
2 gotas de esencia de vainilla

Ponga las rodajas de manzana, el azúcar, el agua, la ralladura de limón y las hojas de menta en una cazuela y cuézalo a fuego lento hasta que la manzana esté muy blanda.

Retire la menta y triture la manzana, con la batidora, en un robot de cocina o con un tenedor. Deje enfriar el puré dentro de la cazuela.

Para preparar las natillas, bata las yemas de huevo con el azúcar, la harina de maíz y la esencia de vainilla. Caliente la nata en un cazo hasta que arranque a hervir, baje el fuego y vierta la mezcla de huevo. Remueva sin parar hasta que se espesen y déjelas enfriar.

Monte muy bien la nata e incorpórela con cuidado al puré de manzana. Luego, añada las natillas. No las mezcle demasiado porque el efecto de las capas en remolino también queda muy bonito.

Reparta el postre en platos individuales de cristal y refrigérelo antes de servir. Adórnelo con hojas de menta fresca.

Tarta de queso al aroma de rosas

En Oriente Medio, la rosa tiene fama de ser digestiva y tonificante del hígado, y por eso el agua de rosas, las delicias turcas o los pétalos de rosa caramelizados son postres habituales tras una comida copiosa. Éste es un postre floral ligero y delicioso aromatizado con agua de rosas. Se compra en tiendas de dietética o herboristerías y en tiendas donde vendan aceites esenciales.

PARA 6-8 PERSONAS
PARA LA BASE:

225 g de galletas digestivas trituradas con el rodillo
75 g de mantequilla fundida

PARA EL RELLENO:

350 g de queso cremoso
60 g/4 cucharadas de miel clara
150 ml de yogur natural desnatado
la piel lavada y rallada de 1 limón biológico
30 ml/2 cucharadas de agua de rosas
15 g de gelatina remojada en 45 ml/3 cucharadas
  de agua
3 claras de huevo
una rosa y pétalos caramelizados para adornar

Mezcle las migas de galleta con la mantequilla y cubra la base de un molde desmontable de 20 cm de diámetro presionando con los dedos. Déjelo en el frigorífico hasta que se endurezca.

Mezcle en un cuenco el queso cremoso, la miel, el yogur, la ralladura de limón y el agua de rosas.

Disuelva la gelatina al baño María y añádala a la mezcla anterior. Monte las claras a punto de nieve e incorpórelas al relleno. Vierta la pasta en el molde y refrigérela durante dos horas como mínimo.

Antes de servir, adorne la tarta con un capullo de rosa en el centro y pétalos caramelizados alrededor.

Nota Esta receta no es adecuada para quien no deba comer huevo crudo.

Las hierbas y los postres

Crepes de plátano y mezcla de especias con naranja

La mezcla de especias casi siempre se elabora con nuez moscada, clavo, jengibre y canela. Combinada con cítricos, su fragancia es irresistible. Las crepes pueden ser del tamaño que se quiera, desde unos 15 cm de diámetro hasta grandes como la sartén, que tiene que ser de base plana. Para dar la vuelta a las crepes se puede utilizar una pala para pescado.

PARA 8-10 PERSONAS

115 g de harina integral

1 huevo grande de granja ecológica medio batido

300 ml de leche

aceite de girasol

1 plátano pequeño chafado

1 cucharadita de mezcla de especias

la piel lavada y rallada de 1 naranja biológica

PARA SERVIR

nata montada

el zumo de 1 naranja

Ponga la harina en un cuenco. Haga un hueco en el centro y vierta el huevo. Vaya incorporando la leche muy despacio y mezclando con unas varillas hasta obtener una pasta homogénea. Añada 5 ml/ 1 cucharadita de aceite, el plátano, la mezcla de especias y la ralladura de naranja y mezcle bien.

Caliente bien 10 ml/2 cucharaditas de aceite de girasol en una sartén. Vierta 45-60 ml/3-4 cucharadas de la masa y ladee la sartén para cubrir todo el fondo. Déjela cocer 2 minutos, dele la vuelta y hágala por el otro lado.

Póngala en un plato caliente mientras hace el resto de las crepes.

Sirva las crepes con nata montada y zumo de naranja recién exprimido por encima.

Postre crujiente de frutas secas, canela y almendras

Hay especias de delicioso sabor, como la canela, el cardamomo o el jengibre, que combinan muy bien con frutas dulces, aportándoles un aroma cálido e intenso. Este postre de invierno es muy energético y está riquísimo. La combinación de frutas pasas maceradas y la cobertura especiada es deliciosa y muy aromática. Puede servirlo acompañado de natillas calientes o nata líquida.

PARA 4 PERSONAS

175 g de orejones de albaricoque

55 g de higos secos

55 g de uvas pasas

300 ml de zumo de manzana puro

2 cucharaditas de canela en polvo

PARA LA COBERTURA

225 g de harina integral

85 g de mantequilla o margarina a temperatura ambiente

115 g de azúcar moreno

25 g de almendras fileteadas

Ponga las frutas secas en un cuenco, cúbralas con el zumo de manzana y déjelas macerar toda la noche. Córtelas en trozos pequeños y póngalos con el zumo en una fuente refractaria. Espolvoree con la canela.

Para la cobertura, tamice la harina en un cuenco. Trocee la mantequilla y mézclela con la harina hasta que parezca pan rallado. Incorpore el azúcar y échelo por encima de la fruta. Esparza las almendras.

Meta la fuente en el horno a 180 °C, hacia la parte de arriba, y sáquela cuando el postre esté dorado.

derecha Una combinación exquisita para el verano: fresas, pétalos de rosa y merengue.

Merengues de fresa al perfume de rosa

El agua de rosas da una exótica fragancia al delicioso relleno de nata montada de estos vistosos merengues de fresa.

PARA 4-6 PERSONAS
2 claras de huevo
115 g de azúcar extrafino

RELLENO
55 g de fresas
2 cucharaditas de azúcar glas
3 cucharadas de agua de rosas
150 ml de nata

PARA ADORNAR
12 fresas frescas
pétalos de rosa

Forre dos bandejas de horno grandes con papel vegetal. Ponga las claras de huevo en un cuenco grande bien limpio y móntelas a punto de nieve con la mitad del azúcar. Luego incorpore el resto con cuidado.

Con una cuchara, meta el merengue en una manga pastelera con una boquilla grande en forma de estrella. Ponga sobre el papel tiras de merengue de 24 x 7,5 cm. Hornéelas a 110 ºC durante 15 minutos o hasta que los merengues se sequen y estén crujientes. Déjelos enfriar sobre una rejilla.

Para preparar el relleno, triture las fresas con una batidora o en un robot de cocina hasta obtener un puré. Cuélelo en un cuenco y mézclelo con el azúcar glas y el agua de rosas. Monte la nata en otro cuenco. Incorpórela a la mezcla de fresas y mézclelo todo bien.

Haga emparedados juntando los merengues de dos en dos con la crema de fresa. Corte seis fresas por la mitad para adornar los bocaditos. Eche unos pétalos de rosa por encima y sirva el postre enseguida con el resto de las fresas enteras.

Las hierbas y los bollos

Los bollos son muy fáciles de preparar y es mejor consumirlos el día que se hacen. La pasta tiene que ser ligera pero no pegajosa, y no hay que amasarla demasiado para que no se endurezca. Las flores y hojas aromáticas les dan un sabor original.

Bollos a la lavanda

Estos bollos son increíblemente buenos, sobre todo en verano con mermelada de frambuesa o fresa y tal vez un poco de nata montada para darles un toque festivo. La mejor época para prepararlos es a finales de junio o principios de julio, cuando las flores de lavanda están en su mejor momento. Su sabor especial proviene del aceite esencial de las flores.

PARA 4 PERSONAS

225 g de harina blanca de fuerza

una pizca de sal

40 g de mantequilla o margarina blandas

1 cucharadita de azúcar extrafino

15 g/1 cucharada de flores de lavanda fresca

150 ml de leche

Tamice la harina con la sal en un cuenco y mézclelas con la mantequilla o la margarina hasta obtener una consistencia como de miga de pan.

Añada las flores de lavanda, el azúcar y la leche necesaria para obtener una pasta blanda pero no pegajosa. Póngala sobre una superficie enharinada y extiéndala con el rodillo hasta que tenga un grosor de 1 cm. Corte ocho bollos con un cortapastas.

Ponga los bollos en una bandeja de horno engrasada y enharinada y hornéelos a 220 ºC durante 10 o 15 minutos o hasta que suban y estén dorados.

Bollos de queso y hierbas con yogur

Estos bollos integrales, salados y un poco picantes, combinan muy bien con una ensalada verde o una ensalada de tomate y cebolla roja para un almuerzo ligero en verano. Se hacen con queso *red Leicester*, que les da un sabor suave, pero también sirve cualquier otro queso curado. La mejorana les da un ligero toque a hierbas, y se puede usar fresca o seca. El yogur natural los hace muy esponjosos.

PARA 4 PERSONAS

225 g de harina integral

1^1/$_2$ cucharaditas de levadura

una pizca de sal

15 g de margarina

80 g de queso *red Leicester* rallado

1 cucharadita de pimentón

1 cucharada de hojas de mejorana fresca

o 1^1/$_2$ cucharaditas de mejorana seca

150 ml de yogur desnatado a temperatura ambiente

Tamice la harina con la levadura y la sal. Mézclelas con la margarina hasta obtener una consistencia como de miga de pan. Añada el queso, el pimentón y la mejorana y mézclelo todo bien.

Añada el yogur y siga mezclando hasta obtener una pasta blanda, añadiendo un poco de leche si hiciera falta. Amásela sobre una superficie enharinada y extiéndala con el rodillo hasta que tenga 1 cm de grosor.

Corte ocho bollos con un cortapastas. Colóquelos sobre una bandeja de horno engrasada y enharinada y hornéelos a 200 ºC durante 15 o 20 minutos, hasta que se doren.

Bollos salados con cebollino

Los bollos salados son una alternativa deliciosa a los bocadillos y son perfectos para acompañar sopas.

PARA 4 PERSONAS

115 g de harina blanca de fuerza, y un poco más para espolvorear

115 g de harina integral de fuerza

1 cucharadita de levadura

una pizca de sal

40 g de mantequilla, y un poco más para engrasar

85 g de queso *cheddar* rallado

2 cucharadas de cebollino fresco picado

3 cucharadas de leche

cebollino fresco para adornar

Precaliente el horno a 220 ºC y engrase la bandeja. Tamice en un cuenco las dos harinas con la levadura y la sal. Mézclelas con la mantequilla hasta obtener una consistencia como de miga de pan y añada 55 g de queso rallado y el cebollino. Agregue una cucharada de leche para obtener una masa bastante blanda y ligera.

Extienda la masa sobre una superficie enharinada hasta que tenga 2 cm de grosor y córtela en redondeles de 6 cm de diámetro con un cortapastas redondo. Vuelva a amasar los trozos sobrantes, extiéndalos con el rodillo y corte más bollos hasta que termine con toda la masa.

Ponga los bollos en la bandeja del horno, pinte la superficie con el resto de la leche y espolvoréelos con el queso rallado sobrante. Cuézalos en el horno precalentado durante 10 minutos o hasta que hayan subido y estén bien dorados. Adórnelos con cebollino fresco y sírvalos calientes o fríos.

abajo Los bollos de queso y cebollino pueden ser una merienda muy apetitosa y original.

Las hierbas y los pasteles y galletas

Preparar pasteles y galletas es facilísimo y rápido. Además de llenar la casa de un aroma delicioso, la repostería casera se saborea recién hecha y es muy gratificante. Las hierbas y las especias aportan un aroma especial y apetitoso a las recetas más sencillas. No necesitará muchos utensilios especiales pero una bandeja antiadherente es muy útil.

Magdalenas a la lavanda

La lavanda aporta una fragancia y un sabor muy especiales a estas magdalenas.

PARA 4-6 PERSONAS
115 g de azúcar moreno extrafino
115 g de mantequilla blanda
2 huevos batidos
1 cucharada de leche
1 cucharadita de flores de lavanda picadas finas
$1/2$ cucharadita de esencia de vainilla
175 g de harina de fuerza tamizada
140 g de azúcar glas

PARA ADORNAR
flores de lavanda
confites plateados

Ponga doce moldes de papel para magdalenas en una bandeja de horno. Ponga el azúcar extrafino y la mantequilla en un cuenco y bátalos hasta obtener una masa pálida y muy ligera. Vaya vertiendo el huevo sin dejar de batir. Añada la leche, la lavanda y la esencia de vainilla e incorpore la harina poco a poco.

Reparta la pasta entre los moldes y cueza las magdalenas a 200 ºC durante 12 o 15 minutos o hasta que hayan subido y estén bien doradas. Tienen que ceder al presionar con el dedo. Unos minutos antes de que estén hechas, ponga el azúcar glas en un cuenco y añádale agua hasta obtener un glaseado espeso.

Saque las magdalenas del horno, póngalas sobre una rejilla y vierta una cucharada de glaseado encima de cada una. Adorne las magdalenas con flores de lavanda y confites plateados y sírvalas en cuanto se enfríen.

abajo El aroma suave y dulce de la lavanda da un toque mágico a estas magdalenas.

Pastelitos de manzana y nuez moscada

Son muy caseros y fáciles de hacer, y tienen un delicioso sabor especiado. No hay duda de que desaparecerán en un abrir y cerrar de ojos.

PARA 6 PERSONAS

225 g de harina blanca de fuerza

una pizca de sal

5 g/1 cucharadita de ralladura de limón biológico

5 g/1 cucharadita de nuez moscada molida

175 g de mantequilla o margarina troceada

55 g de azúcar extrafino

1 huevo grande de granja ecológica batido

2 manzanas para asar peladas, descorazonadas
   y ralladas

Tamice la harina y la sal en un cuenco. Añada la ralladura de limón y la nuez moscada, luego la mantequilla o margarina y mézclelo todo bien hasta obtener una consistencia de miga de pan.

Añada el azúcar, luego el huevo, y bata la mezcla hasta que adquiera una consistencia espesa. Añada la manzana.

Ponga doce cucharadas colmadas de la pasta en una bandeja de horno engrasada y hornéelas a media altura a 190 ºC entre 20 y 25 minutos, hasta que los pastelitos hayan subido y estén dorados.

Deje enfriar los pastelitos durante 5 minutos antes de pasarlos a una rejilla.

Galletas de avena con orégano

Con esta receta salen unas galletas riquísimas, que son deliciosas al final de una comida acompañadas de una selección de quesos. Son facilísimas de hacer y es mejor comerlas el mismo día, aunque en una lata hermética se conservan algunos más. El orégano seco tiene un aroma delicado que realza el sabor de estas galletas.

PARA 10 PERSONAS

175 g de harina integral, y un poco más para
   espolvorear

40 g de copos de avena

5 g/1 cucharadita de levadura

una pizca de sal

5 g/1 cucharadita de orégano seco

85 g de mantequilla o margarina

3 cucharadas de leche

Mezcle en un cuenco la harina, la avena, la levadura, la sal y el orégano.

Incorpore la mantequilla y trabaje la pasta hasta obtener una consistencia de migas de pan. Vaya incorporando la leche poco a poco, mezclando bien con un tenedor. Espolvoree una superficie limpia con un poco de harina y extienda la pasta hasta que tenga $1/2$ cm de grosor.

Corte 18 galletas con un cortapastas. Póngalas en una bandeja de horno engrasada y hornéelas a media altura a 180 ºC entre 20 y 25 minutos, hasta que estén doradas. Retire con cuidado las galletas de la bandeja y déjelas enfriar sobre una rejilla. Guárdelas en una lata hermética.

VARIANTES

La avena se puede sustituir por 40 g de pipas de girasol, para obtener una textura crujiente, o por 40 g de semillas de sésamo, para que el sabor sea más suave y dulce.

Panecillos y panes de hierbas

Quizá no se atreva a preparar pan en casa, pero le aliviará saber que existen muchas recetas sencillas de panecillos que no requieren levadura ni una larga fermentación.

Pan de soda al romero

El pan de soda es una especialidad irlandesa tradicional que se prepara con bicarbonato en lugar de levadura y que es preferible consumir el mismo día en que se hace. La harina integral le da un sabor como de fruto seco, y la adición de hierbas como el romero fresco le da un toque original. Estos riquísimos panecillos son excelentes para un almuerzo campestre y se pueden tomar con queso y rodajas de tomate fresco o con lonchas de jamón y hojas de lechuga. Puede hacerlos con las hierbas que prefiera, y tenga en cuenta que son un buen recurso cuando se acaba el pan.

PARA 4 PERSONAS

450 g de harina integral

1 cucharadita de sal

2 cucharaditas de bicarbonato sódico

25 g de mantequilla

2 cucharaditas de hojas de romero fresco picadas

300 ml de leche

Tamice en un cuenco la harina, la sal y el bicarbonato. Añada la mantequilla y mezcle hasta obtener una consistencia como de miga de pan. Añada el romero.

Haga un hueco en el centro e incorpore la leche, batiendo con un tenedor. A continuación, amase la pasta con las manos.

Ponga la masa sobre una superficie enharinada, córtela en cuatro partes y deles forma redonda. Coloque los panecillos en una bandeja de horno engrasada. Hornéelos a altura media a 220 ºC durante 30 o 35 minutos, hasta que suban y se doren. Déjelos enfriar sobre una rejilla.

Pan de queso, cebolla y mejorana

Este pan también es muy fácil de hacer, y lo único que hace falta para que suba es levadura en polvo y huevo. Este pan de cebolla al aroma de mejorana está delicioso cortado en rodajas y untado con mantequilla. Para una sabrosa cena ligera, acompañe con él un cuenco de sopa casera o un guiso de verduras.

PARA 4 PERSONAS

300 g de harina blanca de fuerza

5 g/1 cucharadita de sal

55 g de margarina

1 cebolla pequeña pelada y picada fina

100 g de queso *cheddar* de buena calidad rallado fino

1 cucharadita de mejorana seca

1 huevo grande batido

150 ml de leche

Tamice la harina y la sal en un cuenco. Incorpore la margarina, mezcle hasta obtener una consistencia como de miga de pan y añada la cebolla, el queso y la mejorana, sin dejar de mezclar muy bien. Vierta el huevo y la leche y mezcle hasta obtener una pasta blanda. Póngala en un molde para pan de 450 g engrasado.

Hornee el pan a altura media a 190 ºC, durante una hora o hasta que suba y se dore. Déjelo enfriar durante 5 minutos y páselo a una rejilla. Este pan está riquísimo si se come caliente.

VARIANTES

Puede sustituir la cebolla y la mejorana por 55 g de nueces picadas finas y 1 cucharadita de romero seco, o bien por 2 ramas de apio picadas muy finas y 10 g/ 2 cucharaditas de perejil fresco picado.

Panecillos de queso, hierbas y cebolla

La combinación de harina blanca y de trigo malteado con cebolla picada, queso rallado y hierbas frescas enriquece la textura y el sabor de estos panecillos.

PARA 4 PERSONAS

225 g de harina blanca de fuerza

1¹/₂ cucharaditas de sal

1 cucharadita de mostaza en polvo

una pizca generosa de pimienta

225 g de harina de trigo malteado

2 cucharadas de mezcla de hierbas frescas picadas

2 cucharadas de cebolleta picada fina

125-175 g de queso *cheddar* bajo en grasa curado, rallado

15 g de levadura fresca, o 1¹/₂ cucharaditas de levadura seca y 1 cucharadita de azúcar extrafino, o 1 sobre de levadura lista para usar y 1 cucharada de aceite

300 ml de agua caliente

En un cuenco, tamice la harina blanca con la sal, la mostaza y la pimienta. Añada la harina de trigo malteado, las hierbas, la cebolleta y casi todo el queso.

Mezcle la levadura fresca con el agua caliente o, si utiliza levadura seca, disuelva el azúcar en el agua, espolvoree la levadura por encima y déjela en un lugar cálido durante unos 10 minutos, hasta que se forme espuma. Añada la mezcla de levadura a los ingredientes secos y mézclelo todo bien hasta obtener una pasta dura. Si hace falta, añada más harina.

Amásela hasta que esté lisa y elástica. Cubra la pasta con una bolsa de polietileno untada con aceite y déjela en un lugar cálido durante una hora o hasta que haya doblado su volumen. Vuelva a amasarla hasta que se ablande. Divídala en diez o doce porciones y deles forma redonda o alargada, de espiral o de lazo.

También puede hacer una sola pieza grande en forma de trenza. Separe la masa en tres porciones iguales, alárguelas en forma de salchicha y júntelas por uno de los extremos. Trence el pan y al final una los tres cabos. Ponga los panecillos, o la trenza, sobre papel vegetal engrasado, cúbralos con una lámina de polietileno untada con aceite y déjelos subir hasta que doble su volumen. Espolvoréelos con el resto del queso. Cuézalos en el horno precalentado a 200 ºC durante 15 o 20 minutos, o entre 30 y 40 minutos para la trenza.

abajo Las hierbas y las cebolletas prestan un aroma muy especiado a estos panecillos.

Panes de hierbas

He aquí unas recetas de panes con hierbas para preparar en casa, algunas con masa al estilo italiano.

Masa de pizza con hierbas

Preparar pizzas es divertidísimo, y se pueden hacer con cualquier ingrediente que se tenga en casa.

PARA UNA BASE DE PIZZA (PARA 4 PERSONAS)

75-125 ml de agua templada

$^1/_4$ de cucharadita de azúcar

7,5 g/1$^1/_2$ cucharaditas de levadura seca

225 g de harina

1 cucharadita de sal

$^1/_2$ cucharadita de tomillo seco

$^1/_2$ cucharadita de albahaca seca

2,5 g/$^1/_2$ cucharadita de orégano seco

1 huevo batido

5 ml/1 cucharadita de aceite de oliva virgen extra

los ingredientes que prefiera para poner en la pizza

Vierta 75 ml de agua caliente en un cuenco, añada el azúcar y la levadura seca y déjelo en un lugar cálido durante 10 a 15 minutos, hasta que haga espuma.

Tamice la harina y la sal en un cuenco, añada las hierbas, la mezcla de levadura y el huevo batido y trabaje la masa, añadiendo más agua si hace falta.

Póngala en una superficie enharinada y amásela de 5 a 10 minutos.Envuélvala con un trozo de film transparente untado con el aceite de oliva. Déjela en un lugar cálido hasta que doble su volumen. Desenvuélvala, amásela otros 5 minutos y estírela con el rodillo hasta que tenga un grosor de $^1/_2$ cm. Póngala sobre una bandeja de horno engrasada.

Pinte la base con aceite de oliva, cúbrala con una fina película de concentrado de tomate y ponga verduras en láminas, aceitunas, alcaparras, anchoas, o mezclas de jamón en trocitos, salami en rodajas, o pescado, por ejemplo atún. Cúbralo con rodajas de *mozzarella* o queso *cheddar* rallado y hornee la pizza a 250 ºC durante 15 minutos en la posición más alta del horno.

Pan de ajo y salvia

Este pan de hierbas recién horneado es un acompañamiento perfecto para ensaladas y sopas, y no lleva leche. También se le puede poner romero, mejorana o tomillo.

PARA 6 PERSONAS

aceite para engrasar

250 g de harina integral de fuerza

1 sobre de levadura lista para usar

3 cucharadas de salvia fresca picada

2 cucharaditas de sal marina

3 dientes de ajo picados finos

1 cucharadita de miel clara

150 ml de agua templada

Engrase la bandeja del horno. Tamice la harina en un cuenco grande y añádale el salvado que haya quedado en el tamiz.

Incorpore la levadura, la salvia y la mitad de la sal. Reserve una cucharadita del ajo para echar por encima y ponga el resto en el cuenco. Añada la miel y el agua y mezcle todos los ingredientes hasta obtener una masa.

Póngala en una superficie enharinada y amásela durante 5 minutos, hasta que esté lisa y elástica (puede hacerlo con un robot de cocina).

Póngala en un cuenco engrasado con aceite, cúbrala con film transparente untado de aceite y déjela subir en un lugar cálido hasta que doble su volumen.

Vuelva a amasarla durante unos minutos. Alárguela y dele forma de anillo. Póngalo en la bandeja preparada. Cúbralo y déjelo reposar 30 minutos o hasta que se note elástico al tacto. Espolvoréelo con el resto de la sal y el ajo.

Cueza el pan en el horno precalentado a 200 ºC durante 25 o 30 minutos. Déjelo enfriar sobre una rejilla antes de servirlo.

abajo Un pan de ajo muy aromático. Hágalo con las hierbas que más le gusten.

Focaccia de hierbas

Este tipo de pan se elabora con aceite de oliva y está tan bueno que convierte una simple ensalada o un bol de sopa en una auténtica fiesta.

PARA 6 PERSONAS

400 g de harina blanca de fuerza y un poco más para espolvorear

1 sobre de levadura seca lista para usar

1$^{1}/_{2}$ cucharaditas de sal

$^{1}/_{2}$ cucharadita de azúcar

300 ml de agua templada

3 cucharadas de aceite de oliva virgen extra y un poco más para engrasar

4 cucharadas de hierbas frescas picadas finas

sal marina para espolvorear

Mezcle en un cuenco la harina con la levadura, la sal y el azúcar y haga un hueco en el centro. Vierta poco a poco casi toda el agua y dos cucharadas de aceite de oliva. Añada el resto del agua, incorporando toda la harina si es necesario.

Ponga la masa en una superficie enharinada y trabájela. Añada las hierbas, pásela a un cuenco y siga amasándola durante 10 minutos, hasta que esté blanda pero no pegajosa. Lave el cuenco y engráselo con un poco de aceite.

Haga una bola con la masa, póngala en el cuenco y dele la vuelta. Cúbrala muy bien con un paño o film transparente untado de aceite y déjela reposar en un lugar cálido hasta que doble su volumen. Mientras tanto, esparza un poco de polenta por encima de la bandeja de horno.

Ponga la masa en una superficie enharinada y vuelva a trabajarla. Cúbrala con el cuenco boca abajo y déjela reposar durante 10 minutos. Estírela con el rodillo en un círculo de 25 cm de diámetro y 1 cm de grosor, y colóquela con cuidado sobre la bandeja de horno. Cubra la masa con un paño y déjela reposar otros 15 minutos.

Mójese un dedo con un poco de aceite y pinche toda la masa. Píntela con el resto del aceite y espolvoréela con un poco de sal marina. Cuézala en el horno precalentado a 230 ºC durante 15 minutos, o hasta que se dore y suene a hueco al golpearla por abajo. Déjela enfriar del todo sobre una rejilla.

abajo La *focaccia* de hierbas es deliciosa con cualquier ensalada de verano, y también para un picnic.

Bebidas de hierbas

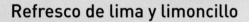

Las hierbas son un ingrediente tradicional de todo tipo de bebidas, tanto con alcohol como sin. El vino caliente con especias es un clásico del invierno. En la Edad Media era costumbre sumergir un atizador al rojo vivo en las bebidas para calentarlas. Hoy en días resulta más sencillo y menos aparatoso calentarlas en un cazo. Las bebidas veraniegas con hierbas también son deliciosas, y además refrescan la boca y favorecen la digestión.

arriba La lima y la hierba limón se complementan muy bien y evocan las fragancias del verano.

Refresco de lima y limoncillo

Una bebida refrescante para los días más calurosos del verano. El limoncillo combina de maravilla con la lima.

PARA 4 PERSONAS
una clara de huevo y azúcar extrafino para escarchar
2 limas peladas y en gajos
1 ramita pequeña de limoncillo picada gruesa
3 cucharadas de azúcar extrafino
4 cubitos de hielo picados
125 ml de agua
4 rodajas de lima
agua de seltz para completar

Para escarchar el borde de los vasos, vierta un poco de clara de huevo en un plato. Moje el borde del vaso en la clara y, después, páselo por un plato con azúcar.

Ponga la lima y el limoncillo en la batidora con el azúcar y el hielo.

Añada el agua y bátalo todo unos segundos, sin dejar que se acabe de triturar. Vierta la bebida en los vasos escarchados. Ponga una rodaja de lima en cada vaso y rellene al gusto con agua de seltz. Sirva de inmediato.

Ponche veraniego de borraja

En el siglo XVI, el herbolario Gerard fue un gran defensor de las bebidas elaboradas con borraja porque decía que «ponían alegres y contentos a los hombres». Las flores sirven para adornar y aportan un sabor sutil, y las hojas confieren aroma.

PARA 4-6 PERSONAS
1 litro de vino blanco seco
300 ml de limonada de buena calidad
la ralladura de 1 limón biológico lavado
1 limón biológico lavado y cortado en rodajas
flores y hojas de borraja lavadas para adornar

Vierta el vino y la limonada en un cuenco y añada la ralladura de limón. Eche las rodajas de limón, esparza las flores y hojas de borraja por encima y guarde el ponche en el frigorífico hasta que vaya a servirlo.

derecha Especias aromáticas y helado: un lujo de verano poco convencional.

Navidad en verano

La mezcla de especias tradicionales del invierno hace de esta bebida fría un auténtico placer de verano.

PARA 2 PERSONAS

75 ml de licor de arándanos

2 bayas de pimienta de Jamaica molidas

2 rodajas de naranja

2 ramitas de canela

250 ml de agua hirviendo

2 cucharadas de helado de vainilla de calidad superior

Asegúrese de que los vasos que vaya a utilizar no vayan a romperse al echarles agua hirviendo.

Reparta el licor de arándanos en los vasos y ponga en cada uno una baya prensada de pimienta de Jamaica, una rodaja de naranja y una ramita de canela.

Vierta el agua hirviendo en los vasos. Espere a que se enfríen y métalos en el frigorífico.

Cuando vaya a servir las bebidas, ponga una bola de helado de vainilla en cada vaso.

Vino caliente con especias

La estrella del invierno.

PARA 4-6 PERSONAS

1 botella de vino tinto de mesa

3 cucharadas de brandy

1 litro de zumo de naranja recién exprimido

2 ramitas de canela

8 clavos

5 g/1 cucharadita de nuez moscada rallada

3 cucharadas de miel líquida

1 naranja biológica lavada y cortada en rodajas

Vierta el vino en una olla grande de acero inoxidable y caliéntelo a fuego medio. Añada el brandy, el zumo de naranja, las especias y la miel y remueva sin parar hasta que se caliente y la miel se haya deshecho.

Añada las rodajas de naranja y baje el fuego. Hierva la mezcla a fuego lento durante 10 o 15 minutos. Si lo desea, añada más miel. Sírvalo enseguida.

VARIANTE

Sidra caliente con especias. Necesitará 600 ml de sidra semiseca, 300 ml de zumo de manzana, 3 cucharadas de miel, 8 clavos y 2 ramitas de canela.

Infusiones de hierbas

Las infusiones de hierbas son una de las formas más sencillas de disfrutar de las hierbas, además de beneficiarse de sus ingredientes activos.

La proporción de hierbas frescas siempre es el doble que de hierbas secas.

PARA 1 TAZA GRANDE
1 cucharadita de hierba seca (o dos cucharaditas de hierba fresca)
250 ml de agua hirviendo

Utilice un infusor especial de té, que sólo tendrá que colgar de la taza, o una tetera pequeña. Otra forma de preparar las infusiones consiste en echar las hierbas en la taza, verter el agua hirviendo por encima y dejar la taza tapada con un plato durante 15 minutos. El calor del agua extrae los ingredientes activos. Si lo prefiere, puede colar la infusión antes de tomársela. Añádale una rodaja de limón por la vitamina C y para darle sabor y, si quiere, una cucharada de miel.

Las hierbas con las que se pueden hacer infusiones son muchas. Le ofrecemos una lista que incluye las más comunes y otras no tan habituales.

Infusiones y propiedades

Infusión	Propiedades
Menta (o hierbabuena)	Las hojas favorecen la digestión y calman el estómago, además de refrescar la boca. La infusión de menta es excelente después de comer.
Manzanilla	Las flores de manzanilla común o romana tienen una acción sedante y calmante y se pueden tomar en infusión para combatir la tensión, los dolores de cabeza, el estrés o la ansiedad.

Melisa Las hojas, dulces y con aroma a limón, ayudan a hacer la digestión y relajar la mente. Es una bebida muy relajante al final del día. La melisa se puede mezclar con cualquier tipo de menta.

Hinojo Con las semillas se prepara la infusión más fuerte de todas, que tiene un sabor penetrante y anisado. Es muy bueno para la digestión, sobre todo después de una comida copiosa.

Flores de saúco Las flores de saúco, de un color pálido, aportan un sabor floral y un poco alimonado. La infusión es calmante y sedante y, a partes iguales con menta y hojas de milenrama, fortalece las defensas en las primeras fases de la gripe.

Lavanda Las flores de lavanda, frescas o secas, sirven para preparar una infusión suave aunque un poco amarga excelente para los dolores de cabeza y el insomnio. Se puede endulzar con miel.

Romero Las hojas frescas, muy gustosas, sirven para preparar una infusión cálida y aromática ideal para combatir los dolores de cabeza y favorecer la digestión.

Salvia La infusión tiene un sabor penetrante y algo amargo, y es muy reconfortante en invierno cuando hace frío o se está cansado o resfriado.

Tomillo Las hojas tienen un aroma intenso y son un estupendo antiséptico para la garganta irritada o la tos.

Jengibre En particular la infusión de raíz fresca (un trozo de 1 cm picado fino), es un refuerzo inmunitario muy potente para la tos, los resfriados y la gripe, y está muy buena con miel y limón.

Cardamomo Tres o cuatro vainas molidas sirven para preparar una infusión dulce y aromática muy indicada para el dolor de garganta o la rinitis.

Diente de león Con las hojas jóvenes frescas se prepara una infusión amarga de acción depurativa, ya que estimula los riñones. Bébala en pequeñas cantidades.

Tanaceto Esta hierba tiene fama de ser muy útil para quienes padecen migraña, y también calma el estrés.

Hierbas que
curan

Hierbas para una vida sana

En este capítulo descubrirá diversas formas de mejorar su salud y bienestar con hierbas. En el ajetreado mundo moderno se hace cada vez más necesario recuperar las fuerzas y la vitalidad. Las tensiones emocionales, laborales o ambientales nos agreden, y la medicina convencional no siempre tiene la solución. Aprovechar las propiedades de las hierbas puede ayudar a evitar problemas, porque incrementan la energía de forma natural, permitiendo a nuestro organismo combatir potenciales amenazas.

abajo Fortalecer el estado de salud mediante hierbas ayuda a introducir cambios graduales en el estilo de vida que aportan equilibrio y abren nuevas puertas.

¿Qué significa para usted el concepto de «salud»? Tal vez para usted sea la ausencia de enfermedad, no estar enfermo. ¿Sólo? ¿No le parece que «salud» puede significar algo mucho más amplio y profundo que eso? El panorama empieza a cambiar si pensamos que «estar sano» puede querer decir conservar un estado de armonía en que todos los órganos del cuerpo y la mente funcionan como es debido. El cuerpo humano es un organismo asombroso capaz de increíbles proezas de autorreparación y renovación, pero le hace falta ayuda para seguir funcionando. Cuando estamos cansados o estresados, nos falta energía para hacer lo que nos proponemos o notamos síntomas molestos. Necesitamos apoyo. Necesitamos ayuda. ¿Pero dónde buscarla? Habrá quien recurra al remedio rápido del azúcar o la cafeína, o a los alimentos con aromas artificiales, o al alcohol, o las drogas químicas para aliviar el dolor. Pero así no se solventa el problema, sólo se enmascara durante un rato y después la situación incluso empeora.

Las hierbas no son la panacea universal, y sería un error considerarlas una muleta más. Son plantas que ofrecen un grado de apoyo sutil. Es probable que, después de haber recurrido durante años a fármacos sintéticos, le cueste notar su acción en su organismo, al menos al principio. Pero si empieza a usar hierbas medicinales como parte de un cambio gradual en su estilo de vida, complementado con una alimentación más natural, unas pautas alimentarias más sencillas y una relación más estrecha con la naturaleza, sin duda notará sus beneficios. Su digestión funcionará mejor, su mente estará más serena, sus niveles de energía aumentarán... Éstos son algunos de los efectos beneficiosos que empezará a notar.

En este capítulo le enseñaremos a preparar remedios a base de hierbas, como pomadas y bálsamos, y le ofreceremos una breve introducción a la aromaterapia, el uso de aceites esenciales extraídos de plantas aromáticas. Después le guiaremos a través de los órganos más importantes del cuerpo humano y le explicaremos cómo funcionan y cómo las hierbas pueden fortalecerlos. Nos centraremos en brindarle instrucciones claras de preparación y utilización.

Es importantísimo estar atento al propio cuerpo y sus síntomas. Consulte a su médico si se encuentra mal o le duele algo, si está embarazada o si padece alguna enfermedad grave, para que le prescriba el tratamiento convencional más indicado para su caso particular y le diga si lo puede complementar con remedios naturales. Y si quiere usar hierbas para mejorar cualquiera de las circunstancias mencionadas, consulte a un herbolario cualificado. Él le aconsejará y le ofrecerá ayuda.

abajo Las hierbas se pueden emplear para mejorar el estado de salud y bienestar de todos los miembros de la familia.

¿Qué es la fitoterapia?

Todas las culturas del mundo tienen sus remedios tradicionales elaborados con plantas autóctonas. La humanidad ha mantenido una relación muy estrecha con el reino vegetal desde los albores de la evolución, y ha sabido aprovechar los efectos beneficiosos de determinadas hojas, raíces y flores.

Aún hoy siguen existiendo zonas del planeta donde se mantiene un vínculo instintivo y sensitivo con las plantas. Los curanderos de la tribu indígena kayapo, en la cuenca del Amazonas, continúan buscando plantas nuevas de acuerdo con su tradición, según la cual ellos «sueñan» con el remedio para una persona concreta y se adentran en la selva para buscarlo. A pesar de que la selva amazónica está siendo destruida en numerosas regiones, todavía esconde tesoros botánicos.

La fitoterapia sigue diferentes tradiciones en distintas partes del mundo.

La corriente occidental

La tradición herbaria occidental se remonta a los tiempos de la Grecia clásica, cuando médicos como Hipócrates y Dioscórides catalogaron las plantas y pusieron sus remedios por escrito, creando así un repertorio de conocimientos que fue válido durante siglos después de su muerte. En particular Hipócrates se mostraba partidario de un modelo «holístico»: sus remedios formaban parte de un plan global que incluía el ayuno, los masajes y los baños especiales. Era un ferviente defensor de la máxima *mens sana in corpore sano*. El mismo criterio se sigue aplicando en la fitoterapia moderna, que, después de haber examinado en profundidad los hábitos de vida actuales y los grados de estrés, recomienda modificar la dieta. También aconseja respaldarla con el uso de hierbas en infusión o cápsulas, prescribiendo para cada paciente tratamientos específicos que tienen como fin ayudar al organismo a desintoxicarse de los efectos de años de descompensación. A veces los resultados pueden llegar a ser espectaculares, y

aunque el estricto régimen puede resultar difícil de seguir, los efectos que se consiguen son duraderos. Los fitoterapeutas occidentales modernos reciben una formación de cinco años como mínimo y poseen profundos conocimientos acerca de la acción farmacológica de las hierbas que emplean como remedios.

Las corrientes orientales

La fitoterapia oriental también es milenaria y fruto de una tradición ininterrumpida que ahora convive con la farmacología convencional. En medicina tradicional china se utilizan literalmente miles de ingredientes, muchos de ellos vegetales pero otros de origen animal. Todos ellos se transforman en un polvo que el paciente debe ingerir durante un espacio de tiempo determinado, por lo general prensado en forma de pastilla. Para los fitoterapeutas chinos, el cuerpo es tanto físico como energético. Evalúan los desequilibrios de energía y piensan que son la raíz de los problemas físicos. En su mapa del cuerpo, los «meridianos» o líneas de energía cubren las tres dimensiones del cuerpo, atravesando todas las superficies y órganos. Antes de recetar cualquier remedio analizan los niveles de energía. La antigua tradición ayurvédica india (véanse las páginas 78-79) preserva la salud del organismo mediante el masaje, el ayuno y determinados alimentos, además de remedios elaborados con hierbas y especias. Ambas tradiciones exigen al menos cinco años de estudio antes de poder ejercer.

La fitoterapia se sustenta en unos conocimientos muy extensos. La siguiente guía de remedios caseros se basa en la tradición occidental.

arriba, izquierda
Las infusiones de hierbas tienen muchos efectos distintos, como relajar la mente y favorecer la digestión.

arriba, derecha
Las especias indias tienen un aroma penetrante y ejercen una potente acción sobre el sistema inmunitario, además de proporcionar vitalidad y fortaleza.

abajo, izquierda
Las hierbas chinas se combinan de mil formas distintas para reequilibrar el organismo en su conjunto y depurar los órganos internos.

abajo, derecha
Las flores de caléndula son un remedio muy suave, y con ellas se puede preparar una loción para el cuidado de la piel que sirve para aliviar irritaciones y otros problemas.

Componentes activos

Las plantas son organismos complejos formados por cientos de componentes. Las hierbas contienen ciertas sustancias activas que pueden ayudar al cuerpo humano a hacer frente a diversos problemas. Esos componentes se conocen hoy con nombres químicos establecidos por la farmacología. Antes las plantas se seleccionaban de forma empírica, tras haber comprobado sus efectos.

La fitoterapia se diferencia del tratamiento con fármacos sintéticos por el uso de la hierba entera aunque sólo se necesite de ella un componente activo para tratar un problema concreto. Las plantas contienen cientos de sustancias químicas naturales o fitoquímicas que interactúan con los componentes activos y atenúan posibles efectos secundarios. En el tratamiento con fármacos sintéticos lo más habitual es que se concentre sólo un ingrediente activo, lo que en ocasiones obliga a contrarrestar su acción con otros fármacos.

Muchos medicamentos sintéticos comunes provienen de remedios vegetales. Un ejemplo podría ser el sauce *(Salix alba),* cuya corteza es un remedio tradicional para combatir el dolor porque contiene ácido salicílico, conocido en química como aspirina. La dedalera *(Digitalis purpurea)* se empleaba como cardiotónico en la práctica herbaria tradicional. La sustancia cardiactiva moderna digoxina se extrae de esa planta.

derecha La dedalera se empleaba antes por su acción cardiotónica, y de ella se obtienen hoy día medicinas para el tratamiento de las cardiopatías.

Componentes activos de las hierbas

• Los **mucílagos** son sustancias gelatinosas que refrescan, calman y protegen la piel y las delicadas membranas de los aparatos digestivo, respiratorio y urinario. Las hojas de consuelda son ricas en mucílago, al igual que el aloe vera.

• Las **saponinas** son componentes que producen espuma al mezclarlos con agua. Las hierbas ricas en saponina se usaban antes para elaborar lociones antisépticas dermatológicas y capilares. Son buenos ejemplos la avena, la caléndula y la milenrama.

• Los **taninos** son sustancias que tienen un efecto protector sobre la piel, resguardándola de las infecciones y aliviando inflamaciones. Algunos ejemplos de hierbas ricas en taninos son la cola de caballo, las flores de saúco y las hojas de frambueso.

• Los **alcaloides** son los componentes vegetales más potentes de todos y afectan al sistema nervioso. Muchas hierbas ricas en alcaloides no son indicadas para uso doméstico. Algunos ejemplos de hierbas más suaves son la borraja o la consuelda.

• Los **flavonoides** son sustancias que se encuentran sobre todo en los tejidos vegetales con pigmentos amarillos o blancos. Favorecen la circulación, protegen las paredes de los vasos sanguíneos y ayudan a reducir las inflamaciones. Algunos ejemplos son el hipérico, la milenrama y las flores de saúco.

• Los **aceites esenciales** están contenidos en células microscópicas de hojas, flores, raíces, madera o piel de frutas o bayas. Son muy aromáticos y confieren a la planta su fragancia. Suelen extraerse por destilación y se emplean en aromaterapia (véanse las páginas 138-141). Ejemplos son la lavanda, el romero y las rosas.

• Los **principios amargos** son de sabor amargo y aumentan el flujo de jugos digestivos, mejorando todos los aspectos relacionados con la absorción y la eliminación. Se encuentran en hierbas como el diente de león, la caléndula o la manzanilla.

• Las **vitaminas** y los **oligoelementos** aportan vitalidad y son esenciales para la salud en general. Todas las hierbas los contienen en abundancia.

Precauciones

Para sacarles el máximo provecho, es importantísimo utilizar las hierbas de forma segura y responsable. Aunque las cantidades recomendadas puedan parecer pequeñas, son suficientes para la acción terapéutica y para notar mejoría. Algunos de sus efectos beneficiosos son tranquilizar, mejorar la digestión y favorecer el sueño.

abajo, izquierda Las infusiones de hierbas son una forma sencilla, refrescante y eficaz de disfrutar de las propiedades beneficiosas de hojas y flores.

derecha Las tinturas (véanse las páginas 138-139) son preparados a base de alcohol. Como resultan muy fuertes, lo más habitual es diluirlas en agua.

Precauciones generales

Las precauciones adquieren relevancia sobre todo cuando las hierbas se van a ingerir, por ejemplo, en forma de infusión, tintura, decocción o jarabe (véanse las páginas 135-137 para las instrucciones de preparación). Los componentes activos que contienen las hierbas se absorben con mayor facilidad a través del revestimiento húmedo del aparato digestivo. No hay que sobrepasar nunca las dosis recomendadas en la página siguiente. Ciertas hierbas del listado del capítulo 4 (véanse las páginas 178-251) exigen unas precauciones especiales que, por seguridad, hay que seguir al pie de la letra.

Por norma general, si hay síntomas fisiológicos agudos y se ha tomado algún remedio herbal por vía oral durante tres o cuatro días sin obtener resultado alguno, lo mejor es suspender el tratamiento y pedir consejo a un profesional médico o herborista. Quienes padezcan síntomas más suaves y crónicos pueden tomar dosis bajas de hierbas durante un espacio de tiempo más largo, pero deben consultar a un profesional al cabo de cuatro semanas.

Las aplicaciones externas, como los vahos faciales, los baños, los bálsamos, las compresas y las pomadas, tienen un efecto muy suave, pero aun así hay que seguir las instrucciones de elaboración y uso (véanse las páginas 130-135).

En la página 141 hay una guía completa sobre las precauciones necesarias con los aceites esenciales.

Dosis para la administración por vía oral

Adultos Infusión: una taza (250 ml), tres veces al día.

Decocción 50 ml, tres veces al día.

Tintura 20 gotas en agua, tres veces al día.

Jarabe 10 ml/2 cucharaditas, 3 veces al día.

Mayores de 70 años La mitad de la dosis de adulto.

Niños de 9 a 14 años La mitad de la dosis de adulto.

Niños de 5 a 9 años Una cuarta parte de la dosis de adulto.

Bebés y niños de 1 a 5 años Sólo infusiones – 5 ml/ 1 cucharadita, tres veces al día.

Las hierbas en el embarazo

Si está embarazada, es preferible que consulte con un herborista profesional cuáles son los remedios más convenientes en su estado. Le diseñarán un programa específico que beneficie tanto a usted como a su bebé. Antes, las mujeres recurrían a las hierbas para aliviar las molestias del embarazo y los dolores del parto. Y pueden ser un excelente apoyo. Sin embargo, hay que evaluar las necesidades de cada mujer.

Durante la gestación se recomienda evitar las siguientes hierbas comunes porque muchas pueden provocar contracciones uterinas o estimular el flujo menstrual (véase el catálogo de hierbas, páginas 178-251 para una descripción detallada).

Acedera, ajedrea (de jardín), albahaca, alholva, aloe vera *(vía oral)*, **angélica, caléndula** *(vía oral)*, **enebro, estragón, hinojo, hisopo, hoja de frambueso** *(sí para el parto)*, **lavanda, levístico, marrubio, orégano, pie de león, romero, salvia (común), salvia romana, sauzgatillo, semillas de perejil, tomillo.**

Nota Las hierbas que figuran en la lista no son peligrosas como condimento en la cocina si no se abusa de ellas.

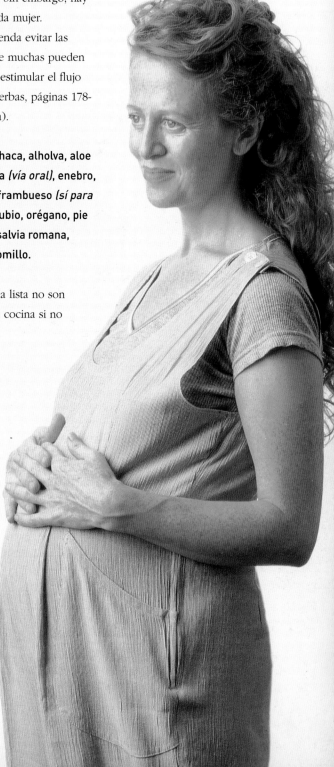

Preparados a base de aceites

Los aceites vegetales disuelven y absorben los componentes activos esenciales de las hierbas, que se encuentran en las fibras de las plantas. El resultado son pomadas o bálsamos muy aromáticos que suavizan la piel y contribuyen a aliviar la sequedad y el agrietamiento.

La base oleosa también sirve para favorecer que ciertos componentes activos penetren a través de las capas superiores de la piel, mejorando sus efectos. Antes los herbarios usaban también vaselina o parafina como base. Esas sustancias forman una barrera sobre la piel y no penetran igual que el aceite vegetal. Son muy preferibles los aceites vegetales de buena calidad, que, además de facilitar la absorción de los componentes herbales, aportan sus propios nutrientes.

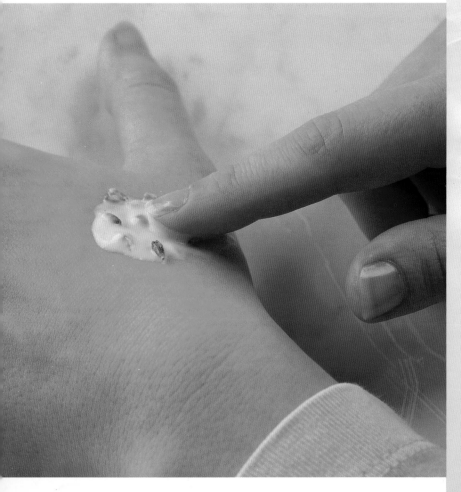

Pomadas

Elaborar nutritivas pomadas de hierbas es como hacer mayonesa a la antigua. Lo único que hace falta es paciencia.

PARA UN TARRO DE 115 g DE POMADA NECESITARÁ:
un tarro limpio de cristal marrón oscuro con tapa
  de rosca (115 ml de capacidad)
un cazo pequeño de base gruesa
un cuenco resistente al calor
unas varillas metálicas pequeñas para mezclar
  los ingredientes
30 g/2 cucharadas de cera de abeja rallada
  o 30 g/2 cucharadas de manteca de cacao
60 ml/4 cucharadas de infusión de hierbas, por
  ejemplo de consuelda, o flores de saúco o
  manzanilla
60 ml/4 cucharadas de aceite de girasol

Ponga en el cazo dos dedos de agua fría y caliéntela hasta que empiece a hervir. Ponga la infusión y la cera de abeja rallada o la manteca de cacao en el cuenco resistente al calor. Coloque el cuenco sobre el cazo con el agua hirviendo a fuego lento y remueva con las varillas hasta que la cera se haya fundido. Entonces, empiece a añadir el aceite, muy poco a poco, sin dejar de remover bien. Cuando haya acabado el aceite, retire el cuenco del fuego y siga batiendo hasta que la pomada empiece a enfriarse y espesarse. Viértala en el tarro, ciérrelo bien y guárdelo en la nevera hasta que se endurezca. Se conserva cuatro semanas. Después, hay que tirarlo.

Romero

Bálsamos de hierbas

Estos aromáticos bálsamos dermatológicos que
se elaboran calentando aceites vegetales con
hierbas son excelentes para los dolores
musculares y la piel seca. Se hacen casi como
las pomadas.

NECESITARÁ:

un cazo mediano de base gruesa con tapa
un cuenco resistente al calor que encaje sobre el
 cazo sin tocar el fondo
una botella limpia de cristal oscuro de al menos
 225 ml de capacidad
225 ml de aceite de girasol
un puñado generoso de hierbas y flores frescas,
 por ejemplo una mezcla de lavanda y romero
 lavados y escurridos

Ponga en el fondo del cazo dos dedos de agua fría
y caliéntela hasta que empiece a hervir. Baje el
fuego. Ponga el aceite en el cuenco resistente al
calor y sumerja las hierbas. Coloque el cuenco sobre
el cazo con el agua hirviendo, cúbralo con la tapa del
cazo y déjelo a fuego lento durante una hora.
Compruebe que el cazo no se quede sin agua. Ret
írelo del fuego y deje enfriar el aceite. Cuélelo en
una jarrita de cristal y viértalo con cuidado en la
botella. Se conserva entre cuatro y seis semanas en
un lugar oscuro. Después, hay que tirarlo.

Buenas combinaciones de hierbas frescas

Flores de lavanda y hojas de romero
para dolores musculares

Hojas de mejorana y arrayán
para relajarse

Hojas de menta y flores de manzanilla
para los problemas
de estómago

Mejorana

131

Preparados a base de agua

El agua absorbe los componentes activos de las fibras vegetales de forma muy eficaz, sobre todo si está caliente. Nuestro organismo se compone de un 80% de agua, que es vital para las funciones corporales, en particular la eliminación. Estos sencillos remedios nos permiten beneficiarnos de las propiedades curativas de las hierbas.

Infusiones

Infusiones convencionales (1 cucharadita de hierbas secas o 2 cucharaditas de hojas/flores frescas en 250 ml de agua hirviendo, y de 10 a 15 minutos de reposo)

Hay infusiones de hierbas que se pueden tomar como refrescos sin cafeína (véanse las páginas 118-119) o como remedios calmantes sencillos (por ejemplo, la infusión de hojas de salvia fresca con 5 g/1 cucharadita de miel va muy bien para el dolor de garganta).

Infusiones concentradas (2 cucharaditas de hierbas secas o 4 cucharaditas de hojas/flores frescas en 250 ml de agua caliente, y de 20 a 30 minutos de reposo)

Se emplean como lociones limpiadoras o calmantes para la piel, para limpiar heridas o tener el cabello sano y brillante (por ejemplo, una infusión concentrada de 3 cucharaditas de hojas de romero fresco y 3 cucharaditas de hojas de ortiga fresca en 250 ml de agua revitaliza el cabello oscuro).

Vahos faciales o inhalaciones

Las hojas o flores frescas ayudan a limpiar la piel y aliviar la congestión de pecho. Vierta 1 litro de agua hirviendo en un cuenco resistente al calor y póngalo encima de una mesa. Eche las hierbas en el agua, siéntese e inclínese sobre el cuenco con una toalla cubriéndole la cabeza. Inhale el vapor de diez a quince minutos. Si está resfriado, repita los vahos por la mañana y por la tarde.

Posibles hierbas para vahos

Para una limpieza profunda de cutis

45 g/3 cucharadas de flores de manzanilla fresca, o 45 g/3 cucharadas de flores de lavanda fresca, o 45 g/3 cucharadas de flores de arrayán fresco.

Para despejar la nariz, la cabeza y el pecho

45 g/3 cucharadas de hojas de eucalipto fresco troceadas, o 45 g/3 cucharadas de hojas de romero fresco picadas, o 45 g/3 cucharadas de hojas de menta fresca picadas.

Jarabes

Prepare su propio jarabe y tómelo como remedio natural durante los meses de invierno. Las bayas de saúco son una fuente excelente de vitamina C y además son antivíricas, por lo que resultan muy eficaces en invierno para combatir los resfriados y, lo que es más importante, la gripe. Suavizan el pecho, alivian la tos y estimulan la sudoración, lo que ayuda a expulsar toxinas.

Jarabe de saúco

900 g de bayas de saúco maduras
200 g de azúcar moreno

Ponga las bayas, lavadas y sin los tallos, en una cazuela grande de base gruesa. Cháfelas con un tenedor o páselas por el pasapuré.

Añada el azúcar moreno, mézclelo todo bien y cuézalo a fuego lento hasta que el jugo se espese.

Déjelo enfriar, viértalo en botellas de cristal oscuro y ciérrelas bien. Guárdelo en un lugar fresco, oscuro y seco.

Bayas de saúco

Posología

Adultos Pueden tomar dos cucharaditas mezcladas con 100 ml de agua caliente tres veces al día.

Niños y ancianos La mitad de la dosis para los adultos.

Nota Si tiene alergia al azúcar de caña puede sustituirlo por miel o zumo de manzana concentrado, de venta en tiendas de dietética.

Otras hierbas que sirven para elaborar jarabes son el **marrubio**, el **jengibre** y el **tomillo**. Todos ellos son excelentes tónicos respiratorios e inmunológicos.

Las proporciones son dos cucharadas de hierbas secas o cuatro cucharadas de hierbas frescas por cada 600 ml de agua. Cuézalas a fuego lento entre 20 y 30 minutos, cuélelas, añada al líquido 200 g de miel o azúcar y déjelo a fuego lento hasta que se espese. Cuando se haya enfriado, embotéllelo igual que el otro. Respete las dosis indicadas.

izquierda Para evitar accidentes, vierta el jarabe en la botella de cristal oscuro con un embudo. Ciérrela bien y guárdela en un lugar fresco y oscuro para preservar al máximo los componentes activos.

Cómo preparar una tintura

Ponga en el mortero cuatro cucharadas de hierba fresca o dos cucharadas de hierba seca, májelas un poco y póngalas dentro de una botella o un frasco de cristal oscuro de al menos 300 ml de capacidad. Vierta 250 ml de brandy o vodka y compruebe que toda la hierba quede bien cubierta. Cierre el frasco o la botella y déjelos en un lugar fresco y oscuro. Agite la botella diariamente y, al cabo de tres semanas, cuele el líquido para obtener la tintura. Guárdela en botellas de cristal oscuro dentro de un armario fresco y seco.

Preparados a base de alcohol

El alcohol es también muy eficaz para extraer los componentes activos que contienen las hierbas, y los conserva durante más tiempo. Los remedios a base de alcohol, una vez elaborados, mantienen sus propiedades durante años siempre que se guarden en recipientes bien cerrados y en un lugar fresco y oscuro. Se utilizan en pequeñas cantidades. Si va de viaje, le bastará llevarse un frasco de 30 ml para cubrir sus necesidades durante varias semanas, puesto que las dosis son de sólo unas gotas diluidas en agua.

Las tinturas son el remedio a base de alcohol más habitual. Se utilizan desde hace siglos, y su nombre proviene del latín *tingere,* teñir, que hace referencia al hecho de que el alcohol extrae los pigmentos de la planta y confiere un color oscuro al líquido. En tiendas de dietética y farmacias encontrará tinturas de marcas comerciales. Sin embargo, se pueden preparar remedios caseros con brandy o vodka de buena calidad como base y conservante.

Las tinturas se toman, a ser posible, con el estómago vacío antes de las comidas. La dosis para un adulto es de 20 gotas o 1 ml de tintura diluidos en un vaso pequeño de agua de dos a tres veces al día. Los niños de entre 9 y 14 años deben tomar la mitad de esa dosis, y los de entre 5 y 9 años, una cuarta parte. En las farmacias venden cuentagotas graduados para contar las gotas o medir 1 ml.

Los remedios florales son otro ejemplo de preparados de hierbas conservados en alcohol. Los inventó el doctor Edward Bach a principios del siglo XX como modo de aprovechar plantas y árboles silvestres autóctonos para tratar con dosis casi homeopáticas problemas emocionales y psicológicos que comportan alteraciones de la personalidad, como terquedad extrema, fatiga mental o melancolía profunda. Sirven para curar los desequilibrios a nivel físico y espiritual. Los 38 remedios originales de flores de Bach incluyen el llamado *Rescue,* «rescate», elaborado con cinco plantas y que se emplea en caso de choque emocional agudo y desgracias. Estos remedios se comercializan hoy en todo el mundo, y en países como Australia y Estados Unidos se están elaborando otros remedios de flores con plantas autóctonas. Una forma de tomar los remedios florales consiste en diluir de cuatro a seis gotas en un vaso de agua y bebérselo, dos veces al día.

abajo Necesitará un cuentagotas para contar el número exacto de gotas de tintura que necesite.

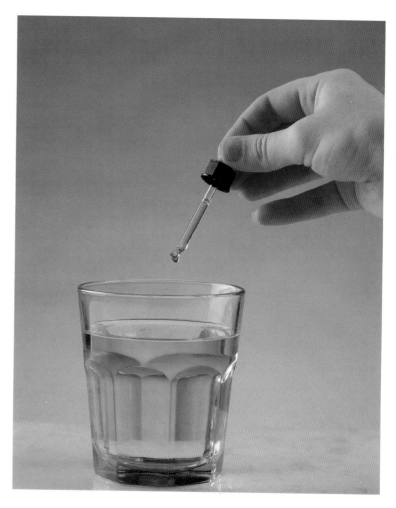

Aceites esenciales: fragancias

Las flores y hierbas aromáticas como la rosa, la lavanda, la mejorana o el arrayán contienen unos sacos en el interior de la estructura celular de sus hojas y flores que durante la estación estival, conforme las plantas maduran, se van llenando de un aceite esencial con una fragancia muy intensa.

Pétalos
de rosa

Esos maravillosos aromas naturales llevan siglos apreciándose como perfumes. Según consta, el primero que intentó extraer esas fragancias fue el médico, astrólogo y sabio árabe Abu Ibn Sina, también conocido como Avicena (980-1037), quien, con un alambique muy sencillo, destiló agua de rosas de los pétalos de la flor. En el siglo XIII, los «perfumes de Arabia» se apreciaban en el mundo entero conocido.

Los utensilios para la destilación se perfeccionaron en la Europa del siglo XVI, y lo que en aquella época se conocía como «aceites químicos» empezó a producirse en mayores cantidades. Algunas de las plantas que se sometían al proceso eran la lavanda, el romero y el tomillo, que servían de perfumes y antisépticos naturales. La industria perfumera concentrada alrededor de Grasse, en el sur de Francia, sigue gozando de fama internacional por la producción de lo que hoy conocemos como aceites esenciales. Éstos se emplean en perfumería, en la fabricación de jabones y artículos para el aseo, en preparados farmacéuticos tales como linimentos para masaje deportivo, e incluso en la industria alimentaria como aromas naturales. Los aceites esenciales también se emplean en aromaterapia (véanse las páginas 140-141), que preconiza el relax del cuerpo y la mente mediante fragancias naturales.

Los aceites esenciales están muy concentrados: para obtener 1 litro de aceite esencial de lavanda hace falta una media tonelada de flores y tallos de la planta. En el caso de la rosa, para elaborar una gota de aceite esencial hacen falta unas cien flores de la variedad *Rosa damascena*. Con las técnicas modernas de destilación se bombea vapor a través de la planta, y así se consigue extraer las moléculas aromáticas de las fibras. El vapor aromatizado se conduce a través de una cámara de refrigeración donde se transforma en agua, con el aceite esencial flotando en su superficie. La destilación es el método con el que se obtienen la mayoría de los aceites. Los aceites de cítricos se extraen prensando la piel. Y las flores más caras como el jazmín se someten a procesos químicos para obtener aromas florales absolutos, concentrados y complejos.

Los aceites esenciales se pueden adquirir en buenas farmacias y tiendas de dietética. Deben estar envasados en botellas de cristal oscuro y llevar cuentagotas para dosificarlos con precisión. Pocas veces se aplican directamente sobre la piel. En aromaterapia, siempre se mezclan con un aceite vegetal de base en el que se diluyen antes de aplicarlos sobre la piel.

El comercio de aceites esenciales procedentes de cualquier rincón del mundo está muy extendido debido a sus potentes fragancias naturales y su acción terapéutica.

página siguiente, izquierda La piel de los limones frescos desprende un aroma cítrico muy intenso y penetrante.

página siguiente, derecha Un campo de lavanda produce grandes cantidades de flores para su destilación.

abajo El aceite esencial de rosa es muy caro pero su fragancia es exquisita.

Localización de los aceites esenciales en las plantas:

Flores
Lavanda, rosa, flor del naranjo amargo (neroli), jazmín, *ilang-ilang*, manzanilla.

Hojas
Romero, árbol del té, eucalipto, menta, melisa, pino.

Raíces
Jengibre, cúrcuma, vetiver.

Bayas/semillas
Cardamomo, cilantro, pimienta negra, enebro.

Piel
Limón, naranja, mandarina, pomelo, bergamota, lima.

Maderas
Sándalo, cedro, palisandro.

Resinas
Incienso, mirra.

Aromaterapia fácil

El término «aromaterapia» se debe a Gattefosse, un perfumista francés de principios del siglo XX que sufrió un accidente de laboratorio en el que se quemó. Confundió el aceite puro de lavanda con agua y se lo puso en la herida, que se le curó con asombrosa rapidez y sin dejar cicatriz. Así fue como Gattefosse empezó a investigar los poderes curativos de los aceites esenciales, que hacía años que habían caído en el olvido.

Hoy día, la aromaterapia es un arte curativo muy extendido en todo el mundo y practicado por terapeutas cualificados que tratan las dolencias basándose en masajes con aceites esenciales para reducir la tensión y la ansiedad. Muchas afecciones modernas están relacionadas con el estrés, y la aromaterapia contribuye a aliviar los síntomas y mejorar la energía mental. La autoayuda con aceites esenciales es una forma excelente de aprender a controlar los propios niveles de estrés.

Existen tres métodos sencillos de usar los aceites esenciales

Baños Llene la bañera y ponga cuatro gotas del aceite esencial de su elección. Remueva bien y relájese en el agua durante 20 minutos.

Vaporización Existen muchos tipos de vaporizadores y difusores de aceites esenciales. Unos funcionan con el calor de una llama y otros son eléctricos. Ponga seis gotas del aceite esencial en el difusor siguiendo las instrucciones del fabricante. Servirán para vaporizar una habitación durante una hora.

Masajes Para masajear todo el cuerpo, mida dos cucharadas de aceite vegetal (almendras dulces o pepita de uva) y viértalo en una botella. Añada seis gotas del aceite esencial de su elección, agite la botella y ya está listo para su aplicación.

Nueve aceites esenciales para empezar

Aceites relajantes para desestresarse y dormir mejor:
- **Lavanda**   (*Lavandula angustifolia*)
- **Naranja**   (*Citrus sinensis*)
- **Sándalo**   (*Santalum album*)

Aceites vigorizantes para fortalecer las defensas y despejar la mente:
- **Romero**   (*Rosmarinus officinalis*)
- **Eucalipto**   (*Eucalyptus globulus*)
- **Árbol del té**   (*Melaleuca alternifolia*)

Aceites refrescantes para ahuyentar las depresiones y aliviar la ansiedad:
- *Ilang-ilang*   (*Cananga odorata*)
- **Pomelo**   (*Citrus paradisi*)
- **Mandarina**   (*Citrus reticulata*)

Precauciones básicas

Los aceites esenciales, como las hierbas, deben utilizarse con precaución. Tenga en cuenta:
- Nunca ingiera los aceites esenciales por vía oral porque están muy concentrados. Son seguros si se utilizan como se ha indicado, es decir, de forma externa.
- Guarde los aceites esenciales en un lugar fresco y oscuro. Los aceites cítricos (naranja, limón, etc.) se conservan hasta seis meses después de abrirlos, y el resto, hasta un año.
- Mantenga los aceites esenciales fuera del alcance de los niños pequeños.
- La dosis para masajes indicada (seis gotas en 30 ml de aceite vegetal) es muy suave y sirve para casi todos los tipos de piel, incluso para niños mayores de cinco años. Para pieles muy sensibles, mezcle sólo tres gotas con la misma cantidad de aceite vegetal. Para bebés: UNA GOTA, y sólo de lavanda, en 30 ml de aceite.
- Si está embarazada utilice sólo aceites relajantes o refrescantes. Para obtener información más detallada consulte con un experto en aromaterapia.

La aromaterapia es un método curativo suave con sutiles efectos calmantes sobre el cuerpo y la mente. Para profundizar en las propiedades de los aceites esenciales y aprovecharlas al máximo son interesantes los cursillos sobre técnicas de autoayuda.

El sistema musculoesquelético

El sistema musculoesquelético está compuesto por la estructura ósea (el esqueleto en sí) y el tejido muscular que la rodea. Ello determina nuestra apariencia física e influye en nuestros movimientos y nuestra vida cotidiana.

Ortiga

Las ortigas alivian la artritis.

página siguiente, arriba La tensión muscular se elimina con hierbas que estimulan la circulación.

página siguiente, derecha El ejercicio regular es vital para conservar el tono muscular.

página siguiente, abajo Hay que hacer ejercicio e incluir en la dieta alimentos ricos en calcio.

Para que el sistema musculoesquelético esté sano no sólo hace falta mantener una buena postura y practicar ejercicio sino que también influyen la dieta y el metabolismo (la eficacia con que nuestro organismo transforma los alimentos y bebidas que ingerimos para reparar, reconstruir y proteger nuestro cuerpo).

El esqueleto es nuestro principal apoyo. Lo integran huesos, cartílagos y médula ósea, donde se producen los glóbulos rojos. Los huesos almacenan minerales como sodio, calcio y fósforo. La práctica de ejercicio estimula la producción de tejido por parte de las células que forman los huesos, llamadas oseteoblastos. Por eso nuestros huesos están fuertes si nos movemos y hacemos ejercicio y son propensos a debilitarse en caso contrario. Nuestros órganos vitales están protegidos dentro del esqueleto. El cráneo alberga el cerebro, la caja torácica protege el corazón y los pulmones, y la columna vertebral reviste la delicada médula espinal, conectada con el cerebro. El esqueleto está formado por unos 206 huesos en total. Las articulaciones (donde confluyen dos o más huesos) se mantienen unidas por almohadillas de cartílago y ligamentos. Algunas son casi fijas, como las situadas entre los huesos del cráneo, y otras permiten un amplio margen de movimiento, como las articulaciones del hombro o la rodilla.

Los músculos están adheridos a los huesos y facilitan el movimiento. El cuerpo humano tiene unos 640 músculos, que mantienen nuestra postura y, como los huesos, se conservan fuertes mientras se van utilizando. Los músculos de las personas perezosas y que llevan una vida sedentaria tienden a a debilitarse. Los músculos representan casi la mitad del peso corporal. Tenemos dos tipos de músculos: los que movemos de forma *voluntaria,* como los que sirven para andar, correr, sentarse o masticar, y los que se mueven *espontáneamente,* como los situados a lo largo del intestino grueso, que escapan a nuestro control consciente. Estimulan los músculos los impulsos nerviosos procedentes del cerebro, que hacen que las fibras se contraigan y provocan el movimiento. El movimiento de los músculos genera calor debido a la circulación de la sangre por todo el cuerpo.

Cómo pueden ayudar las hierbas al sistema musculoesquelético

• las **hierbas depurativas** como la ortiga ayudan a eliminar toxinas que pueden acumularse en el tejido muscular.

• Las **hierbas relajantes** como la valeriana ayudan a aliviar la tensión muscular, en particular la debida al estrés.

• Las **hierbas antiinflamatorias** como la consuelda reducen la hinchazón, en particular de las articulaciones.

• Las **hierbas antirreumáticas** como la milenrama alivian el dolor y el malestar causados por el reumatismo.

• Las **hierbas diuréticas** como el diente de león ayudan a los riñones a eliminar impurezas.

• Las **hierbas estimulantes de la circulación sanguínea** como el romero mejoran el aporte de sangre a los músculos.

• Los **tónicos óseos** como la cola de caballo son ricos en sílice, que favorece la formación de los huesos.

Remedios para los problemas musculoesqueléticos

Las patologías que afectan a este sistema suelen estar relacionadas con la tensión y el estrés. Trastornos emocionales, malas posturas y vicios posturales causan muchas veces contracturas y dolores musculares en los hombros o la espalda. A la larga, una dieta deficiente y la acumulación de toxinas pueden ocasionar afecciones dolorosas como la artritis. Introducir unos sencillos cambios en el estilo de vida alivia estos problemas.

abajo Los masajes tienen que ser suaves y delicados, sobre todo alrededor de las zonas dolorosas.

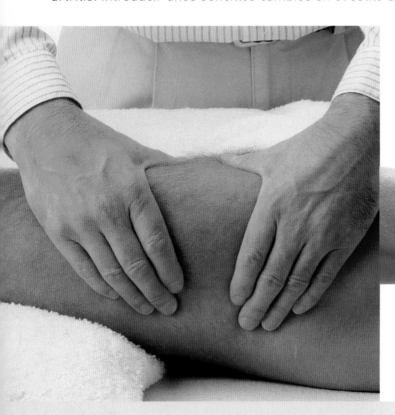

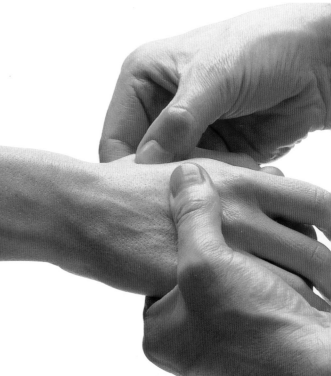

Molestias y dolores musculares

Las **molestias** y los **dolores crónicos,** de intensidad moderada y persistentes pero que no interrumpen la actividad normal, se pueden tratar con métodos caseros. Pero se aconseja visitar a un especialista, como un osteópata, un quiropráctico o un fisioterapeuta, para corregir cualquier desalineación del esqueleto que pueda provocar tensión muscular. En cuanto a la fitoterapia, los bálsamos herbales de las páginas 130-131 son muy útiles si se aplican con un suave masaje sobre la zona afectada. Caliente el frasco de bálsamo al baño María antes de usarlo para que esté caliente al aplicarlo sobre la piel, lo cual tiene un efecto muy calmante. Mezclas óptimas de hierbas para la elaboración de bálsamos musculares son: romero y jengibre (estimulantes circulatorios, alivian la rigidez), manzanilla y lavanda (calmantes y analgésicas, indicadas para aplicaciones antes de acostarse), e hipérico y consuelda (calman el dolor en músculos y nervios). Entre los cambios a introducir en la rutina diaria hay que corregir la postura, en particular en el trabajo, atender a las cuestiones emocionales y hacer ejercicio o estiramientos con regularidad para distender las zonas afectadas.

Las **molestias** y los **dolores agudos** (por lo general debido a lesiones, accidentes o traumatismos) requieren una valoración. Las intervenciones caseras se limitan a los primeros auxilios. Las compresas frías aplicadas sobre la zona afectada son eficaces: hierbas antiinflamatorias como la manzanilla, la consuelda o la maya común reducen la hinchazón y calmar el dolor.

Artritis

Es importante conocer el tipo de artritis a tratar para elegir las hierbas correctas. Si sigue algún tipo de tratamiento, pregunte a su médico si puede tomar también hierbas.

La **osteoartritis** la pueden provocar una lesión o el desgaste y deterioro de las articulaciones en la vejez, lo que provoca rigidez, falta de movilidad y dolor muscular. Se puede aliviar dando masajes con bálsamos herbales que contengan hierbas estimulantes de la circulación como el jengibre y la menta o el romero y el eucalipto. La circulación sanguínea también se puede mejorar bebiendo infusiones de jengibre. Asimismo, resulta útil eliminar de la dieta determinados alimentos, como las plantas de la familia de las solanáceas (berenjenas, tomates, patatas y pimientos), que agudizan los síntomas.

La **artritis reumatoide** es una respuesta inflamatoria del organismo relacionada con el sistema inmunitario. El cuerpo ataca a sus propios tejidos, en particular el revestimiento de las articulaciones, hinchándolos y deformándolos. Los enfermos suelen sentirse muy debilitados y agotados, y de vez en cuando sufren «ataques» de dolor en las articulaciones. Las mujeres son tres veces más propensas a padecerla que los hombres. Es importante recurrir a hierbas antiinflamatorias como la manzanilla, en bálsamos para aplicación externa, o en infusión tres veces al día para mitigar los síntomas dolorosos. Las infusiones de hierbas depurativas como el diente de león o la milenrama contribuyen a favorecer la eliminación de toxinas. Algunos de los cambios que se pueden introducir en el estilo de vida son suprimir de la dieta los cítricos, otras frutas ácidas como el kiwi y el vinagre, ya que pueden agravar los síntomas.

derecha Todas estas hierbas favorecen la circulación y ayudan a aliviar los dolores musculares.

Jengibre

Milenrama

Menta

Hipérico

El sistema digestivo

El tubo digestivo es un conducto de unos 11 metros que recorre todo el tronco. Está forrado de una membrana húmeda que segrega jugos digestivos para facilitar la absorción de los alimentos. La salud y la vitalidad dependen de una buena función digestiva. Los alimentos que ingerimos contienen todos los nutrientes necesarios para reparar y renovar nuestro organismo, además de la energía imprescindible.

Cuando comemos, los dientes y la saliva nos ayudan a reducir los alimentos a una pasta homogénea que, al deglutirla, pasa al estómago, donde se descompone y se digiere. En el intestino delgado se absorben más nutrientes y se mezclan más jugos digestivos. La bilis, producida en el hígado, y la insulina pancreática también intervienen en el proceso, para que los nutrientes se asimilen y pasen a la sangre. Los restos de la comida van a parar al intestino grueso y se eliminan en forma de heces.

El tubo digestivo está rodeado de una capa muscular de funcionamiento involuntario, y por eso no solemos percibir las contracciones que desplazan los alimentos en su interior. Sin embargo, esos músculos están bajo el control del sistema nervioso autónomo (o vegetativo), que es muy sensible al estrés. Cuando estamos sometidos a algún tipo de presión emocional, solemos notar alteraciones en el movimiento intestinal, ya sea en su regularidad o su fluidez. Para aliviar las molestias digestivas desde un punto de vista holístico, hay que eliminar el estrés (la causa) y los síntomas físicos evidentes como el estreñimiento o la diarrea.

El ritmo también es importante para una buena digestión. Nuestros hábitos alimentarios están sometidos a una presión constante a causa del ajetreo diario, que hace que nos saltemos alguna comida, no paremos para comer o comamos demasiado deprisa o cuando estamos alterados. No masticar lo suficiente puede provocar una saturación de nutrientes difícil de asimilar en el sistema digestivo. El abuso de estimulantes como el té y el café, de azúcar y de productos refinados no hace más que empeorar la situación. Es importante tomarse su tiempo para las comidas y tratar de adaptarse a un ritmo más lento para no padecer problemas digestivos a la larga. La mejor forma de repartir la carga digestiva a lo largo del día consiste en «desayunar como un rey, comer como un príncipe y cenar como un monje».

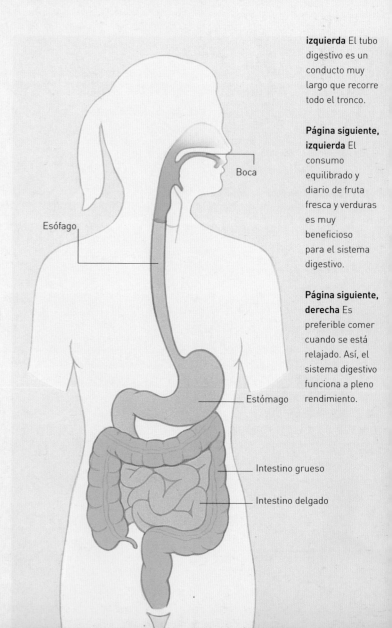

izquierda El tubo digestivo es un conducto muy largo que recorre todo el tronco.

Página siguiente, izquierda El consumo equilibrado y diario de fruta fresca y verduras es muy beneficioso para el sistema digestivo.

Página siguiente, derecha Es preferible comer cuando se está relajado. Así, el sistema digestivo funciona a pleno rendimiento.

Boca

Esófago

Estómago

Intestino grueso

Intestino delgado

Los tipos de hierbas beneficiosos para el sistema digestivo son:

• Las **emolientes,** como la consuelda, que calman y protegen la delicada membrana intestinal.

• Las **astringentes/antiinflamatorias,** como la hoja de frambueso, que calman la inflamación.

• Las **plantas amargas,** como el diente de león o la manzanilla, que estimulan la producción de bilis en el hígado.

• Las **carminativas,** como la canela o la menta, que favorecen la expulsión de gases del tubo digestivo.

• Las **antiespasmódicas,** como la melisa, que calman el dolor y los espasmos en el tubo digestivo.

• Las **tónicas,** como la angélica, que favorecen la secreción de jugos digestivos.

• Las **relajantes,** como la lavanda, que ayudan a contrarrestar el estrés emocional vinculado a problemas digestivos.

Remedios para los problemas digestivos

Hay que distinguir entre problemas agudos y crónicos. Los agudos, como la diarrea o los vómitos repentinos, significan que el organismo está tratando de deshacerse de algo que le irrita o le está atacando, y es necesario contrarrestar los síntomas con la ingestión frecuente de agua para evitar la deshidratación. Si los síntomas agudos persisten, hay que ir al médico. Los problemas crónicos como el estreñimiento prolongado pueden exigir un cambio de vida para averiguar si algún factor de estrés los está propiciando.

Manzanilla

Indigestión

Se caracteriza por una combinación de sensaciones de hinchazón, pesadez o molestias después de comer. Las infusiones de menta, hinojo o eneldo contienen aceites esenciales que contrarrestan la acidez y normalizan la digestión. Si la indigestión se debe a estrés emocional, tome una infusión de flores de lavanda. Si el problema se repite con frecuencia, compruebe que no haya en su vida factores perturbadores como ir siempre con prisas o comer demasiado rápido.

Diarrea

Suele causarla la irritación de la región intestinal por invasión de microorganismos nocivos. Puede presentarse acompañada de náuseas y vómitos. En una situación aguda como ésta el aporte de líquidos es de vital importancia para evitar la deshidratación. Una taza de agua caliente con 5 g/1 cucharadita de miel ayuda a recuperar energías. La infusión de raíz de jengibre o canela molida alivia los espasmos y las náuseas. Cuando se haya recuperado un poco, tome yogur con fermentos vivos en pequeñas cantidades para reintroducir bacterias intestinales beneficiosas. Consulte a su médico si la diarrea se prolonga durante más de seis horas.

Estreñimiento

El ritmo normal de los intestinos se altera debido a un estilo de vida demasiado sedentario, a trastornos emocionales o a la falta de líquidos. Los intestinos se tienen que vaciar al menos una vez al día, pero los factores mencionados pueden interferir en esa pauta. Entonces el abdomen se hincha, y la evacuación, si es que se produce, requiere un esfuerzo excesivo y produce dolor y, a veces, hemorragia rectal. El estreñimiento se puede tratar con infusiones de hinojo u hojas de frambueso. Pruebe con la manzanilla o la melisa si está causado por el estrés. Se recomienda llevar una dieta variada con verduras y ensaladas frescas, beber mucha agua y practicar ejercicio moderado. (Nota: cualquier pequeña hemorragia requiere atención médica.)

izquierda La miel y el jengibre son dos remedios tradicionales para calmar los espasmos intestinales.

derecha Estas hierbas son muy útiles para aliviar los espasmos digestivos y los gases.

Consuelda

Canela

Diente de león

Angélica

Hoja de frambueso

Síndrome del colon irritable

Esta enfermedad se caracteriza por la alternancia de ataques de estreñimiento y diarrea, a veces con mucosidad en las heces y distintos grados de dolor abdominal. Los síntomas pueden ir acompañados de náuseas, dolores de cabeza o depresión. Las hierbas pueden contribuir a restablecer el ritmo intestinal normal y reducir los espasmos. Una de las más eficaces es la menta en infusión. También se vende en cápsulas especiales de aceite esencial para uso interno. La menta es antiespasmódica, y calma la irritación de la pared intestinal. Otras hierbas eficaces en infusión son la manzanilla o el jengibre. Tomar linaza (10 g/ 2 cucharaditas) a diario mezclada con los cereales del desayuno es beneficioso para los intestinos y sirve para absorber el exceso de jugos gástricos.

Refuerzo del hígado

El hígado es vital para la salud como productor de sustancias químicas y almacén de nutrientes. Es el principal órgano desintoxicante del organismo. La fitoterapia tradicional reconoce la relevancia del hígado y por eso lo mima con hierbas como la ortiga o el diente de león. Las hojas tiernas tomadas en infusión en primavera depuran y regulan la función hepática.

El aparato respiratorio

Nuestro aparato respiratorio extrae del aire el oxígeno que necesitamos para vivir. Una respiración correcta es esencial para el buen funcionamiento del organismo, y tiene un papel relevante en nuestro equilibrio emocional. Muchas de las disfunciones del aparato respiratorio se pueden mejorar concentrándose en respirar de forma más lenta y regular. La práctica de la meditación es muy útil para ese fin.

página siguiente, arriba El yoga y la meditación enseñan a regularizar la respiración y vencer el estrés.

derecha: abajo Practicar ejercicio y respirar hondo mantiene sanos los pulmones.

Las células del cuerpo humano dependen del oxígeno para obtener energía. Podemos sobrevivir mucho tiempo sin alimento, varios días sin agua, pero sólo unos minutos sin oxígeno. Al inspirar, los músculos intercostales elevan la caja torácica y estiran el diafragma, un músculo grande localizado debajo de los pulmones. El aire entra en los pulmones por la nariz y la boca. Al espirar, el tórax y el diafragma se relajan, los pulmones se desinflan y expulsamos dióxido de carbono. En los pulmones hay unos sacos minúsculos llamados alvéolos que tienen múltiples pliegues y están envueltos por una extensa red de vasos sanguíneos. Las moléculas de oxígeno y dióxido de carbono atraviesan las paredes de los vasos y pasan a la sangre.

Las vías respiratorias superiores están integradas por la nariz y los senos nasales, la boca, la faringe y la laringe (caja laríngea), y las inferiores por la tráquea, los bronquios, los pulmones y el diafragma. Todo el aparato respiratorio está recubierto por una membrana mucosa que mantiene húmedas las superficies.

En estado de reposo el ser humano respira unas quince veces por minuto. El número de respiraciones por minuto aumenta cuando realizamos alguna actividad y nuestros músculos necesitan más oxígeno. El ejercicio regular, respirar hondo y ciertas disciplinas como el yoga o el *tai chi* ayudan a establecer un ritmo respiratorio provechoso, que es esencial para la salud en general. Esos métodos son especialmente útiles si se padece de estrés. Las investigaciones han demostrado que los asmáticos que se dedican a cantar mejoran su capacidad pulmonar y sufren menos ataques.

Muchos de los problemas del aparato respiratorio tienen que ver con el sistema inmunitario. Los resfriados o la gripe, por ejemplo, los causan gérmenes que penetran en nuestro organismo al respirar.

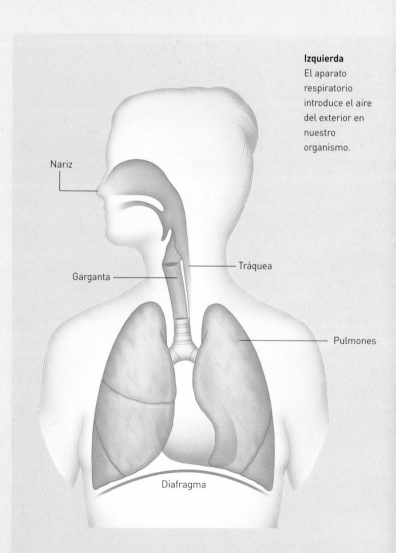

Izquierda El aparato respiratorio introduce el aire del exterior en nuestro organismo.

Nariz

Garganta

Tráquea

Pulmones

Diafragma

Tipos de hierbas beneficiosos para el aparato respiratorio (entre otros)

• las **anticatarrales,** como la salvia y la milenrama, ayudan a reducir el exceso de moco en las vías respiratorias.

• Las **antimicrobianas,** como la equinácea y el ajo, ayudan a nuestro cuerpo a luchar contra la bacterias y virus que causan los resfriados y la gripe.

• Las **antisépticas,** como el eucalipto y el romero, son hierbas aromáticas que contienen aceites esenciales muy potentes contra las infecciones.

• Las **antiespasmódicas,** como la manzanilla y el trébol rojo, ayudan a reducir la tos improductiva.

• Las **diaforéticas,** como el saúco y la menta, estimulan la transpiración y ayudan al organismo a eliminar toxinas y combatir las infecciones víricas.

• Las **expectorantes**, como el ajo y el tomillo, ayudan al organismo a expulsar el exceso de moco.

Remedios para los problemas respiratorios

El aparato respiratorio es una de las regiones aquejadas de más problemas, sobre todo en los meses fríos del año. Existen distintas hierbas y métodos que pueden servir para tratar las afecciones de las vías respiratorias. Conforme la infección respiratoria avanza, hay que ir adaptándose a los cambios de síntomas con distintos remedios.

Se recomienda tratar de suprimir de la dieta los alimentos productores de moco, sobre todo si se tienen muchos resfriados, tos o exceso de mucosidad. Dos grupos de alimentos favorecen la producción de moco: los productos lácteos (en particular la leche y el queso) y el trigo, la avena y la cebada. La supresión de otros alimentos productores de moco, como los plátanos o las patatas, es beneficiosa para los catarros muy persistentes. Sustitúyalos por frutas y verduras variadas, arroz y legumbres y leche de cabra o de soja.

Afecciones de las vías respiratorias superiores
Resfriados

Son de origen vírico y provocan estornudos, congestión de cabeza, dolor de garganta y moqueo. El jarabe de bayas de saúco alivia la irritación de garganta y fortalece el sistema inmunitario. El mismo efecto tiene una infusión caliente de canela y jengibre fresco con limón y miel. Una combinación tradicional de hierbas para combatir los resfriados es una infusión de milenrama, menta y flores de saúco a partes iguales para tomar entre cuatro y seis veces al día.

Catarros

Las vías respiratorias están recubiertas por una membrana mucosa que es imprescindible para mantenerlas húmedas. La superproducción de moco puede causar congestión y malestar. Las infusiones de manzanilla, menta y flores de saúco tonifican la membrana mucosa y desintoxican el organismo. La inhalación de vahos con tres gotas de aceite esencial de eucalipto y otras tres de romero ayuda a expectorar la mucosidad más pertinaz.

Sinusitis

Es una infección de las cavidades internas de la cabeza que provoca dolor intenso bajo los pómulos y en la cara. La tintura de equinácea y la infusión de tomillo y menta reducen la inflamación. La inhalación de vahos con cuatro gotas de aceite esencial de lavanda suaviza las áreas inflamadas. Incorpore dos dientes de ajo crudos a su dieta diaria para fortalecer sus defensas.

Afecciones de las vías respiratorias inferiores
Tos seca

La propagación de las infecciones de la nariz, los oídos y los senos puede irritar la garganta. La miel es un remedio antiséptico y calmante muy eficaz. Una infusión de hojas de consuelda fresca con dos cucharaditas de miel y una rodaja de limón fresco alivia la irritación.

Tos productiva

Es el intento del organismo de expulsar el exceso de moco, y también puede ser un signo de infección, sobre todo si la tos causa dolor en la parte baja del pecho. Beba infusiones de tomillo y salvia para combatir la infección. Las inhalaciones regulares de vahos de aceite esencial de árbol del té ablandan las flemas y fortalecen el sistema inmunitario (cuatro gotas en 500 ml de agua hirviendo; haga vahos durante 15 minutos). Consulte a su médico si los síntomas persisten.

página siguiente
Hierbas que favorecen la función del aparato respiratorio y el sistema inmunitario.

Salvia seca

Ajo

Salvia

Tomillo

Flores
de saúco

Equinácea

Lavanda

Trébol rojo

El sistema inmunitario

El sistema inmunitario protege el organismo de la invasión de microorganismos como bacterias, virus, parásitos y hongos. Vivimos rodeados de esos seres microscópicos, y nos pasamos la vida inspirándolos y en contacto con ellos.

Solemos dar por supuesta nuestra resistencia a los gérmenes porque no nos afectan. No nos damos cuenta del papel que desempeñan nuestras defensas. Sólo les prestamos atención cuando se manifiestan los signos de enfermedad, haciéndonos llegar el mensaje de que el sistema inmunitario necesita ayuda.

La médula ósea es el centro de producción de las células propias del sistema inmunitario, llamadas «linfocitos». Dichas células viajan a distintas regiones del cuerpo, como el timo (una glándula situada en el tórax), el bazo y las amígdalas, y también circulan en la sangre. Se encargan de destruir toxinas y microbios. Si el organismo sufre una invasión de microorganismos, la producción de leucocitos también se incrementa para neutralizar a los invasores.

La inmunidad depende asimismo de otra respuesta, que consiste en la producción de anticuerpos para aniquilar el organismo invasor si reaparece. Dicha respuesta se denomina «inmunidad adquirida» y es producto de las enfermedades infantiles, como el sarampión. La enfermedad no se repite después de que el organismo haya fabricado anticuerpos.

Las alergias son una versión exagerada de esa respuesta. Las membranas mucosas están revestidas de unas células peculiares llamadas «células plasmáticas», que producen unos anticuerpos especiales denominados inmunoglobulinas. A veces, al ser expuestas de forma reiterada a la misma sustancia, las inmunoglobulinas tienen una reacción exagerada y desencadenan la liberación de histamina, que causa una inflamación en el lugar de contacto y, además, reacciones tales como picor, estornudos, lagrimeo, hinchazón o dolor de cabeza. La reacción se repite siempre que el organismo sea hipersensible, y la única

solución factible consiste en evitar la liberación de histamina. En ciertos casos el sistema inmunitario se confunde y ataca sus propios tejidos. Eso se conoce como «enfermedad autoinmune». Un ejemplo podría ser la artritis reumatoide, en la que el organismo genera la inflamación de los revestimientos de las articulaciones.

Nuestro estado de ánimo y nuestro nivel de energía afectan al sistema inmunitario. El estrés, los trastornos emocionales y la fatiga física reducen la producción de células de defensa y nos hacen más propensos a las infecciones. El tratamiento holístico con hierbas tiene como fin restaurar la fortaleza del sistema inmunitario.

página siguiente, arriba La fiebre y los escalofríos son signos de una infección del sistema inmunitario.

página siguiente, abajo Conservar el equilibrio de la mente, el cuerpo y las emociones favorece la buena salud del sistema inmunitario.

izquierda Los linfocitos viajan a ciertas áreas del cuerpo, como el timo y el bazo.

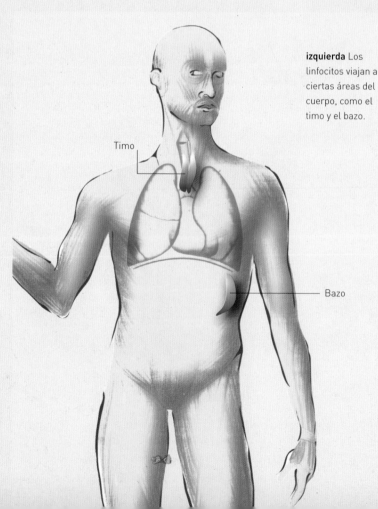

Timo

Bazo

Tipos de hierbas para fortalecer el sistema inmunitario

- **Depurativas,** como la equinácea y el trébol rojo, para purificar la sangre y renovar los tejidos.

- **Atimicrobianas,** como el ajo y el tomillo, para destruir microorganismos.

- **Antiinflamatorias,** como la caléndula y el aloe vera, para calmar las irritaciones de la piel.

- **Diuréticas,** como el diente de león y la ortiga, para mejorar la eliminación.

- **Tónicos suprarrenales,** como el jengibre y el romero, para fortalecer el organismo en periodos prolongados de mala salud.

- **Sedantes,** como la melisa y la lavanda, para reducir la ansiedad nerviosa.

Remedios para las enfermedades inmunitarias

Cuando el sistema inmunitario está debilitado, el cuerpo necesita reposo. Las reacciones ante las infecciones suelen debilitar el organismo, lo que indica que hay que reducir el ritmo. Pero por desgracia en el mundo moderno es bastante habitual no hacer caso de tales signos y someter al sistema inmunitario a una enorme presión, sobre todo mediante remedios químicos que contienen cafeína y nos hacen sentir con energías aunque lo que hacen en realidad es hundirnos todavía más. A fin de cuentas, hacer una pausa para reposar acorta la duración de la enfermedad y nos ayuda a restablecernos más deprisa.

Equinácea

Fiebre

Es una respuesta a una infección, ya sea de origen bacteriano o vírico. La temperatura del cuerpo aumenta para que el microorganismo no pueda sobrevivir. La fiebre es una reacción defensiva. El apetito disminuye, pero es importantísimo ingerir líquidos en abundancia. Las hierbas son muy útiles para los enfermos con fiebre. La infusión de milenrama, menta y flores de saúco a partes iguales también es un remedio clásico para estos casos. Las flores de saúco son diaforéticas y favorecen la sudoración y la eliminación de toxinas. También se puede recurrir a agentes antimicrobianos como la tintura de equinácea, y cuando se recupera el apetito se puede incluir ajo en la dieta por su acción inmunoestimulante. Lavarse el cuerpo con una esponja impregnada en una infusión fría de manzanilla calma el malestar. Casi todos los episodios de fiebre remiten en el transcurso de unas 48 horas. Acuda al médico si la fiebre persiste más tiempo o supera los 39 °C en los niños o los 40 °C en los adultos de forma continuada, o si la temperatura desciende súbitamente por debajo de 35 °C y la piel se vuelve muy fría y húmeda.

Gripe

Es una infección vírica cuyos síntomas son dolores punzantes, escalofríos y pérdida total de energía. Un episodio de gripe dura de siete a diez días, y es aconsejable guardar reposo absoluto en cama. El apetito disminuye, pero también hay que beber mucho líquido. Añada miel y limón fresco a las infusiones para recuperar energías. La infusión de jengibre fresco hace entrar en calor y estimula el sistema inmunitario, al igual que otras especias como el cardamomo y la nuez moscada. Una infusión de esas tres especias es muy refrescante. Se recomienda tomar tintura de equinácea tres veces al día y añadir dos dientes de ajo crudos a la dieta cuando el enfermo recupere el apetito para depurar bien todo el organismo.

Enfermedades inmunológicas crónicas

Un debilitamiento prolongado del sistema inmunitario puede desembocar en agotamiento extremo, a veces conocido como «fatiga postvírica». Lo mejor es dejar el tratamiento en manos de un herbolario profesional, pero se pueden tomar infusiones de hierbas sedantes como la mejorana, la lavanda o la melisa. La tintura de equinácea estimula la función inmunitaria, y la de avena reduce el estrés crónico. Las infusiones de hierbas depurativas como la caléndula, la ortiga o el trébol rojo contribuyen a depurar y desintoxicar el organismo y el sistema linfático.

Para recuperar fuerzas tras un periodo de debilidad hay que comer abundantes frutas, verduras y hierbas frescas, beber al menos seis vasos grandes de agua de manantial al día y practicar yoga o meditación para compensar el estrés. Los paseos al aire libre son excelentes para recuperar la fuerza física. Los aceites esenciales de limón o naranja levantan el ánimo. Pruebe con tres gotas de cada uno en un vaporizador.

Página siguiente
Hierbas eficaces para eliminar el estrés y fortalecer las defensas.

Hierbaluisa

Romero

Caléndula

Áloe vera

Jengibre

Ortiga

157

La piel

La piel nos envuelve por completo. Es un recubrimiento flexible bien irrigado y provisto de terminaciones nerviosas que nos permite tocar y percibir el mundo que nos rodea, y regula nuestra temperatura mediante las glándulas sudoríparas. Un día de actividad media perdemos unos 600 ml de sudor y mucho más si hacemos ejercicio o trabajo físico. Por eso hay que beber al menos 2,5 litros diarios de agua. A veces la piel recibe el nombre del «tercer riñón» porque es un órgano depurativo del cuerpo muy importante.

Las tres capas principales de piel

La **epidermis,** o superficie externa, está compuesta de capas de células que contienen queratina, sustancia que también está presente en el cabello y las uñas. La fricción constante de la ropa elimina las células muertas, que son sustituidas desde las capas epidérmicas inferiores.

Debajo de la epidermis está la **dermis,** una capa que contiene una red de finos vasos sanguíneos, receptores sensoriales nerviosos, glándulas sudoríparas, los folículos pilosos y las importantes glándulas sebáceas, cuyas secreciones lubrican la superficie de la piel para mantener la elasticidad de la epidermis. Por la dermis también pasan fibras musculares. En las axilas y las ingles se localizan unas glándulas exocrinas especiales que segregan perfumes hormonales masculinos y femeninos.

La capa más profunda es la **grasa subcutánea,** que retiene el calor corporal.

La salud de la piel depende mucho más de lo que comemos que de cualquier crema o loción que nos apliquemos. Beber mucha agua a diario mantiene las células cutáneas llenas y elásticas. Ingerir con moderación aceites vegetales de buena calidad como aceite de oliva virgen extra, de girasol o de onagra fortalece la piel y la mantiene flexible, además de prevenir la sequedad. Las frutas y verduras frescas suministran vitaminas y nutrientes que favorecen el crecimiento y la renovación celular.

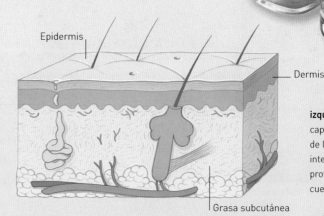

Epidermis

Dermis

Grasa subcutánea

El tabaco destruye las fibras de colágeno de la piel, responsables de su elasticidad. La mala evacuación y la falta de sueño, aire fresco y ejercicio también pueden conferirle un aspecto pálido y mate. Nos ruborizamos cuando nos acaloramos y palidecemos cuando estamos asustados; la piel es el espejo de nuestro estado emocional. Eso se debe a que la piel y el sistema nervioso se desarrollan a la vez dentro del útero. Tratar de influir sólo en el aspecto externo no resolverá los problemas de la piel a largo plazo. Revisar ciertas cuestiones de nuestro estilo de vida, como la dieta y el grado de estrés, además de los síntomas es una actitud con más probabilidades de éxito. Pero hay que tener paciencia porque las mejoras no suelen ser tan rápidas como querríamos.

izquierda Las tres capas principales de la piel interactúan para proteger el cuerpo.

arriba Beber agua ayuda a mantener la piel elástica y joven.

Página siguiente Las frutas y verduras frescas suministran vitaminas y minerales beneficiosos para la piel. Para tener la piel bonita hay que llevar una buena dieta, dormir bien y prestarle los cuidados necesarios.

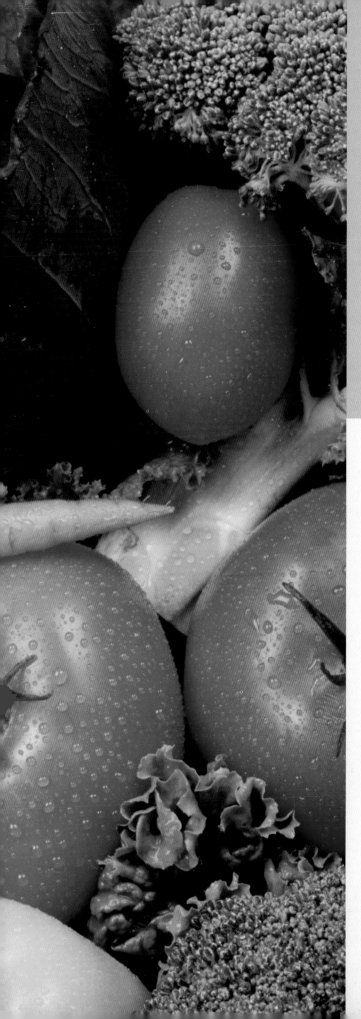

Tipos de hierbas beneficiosos para los problemas de la piel

• **Depurativas,** como el trébol rojo y la ortiga, para depurar y desintoxicar en general.

• **Antialérgicas,** como la milenrama, la manzanilla romana o común o la caléndula, para reducir el picor, el enrojecimiento y el calor originados por urticaria, sarpullido por calor o alergias menores.

• **Antiinflamatorias,** como la manzanilla y la consuelda, para calmar las inflamaciones.

• **Antimicrobianas,** como el tomillo y la equinácea, para combatir las infecciones.

• **Citofilácticas,** como la lavanda y el arrayán, para el crecimiento celular sano.

• **Diuréticas,** como la ortiga y la milenrama, para eliminar toxinas por vía renal.

• **Compensadoras hormonales,** como el hinojo, el sauzgatillo o la salvia romana, para equilibrar las fluctuaciones hormonales que provocan manchas en la piel.

• **Sedantes,** como la melisa y la mejorana, para el estrés.

• **Vulnerarias,** como la cola de caballo y la avena, para favorecer la cicatrización.

Remedios para problemas de la piel

Las pomadas (véanse las páginas 130-131) favorecen la regeneración dérmica después de haber lavado y relajado la piel dañada con infusiones concentradas (véanse las páginas 132-133). Combinar estos dos métodos ayuda a mejorar el aspecto de la piel. Muchas veces también hay que revisar el estilo de vida.

Cortes y heridas

Lavar la zona con una infusión concentrada de cola de caballo y milenrama tiene un efecto antiséptico y ayuda a contener la hemorragia. La herida tiene que estar lo más limpia posible antes de aplicar cualquier pomada. Las compresas calientes con hierbas de acción antimicrobiana como el tomillo o el ajo extraen el pus de las heridas infectadas. Las pomadas curativas elaboradas con hierbas como la caléndula, la consuelda o el hipérico favorecen la curación correcta de la herida. Una infusión sedante de lavanda calma los nervios después de llevarse una fuerte impresión.

Acné

En el rostro, el cuello, los hombros o la espalda pueden aparecer pústulas rojas con la cabeza amarilla. Las glándulas sebáceas se obstruyen e inflaman como consecuencia de cambios hormonales, pero también debido a una mala dieta y eliminación. Hay que limpiar la piel con suavidad pero en profundidad con hierbas como el diente de león y la manzanilla, y tonificarla con otras como el hamamelis para combatir la infección. Una pomada de trébol rojo y caléndula o de aceites esenciales como de lavanda y árbol del té contribuirá a rebajar la infección y cicatrizar la piel.

Forúnculos

Los forúnculos o granos son zonas circunscritas infectadas (infección bacteriana) e hinchadas. Las compresas calientes con hierbas como el tomillo ayudan a expulsar la infección, y la manzanilla calma la inflamación. El proceso de curación se puede acelerar con una pomada de caléndula y consuelda, y hay que modificar la dieta igual que en caso de acné.

Eccema

Es una enfermedad vinculada a las emociones que se agrava en épocas de estrés. Las lesiones, que al principio son pequeñas, revientan dejando unas zonas enrojecidas y supurantes, sobre todo entre los dedos o en las arrugas o pliegues de la piel. Al cabo de un tiempo, la piel puede endurecerse y escamarse porque la epidermis se engrosa para protegerse. La inflamación se puede calmar con una infusión concentrada de manzanilla en una compresa fría. Para frenar el agrietamiento se pueden hacer pomadas calmantes y reparadoras de la piel mezclando lavanda y borraja o trébol rojo y caléndula. Es mejor aplicar cualquier tratamiento por la noche para que tenga tiempo de actuar. Muchas personas con eccema son alérgicas a los productos lácteos, por lo que es recomendable suprimirlos de la dieta, al menos durante un tiempo. Otros alimentos que agravan el eccema son los cítricos, los tomates, el azúcar y los aditivos alimentarios.

Soriasis

Existen varias formas pero el tipo más común es el que consiste en que amplias zonas de la capa epidérmica inferior son sustituidas más rápido de lo necesario y se desprenden células cutáneas dejando al descubierto áreas enrojecidas e inflamadas (por lo general en los codos o las rodillas). La soriasis puede causar artritis localizada. El bálsamo oleoso de flores de lavanda y consuelda tiene un efecto muy calmante. También se puede hacer con otras hierbas calmantes como la caléndula y el trébol rojo. Las infusiones de hierbas sedantes como la melisa o la hierbaluisa calman el organismo y eliminan el estrés subyacente.

arriba Los aceites herbales ayudan a calmar y aliviar la piel con alguna afección.

página siguiente Las hierbas con efectos dermatológicos reparan las lesiones dérmicas y curan las infecciones.

Ortiga

Caléndula

Mejorana

Consuelda

Manzanilla

Trébol rojo

Hamamelis

Hierbas para el cuidado de la piel

Cuidarse la piel con hierbas es muy gratificante porque son naturales y por lo tanto no tienen sustancias químicas agresivas. La mayoría de los productos comerciales para el cuidado de la piel tienen colorantes y conservantes. Dando a nuestra piel unos cuidados sencillos y naturales la estamos mimando con ingredientes consagrados por años de uso. Para sacar el máximo partido de su eficacia, estos preparados se tienen que usar frescos.

Limpiador de diente de león y consuelda

Es una magnífica leche rejuvenecedora a base de hojas jóvenes de diente de león, para limpiar los poros en profundidad, y consuelda, para suavizar la piel. Prepare una infusión concentrada con doce cucharaditas de diente de león fresco picado y dos cucharaditas de hojas de consuelda fresca picadas en 250 ml de agua hirviendo. Déjela reposar durante dos horas y cuele el líquido. Mezcle en un bol 200 ml de infusión con 200 ml de leche entera, viértalo en una botella grande y guárdela en el frigorífico. Agítela antes de usar. Esta leche se conserva durante una semana. Deséchela al cabo ese tiempo.

Crema facial de yoyoba y manteca de cacao con lavanda y arrayán

Esta crema facial ligera y nutritiva es apta para todo tipo de piel. Prepare una infusión con una cucharadita de flores de lavanda fresca y otra de hojas de arrayán fresco en 250 ml de agua hirviendo. Déjela reposar 15 minutos y cuele el líquido. Ponga dos dedos de agua en un cazo de base gruesa y caliéntela. Ponga cuatro cucharadas de infusión en un plato de cristal resistente al calor y añada 30 g de manteca de cacao. Encaje el plato en el cazo con el agua hirviendo a fuego lento y remueva hasta que la manteca de cacao se funda. Vierta cuatro cucharadas de aceite de yoyoba en una jarrita y añádalo gota a gota a la pasta del plato, sin dejar de remover. Retire el plato del cazo y siga removiendo hasta que la pasta se espese. Viértala en un tarro de cristal oscuro (115 g de capacidad). Guárdelo en el frigorífico para que la crema cuaje. Se conserva tres o cuatro semanas en la nevera. Tírela pasado ese tiempo.

Mascarilla de harina de avena y miel con manzanilla

La avena es un buen exfoliante, y la miel es un reputado calmante dérmico. La infusión de manzanilla es antiinflamatoria y calmante. Esta mascarilla es apta para todo tipo de piel. Prepare una infusión de manzanilla convencional (una cucharadita de flores secas o dos cucharaditas de flores frescas en 250 ml de agua hirviendo) y déjela reposar durante 15 minutos. Ponga cuatro cucharadas de harina de avena fina y tres cucharadas de infusión en un cuenco. Remueva hasta obtener una pasta. A continuación, añada dos cucharaditas de miel líquida, mézclelo todo bien y aplique la mascarilla sobre la piel limpia. Déjela actuar durante 20 minutos y aclárela con agua caliente. Séquese la piel con una toalla sin frotar. Notará que está muy suave. Esta mascarilla debe utilizarse fresca. Tire la pasta que sobre.

Tónicos herbales

En casa se pueden preparar tónicos faciales muy sencillos y eficaces con infusiones convencionales de ciertas hierbas (con una cucharadita de hierba seca o tres cucharaditas de hierba fresca en 250 ml de agua hirviendo). Se deja reposar durante 15 minutos, se cuela y se deja enfriar).

Guarde la infusión en una botella de cristal dentro del frigorífico y utilícela en el transcurso de tres o cuatro días. Al cabo de ese tiempo, tírela.

Por ejemplo,

piel grasa hojas de romero y arrayán

piel seca flores de lavanda y manzanilla

piel madura flores de caléndula y hojas de melisa

acné flores de trébol rojo y hojas de consuelda

El aparato reproductor femenino

Durante siglos las mujeres han recurrido a las hierbas para cuidar de su sistema hormonal. Generaciones de mujeres han transmitido sus conocimientos sobre cómo regular la menstruación, aliviar el dolor o facilitar el proceso del parto con hierbas. La ciencia ha identificado unos ingredientes presentes en algunas hierbas y conocidos como «esteroides vegetales» que respaldan la función hormonal porque son similares a nuestras hormonas. El uso de hierbas compensadoras y tonificantes ayuda a fortalecer el aparato reproductor femenino a través de sus oscilaciones y cambios cíclicos.

página siguiente, arriba Las hierbas equilibran el sistema hormonal de la mujer y fortalecen sus órganos reproductores.

página siguiente, abajo Ciertas hierbas se pueden usar durante el embarazo para ayudar al organismo.

Los órganos reproductores femeninos

• Los **ovarios** son dos órganos del tamaño de una nuez formados por un gran número de saquitos llamados «folículos». Cada uno de ellos contiene un óvulo. Los ovarios sueltan un óvulo más o menos cada 28 días a lo largo de la vida fértil de la mujer, y producen las hormonas estrógeno y progesterona, que controlan los cambios del ciclo menstrual.

• Las **trompas de Falopio** conectan los ovarios con el útero.

• El **útero** o matriz tiene forma de pera y está situado en el interior de la pelvis entre la vejiga y el recto. La parte inferior del útero, el cuello uterino o cérvix, conecta con la vagina. La pared del útero tiene unos 2,5 cm de grosor y está forrada de una membrana, el endometrio, que se engrosa cada mes y se expulsa en forma de menstruación o regla si no hay fecundación.

• Los **pechos** o mamas están compuestos de tejido fibroso graso. En ellos se produce y almacena la leche con que se alimenta el bebé. El ciclo menstrual guarda relación con la luna. La mayoría de las mujeres menstrúan unas trece veces al año de acuerdo con las fases lunares. El ciclo empieza el primer día de la hemorragia. Entre los días catorce y dieciséis, el endometrio ya se ha engrosado y se ha desprendido un óvulo. Si el óvulo no es fecundado, el endometrio degenera y se pierde con el siguiente flujo menstrual.

Si el óvulo es fecundado, la membrana aumenta todavía más de grosor después de que el embrión se haya adherido a ella, y éste empieza a desarrollarse.

Con los años, la menstruación se va haciendo menos frecuente y se producen cambios hormonales hasta que desaparece. Este proceso recibe el nombre de «menopausia» y puede ir acompañado de cambios de humor y síntomas tales como sudores nocturnos o sofocos. Las hierbas pueden ayudar a equilibrar las hormonas y aliviar las molestias de la menopausia.

abajo El aparato reproductor femenino agradece los baños y masajes con hierbas.

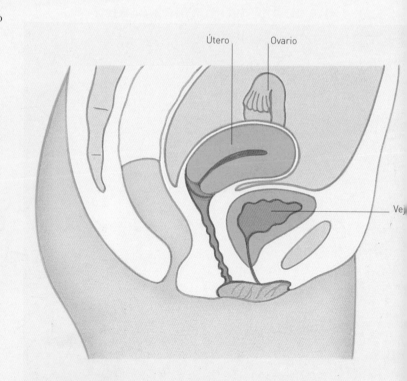

Útero   Ovario

Vej

Tipos de hierbas beneficiosos para la reproducción femenina

• Las **astringentes**, como la milenrama y la ortiga, que contrarrestan las hemorragias menstruales demasiado abundantes.

• Las **antiespasmódicas**, como la lavanda y la manzanilla, que calman los dolores menstruales.

• Las **emenagogas**, como la canela y el jengibre, que favorecen el flujo menstrual, sobre todo si es escaso o inexistente. (Nota: es imprescindible confirmar que la mujer no esté embarazada antes de usar estas hierbas, que no son indicadas en caso de embarazo.)

• Las **reguladoras hormonales**, como el sauzgatillo y la salvia, que equilibran las hormonas sexuales femeninas estrógeno y progesterona.

• Los **tónicos nerviosos**, como la melisa y el hipérico, que moderan los cambios de humor.

• Los **tónicos uterinos**, como el pie de león y la hoja de frambueso, que tonifican y fortalecen los órganos reproductores y su función.

Remedios para la mujer

Existen muchos remedios herbales para los problemas femeninos. Todos tienen efectos beneficiosos, como los masajes abdominales con bálsamos, las infusiones y las tinturas. Una dieta rica en frutas frescas, verduras, legumbres y cereales integrales acompañada de infusiones de hierbas y mucha agua garantiza un aporte óptimo de nutrientes a la región pélvica y favorece la eliminación. El consumo regular de suplementos de vitamina E y aceite de onagra contribuye a normalizar el ciclo y reducir las molestias menstruales.

Hoja de frambueso

Síndrome premenstrual

Este nombre abarca los síntomas que se pueden tener durante la última fase del ciclo menstrual (cambios de humor, aumento de peso, hinchazón abdominal, cefaleas...). Tomar tintura de sauzgatillo (quince gotas diluidas en agua al despertarse durante cuatro a seis meses) puede mejorar mucho esos síntomas, aunque la acción es lenta y puede tardar hasta 25 días en hacer efecto. También ayuda beber infusiones de pie de león y caléndula, sobre todo durante la última semana del ciclo. Incorpore en su dieta hierbas de ensalada depurativas como el diente de león o los berros.

Periodos irregulares

Tienen un ritmo inconstante, y la cantidad de flujo es variable. Son un signo de desequilibrio hormonal y pueden deberse a una disfunción tiroidea o a factores de estilo de vida. Consulte a su médico si nota cualquier cambio súbito en el ritmo o el flujo menstrual, sobre todo si no le viene la regla. Tomar con regularidad infusiones de pie de león y milenrama a partes iguales durante tres o cuatro meses puede ser de ayuda, al igual que la tintura de sauzgatillo administrada como en el caso anterior. Y consulte a un herbolario cualificado para que le asesore en su caso particular.

Menstruaciones dolorosas

Pueden ser de dos tipos: reglas que empiezan con intensos calambres que persisten durante unas 48 horas y acompañadas de un flujo muy rojo y abundante y menstruaciones precedidas por un dolor sordo con dos o tres días de antelación y de flujo oscuro y abundante con presencia de coágulos. El dolor está causado por una mala circulación en la región pélvica y por niveles elevados de prostaglandinas, unas sustancias semejantes a las hormonas que provocan contracciones en las fibras musculares. Tomar un suplemento de aceite de sauzgatillo durante al menos seis meses resulta muy útil para regular la producción de prostaglandina, y una infusión convencional de milenrama, romero y pie de león a partes iguales tomada dos veces al día durante al menos dos o tres meses tiene un efecto calmante. Si se nota tensa y fatigada, beba una infusión de melisa. También puede preparar un bálsamo con flores de lavanda y hojas de mejorana (véanse las páginas 130-131) y aplicárselo sobre el abdomen con un suave masaje por las noches durante la última semana del ciclo y los primeros días de menstruación.

Síntomas de la menopausia

Algunos son cefaleas, sofocaciones, palpitaciones, cambios de humor, insomnio y disminución de la libido, y se deben a la disminución de los niveles hormonales. El sauzgatillo, administrado en tintura como antes, la salvia romana o el hinojo, que pueden tomarse en infusión, son hierbas con efectos similares al estrógeno. La infusión de milenrama alivia los sudores nocturnos y los sofocos mejorando el control de la circulación. Consulte a un médico o un fitoterapeuta sobre el uso de estas hierbas.

derecha Estas hierbas ayudan a equilibrar los niveles hormonales y son beneficiosas para el sistema nervioso.

Milenrama

Hipérico

Pie de león

Sauzgatillo

Melisa

Berro

El aparato reproductor masculino

El buen funcionamiento del aparato reproductor masculino requiere un equilibrio entre lo físico, lo emocional y lo mental. En el competitivo mundo actual se valoran ante todo el rendimiento y el éxito, y en casos extremos eso puede minar las energías y el amor propio. Al abordar los problemas masculinos lo primero que hay que hacer es analizar a fondo el patrón de vida, prestando especial atención a los factores estresantes y buscando estrategias para recuperar la energía y la vitalidad.

Los órganos reproductores masculinos

- Los **testículos** producen el esperma y segregan testosterona, la hormona masculina responsable del crecimiento óseo y muscular y del desarrollo sexual.
- El **escroto** es el saco que contiene los testículos. Permite el desarrollo del esperma a una temperatura más baja fuera del cuerpo. Internamente está dividido en dos mitades, cada una de las cuales alberga un testículo. Cada testículo está suspendido de un cordón espermático, en cuyo interior se encuentra el tubo que transporta el esperma al pene.
- El **pene** es el órgano sexual masculino a través del cual pasan el semen (esperma mezclado con otros fluidos) y la orina. Está integrado por tejido eréctil, que hace que se agrande y se endurezca durante la excitación sexual.
- La **glándula prostática** tiene el tamaño aproximado de una nuez y está situada debajo de la vejiga y delante del recto. Produce unos fluidos que se mezclan con el esperma en la eyaculación. Adquiere su tamaño adulto en la pubertad debido al aumento de los niveles hormonales masculinos. A partir de los 50 años puede agrandarse y causar problemas urinarios.

El problema masculino más habitual es la escasa producción de esperma, lo que requiere ante todo una revisión a fondo del estilo de vida, para resolver el estrés emocional subyacente y la ansiedad, y después tonificar los órganos sexuales. Saber encontrar el equilibrio entre trabajo y tiempo libre y practicar actividades que permitan desarrollar la mente y la creatividad, además de ejercicio físico, es muy beneficioso. No basta con esperar a que lleguen las vacaciones; si está sometido a un estrés excesivo, es probable que esté demasiado agotado para disfrutarlas.

En cuanto a la fertilidad, lo mismo vale para los hombres que para las mujeres: altos niveles de estrés, el tabaco, una dieta poco equilibrada y el alcohol pueden reducir el número de espermatozoides. Además de usar hierbas tonificantes, hay que revisar las pautas de alimentación y bebida, sobre todo si la pareja quiere tener un hijo. Para favorecer unos niveles saludables de hormonas sexuales masculinas hay que consumir frutas y verduras frescas en abundancia, además de frutos secos y semillas, que son ricos en cinc, vitaminas del grupo B y vitamina E.

página siguiente, arriba Una agenda apretada puede afectar a la producción de hormonas masculinas.

página siguiente, abajo Las hierbas antiestrés son de gran ayuda ante problemas emocionales.

abajo Factores de estilo de vida como el estrés influyen mucho en el aparato reproductor masculino.

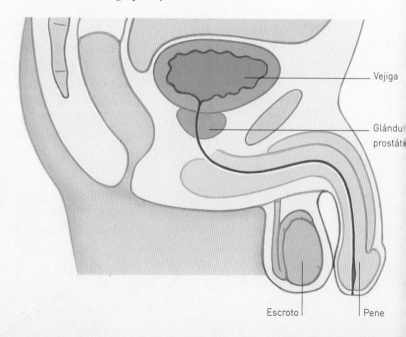

Vejiga

Glándula prostáti

Escroto   Pene

Tipos de hierbas beneficiosos para el aparato reproductor masculino

- **Tónicos adrenales,** como la borraja o el apio, para combatir la fatiga y la falta de energía.

- **Antisépticas,** como el tomillo y la caléndula, para hacer frente a las infecciones.

- **Emolientes,** como la consuelda y el aloe vera, para calmar las membranas inflamadas.

- **Diuréticas,** como la cola de caballo y la milenrama, para mejorar la eliminación.

- **Tónicos,** como el ginseng y el jengibre, para tonificar los órganos sexuales.

Remedios para el hombre

Hay hierbas adecuadas para tratar los problemas masculinos. Son
útiles las infusiones y los baños y masajes relajantes con bálsamos.
También se pueden incorporar a la dieta elementos de apoyo como el
jengibre fresco, la pimienta negra o el ajo, para tonificar la circulación,
y marisco como las ostras o el cangrejo, ricos en minerales como el
cinc, para favorecer la producción de hormonas sexuales.

Impotencia

El signo físico de esta afección es la incapacidad de
conseguir o mantener una erección, pero muchas
veces es síntoma de un problema subyacente más
complejo relacionado con las preocupaciones, el
estrés, la energía física y la falta de relajación. Como
ya hemos dicho, la dieta tiene un papel primordial en
la recuperación de la vitalidad, que es la vía principal
para mejorar la situación. Las hierbas tonificantes como
el jengibre, el ginseng o la ortiga, en infusión o como
suplemento, ayudan a restablecer los niveles de
energía. El hipérico en suplemento o tintura es útil
para los sentimientos depresivos o la ansiedad.
Los masajes con aceites esenciales relajantes como la
lavanda o el sándalo mejoran la calidad del sueño y
la energía durante el día (véanse las páginas 140-141).

Hipertrofia de la próstata

Es una enfermedad común que afecta a uno de cada
tres varones de más de 50 años. La glándula prostática
puede aumentar de tamaño debido a las fluctuaciones
hormonales propias de esa edad, presionar la vejiga e
incrementar la frecuencia de la micción. Sin embargo,
la reducción del flujo de orina hace que la vejiga no
se vacíe del todo. Para restablecer el flujo se pueden
tomar infusiones de hierbas tonificantes y astringentes
como la cola de caballo y la ortiga dos o tres veces al
día. De todos modos, es necesario acudir al médico.
Coma gran cantidad de semillas, como las de calabaza
o girasol, en ensalada, ya que son ricas en ácidos
grasos esenciales y reducen las molestias.

Prostatitis

Es una infección de origen bacteriano que afecta a
la glándula prostática y requiere tratamiento médico
porque cursa con fiebre, dolor lumbar y sensación
de quemazón al orinar. Las infusiones de hierbas
antisépticas como el tomillo, antiinflamatorias como
la manzanilla o diaforéticas como las flores de saúco
o la salvia pueden ayudar a aliviar la fiebre y el dolor
y se pueden tomar dos o tres veces al día en los casos
agudos. Las hierbas son compatibles con la medicación
convencional. También se puede tomar tintura de
equinácea para fortalecer el sistema inmunitario.

Nota Vaya al médico si nota cualquier tipo de
hinchazón inusual o dolor en el bajo vientre.

Una bebida saludable

El zumo de zanahoria, apio y pepino frescos está
indicado para todo tipo de problemas urinarios. Para
preparar esta bebida necesitará una licuadora eléctrica;
hay una gran variedad de modelos en el mercado.
Para obtener unos 250 ml de zumo vegetal puro le
harán falta de dos a tres zanahorias grandes, tres
o cuatro ramas de apio y un pepino grande (todas
las hortalizas se tienen que pelar y trocear antes de
licuarlas). Bébaselo diluido con agua fría de manantial
a partes iguales. Además de contener nutrientes
esenciales, el zumo de zanahoria, apio y pepino
reduce la acidez de la orina y, por lo tanto, refresca
y calma las vías urinarias. Tome un vaso grande de
tres a cuatro veces al día.

arriba El cangrejo
es un marisco
rico en cinc que
favorece la
producción de
hormonas
sexuales
masculinas.

página siguiente
Ciertas hierbas
calman, depuran
y fortalecen
eficazmente
el aparato
reproductor
masculino.

Ginseng

Caléndula

Borraja

Tomillo

Cola de caballo

Áloe vera

Jengibre

El sistema nervioso

El sistema nervioso es una compleja red de comunicación que conecta el cerebro con el cuerpo permitiendo el paso de mensajes eléctricos en ambas direcciones. El sistema nervioso también emite señales de respuesta al estrés que hacen que el cerebro reajuste los procesos químicos internos del organismo.

Tanacet

El sistema nervioso

• El **encéfalo** está alojado en el cráneo y es el centro nervioso del sistema. Está protegido por varias capas de membranas llamadas «meninges» y se compone de tres partes principales.

El *cerebro,* dividido en dos hemisferios laterales, a izquierda y derecha, es la materia gris del encéfalo. Controla el movimiento voluntario y los procesos que percibimos a través del tacto, y es también la región donde están activas nuestras facultades de inteligencia, memoria y estimulación sensorial.

El *cerebelo* está situado debajo del cerebro. Es más pequeño y controla sobre todo el equilibrio y la coordinación muscular.

El *bulbo raquídeo* conecta el encéfalo con la médula espinal y regula el ritmo cardíaco, la respiración y la digestión, funciones que mantienen vivo el organismo.

Estructuras encefálicas menores incluyen la *glándula pituitaria* en la base del cráneo, que controla los niveles hormonales.

• La **médula espinal** recorre la columna a través de las vértebras. De las proyecciones óseas de cada vértebra parten nervios espinales hacia todas las partes del cuerpo, dividiéndose y subdividiéndose hasta llegar a los dedos de los pies y las manos.

• Los **nervios** son haces de fibras que conducen las impresiones sensoriales al encéfalo y retornan impulsos, por ejemplo, a los músculos, como respuesta a los estímulos. Cada nervio posee un receptor llamado «dendrita» y un transmisor llamado «axón».

Además de nervios sensoriales y motores, sobre los que ejercemos un control consciente, los *nervios autónomos* controlan las estructuras de las que no somos conscientes. Los hay de dos tipos: los *nervios simpáticos* nos excitan y aumentan el flujo sanguíneo a los músculos por efecto de la adrenalina neuroquímica, lo que a veces se denomina «respuesta de lucha o fuga». Los *nervios parasimpáticos* conectan con el aparato digestivo, los intestinos y diversos órganos internos, moderando su actividad y contrarrestando el estrés mediante la noradrenalina neuroquímica. Si el organismo pasa demasiado tiempo en modo de «lucha o fuga», es presa de un agotamiento grave y el equilibrio se tiene que restablecer mediante la relajación.

página siguiente, derecha Las hierbas relajantes ayudan al sistema nervioso a regenerarse.

página siguiente, izquierda Una dieta sencilla y saludable favorece la acumulación de energía y fomenta una sensación de bienestar.

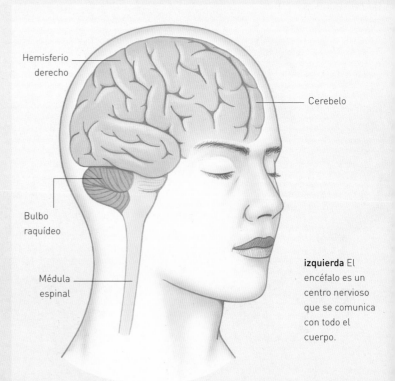

Hemisferio derecho

Cerebelo

Bulbo raquídeo

Médula espinal

izquierda El encéfalo es un centro nervioso que se comunica con todo el cuerpo.

Tipos de hierbas beneficiosos para el sistema nervioso

• **Regeneradores nerviosos,** como la avena y la borraja, para nutrir el sistema nervioso.

• **Sedantes,** como la manzanilla y la melisa, para favorecer la relajación y mejorar el sueño.

• **Estimulantes,** como el romero y la menta, para recuperar la energía y mejorar la concentración (aunque hay que saber relajarse, también hay que estar a la altura de las exigencias de la vida cotidiana).

Remedios para el sistema nervioso

La vida moderna obliga al sistema nervioso a estar siempre alerta. Las preocupaciones, las presiones, los plazos límite, los desplazamientos, comer demasiado deprisa o saltarse comidas, además de la sobreestimulación constante de nuestros sentidos de la vista, el oído, el gusto, el tacto y el olfato, todo eso desafía a diario a nuestro organismo. Existe un nivel de estrés necesario y saludable, pero si es excesivo nuestras emociones se desbordan y nuestro sistema inmunitario puede empezar a acusar desequilibrios.

No sirve de nada recurrir a las hierbas ni a ningún otro método terapéutico natural sin revisar también nuestro estilo de vida. Comer con calma, con el televisor apagado, y cenar varias horas antes de acostarse es un buen comienzo. Consumir productos integrales y frutas y verduras frescas, que aportan gran cantidad de vitaminas del grupo B y vitamina C, también nos ayuda a recobrar la salud. Dedicar 15 minutos dos veces al día al yoga, respirar hondo, la meditación o la visualización ayudan al sistema nervioso parasimpático a reequilibrar el organismo.

Cefaleas

El dolor de cabeza suele localizarse en torno a los ojos o en la frente y es un signo de estrés mental, fatiga visual o vista cansada. Una infusión de menta y manzanilla a partes iguales ayuda a aliviar el dolor. En la frente se puede aplicar aceite esencial de lavanda puro (un máximo de dos gotas) como analgésico. También puede ir bien tomar infusiones de hierbas de efecto tónico hepático, como el diente de león, para desintoxicar el organismo, y aplicar compresas calientes de menta y lavanda para calmar el dolor de la frente. Consulte a su médico si sufre repetidamente de cefaleas. Y siempre es recomendable revisarse la vista con regularidad.

Migraña

Son cefaleas agudas en un solo lado que pueden irradiar un dolor muy intenso al rostro, además de provocar alteraciones visuales y náuseas. El tanaceto es un remedio reputado contra la migraña y se puede tomar por vía oral en forma de suplemento de hierbas. Comer hojas de tanaceto fresco con pan y mantequilla es un remedio pasado de moda pero eficaz. Una infusión de hierbas como la menta y la valeriana es analgésica y mitiga las náuseas. Revise su dieta y prescinda de los alimentos que favorecen la migraña, como el queso, el chocolate o el vino tinto, y no abuse del azúcar. Además, procure contrarrestar el estrés con baños relajantes y yoga o meditación. Consulte a su médico si los síntomas persisten.

Falta de vitalidad

Con el tiempo, el estrés crónico puede menoscabar muy seriamente los niveles de energía. La pasiflora, ya sea en forma de remedio herbal o de tintura, fortalece el sistema nervioso, y el hipérico o la borraja sirven para combatir la sensación de ansiedad y la depresión. Un baño de avena con mejorana y arrayán ayuda a relajarse y renueva el sistema nervioso al final de una dura jornada.

Insomnio

Muchas veces tiene que ver con la incapacidad de desconectar de las preocupaciones del día, pero también puede causarlo una cena demasiado copiosa y que se haya tomado demasiado tarde, lo que hay que evitar a toda costa. Una infusión de flores de lavanda y pasiflora reduce la tensión antes de acostarse. Procure no tomar té o café porque contienen mucha cafeína, que es un potente estimulante nervioso.

derecha Las hierbas de acción eficaz sobre el sistema nervioso alivian el dolor y relajan la mente.

Tanaceto

Borraja

Avena

Menta

Romero

Melisa

Botiquín herbal de primeros auxilios

Hay remedios herbales que resulta muy útil tener en un botiquín de
primeros auxilios para accidentes y heridas leves. Las hierbas pueden ser
un remedio rápido y eficaz si se administran de inmediato, y no suponen
ningún riesgo para los niños. *Shocks* severos, quemaduras, hemorragias
o problemas respiratorios requieren valoración y tratamiento médicos.

Aloe vera El gel de aloe es muy calmante y
refrescante, y útil para tratar quemaduras leves o
solares, sarpullidos, picores y picaduras de ortiga.
La aplicación se puede repetir las veces que haga falta.
Lo mejor es adquirirlo en una buena tienda de dietética.

Árbol del té El aceite esencial es un potente
desinfectante y antimicrobiano. Ponga dos o tres gotas
en un algodón y aplíquelo sobre picaduras de insecto,
granos, forúnculos, verrugas o infecciones fúngicas.
También se puede inhalar (cuatro gotas en 500 ml de
agua hirviendo) en caso de resfriado o gripe para
combatir la infección y despejar el pecho.

Árnica Este pariente de la caléndula se emplea sobre
todo en preparados homeopáticos, ya sea en forma de
gránulos o de pomada. Tomada por vía oral o aplicada
sobre la piel de inmediato, ayuda a reducir las
moraduras, el dolor y la hinchazón después de un
traumatismo localizado. No hay que aplicarla si hay
herida. Los gránulos también se pueden tomar antes
de una operación para minimizar los hematomas.

Caléndula Las flores, frescas o secas, son un buen
remedio herbal en los primeros auxilios. La pomada de
caléndula comercializada es muy útil, y se puede hacer
una pomada o un bálsamo casero (véanse las páginas

130-131). La infusión concentrada de flores es excelente para limpiar heridas, cortes y rozaduras, y en compresas frías para quemaduras leves o solares y eccemas.

Cola de caballo En infusión concentrada es muy útil para desinfectar cortes profundos y detener la hemorragia, y también se puede aplicar en compresas.

Consuelda En infusión convencional sirve para desinfectar y limpiar cortes o arañazos. En pomada, para tratar contusiones, torceduras y fracturas.

Equinácea Es esencial en el botiquín. La tintura se utiliza sobre todo como desinfectante antimicrobiano (treinta gotas en 200 ml de agua) y para fortalecer las defensas en caso de infección. En invierno se toma para prevenir los resfriados y la gripe.

Eufrasia Las hojas y las flores, frescas o secas, sirven para preparar una infusión que, en compresa, tiene una acción muy calmante de problemas oculares tales como irritación, inflamación o picor.

Lavanda El aceite esencial es excelente para tratar quemaduras, cortes, rozaduras, picaduras de insecto y dolores de cabeza (un algodón impregnado con dos o tres gotas y aplicado directamente).

Manzanilla La infusión es una excelente loción limpiadora, y en compresas frías alivia el picor, las inflamaciones cutáneas o el eccema. También se puede tomar como calmante en caso de insomnio y tensión.

Remedio de rescate *(rescue remedy)* Este preparado de cinco remedios de flores de Bach es un tratamiento muy eficaz para estados de *shock* y ansiedad (se ponen cuatro gotas debajo de la lengua, o bien se mezclan de cuatro a seis gotas con 200 ml de agua y se van tomando despacio a sorbitos).

Catálogo de
hierbas

Introducción al **catálogo**

En este capítulo se recogen 70 hierbas y flores seleccionadas por su fácil cultivo, su uso culinario y su utilidad para la salud, y se ofrecen todos los detalles acerca de sus propiedades y efectos así como sugerencias de preparaciones herbales. Cada descripción contiene la siguiente información clave.

Bayas de enebro

Salvia

Ang

Caléndula

Nombre botánico

Es el nombre en latín de la especie botánica concreta. Precede al nombre común de la planta y le ayudará a identificarla con exactitud cuando vaya a comprarla para plantarla en su jardín o esté buscando un remedio herbal.

Familia botánica

Todas las plantas pertenecen a una familia, identificada por unas características peculiares comunes. Es el nombre que aparece después del nombre común. Algunos ejemplos de familias de hierbas corrientes son los siguientes.

• La familia de las *Compuestas* incluye centenares de especies con flores, como la margarita, la maya común, la caléndula, el árnica y el girasol.
• La familia de las *Labiadas* incluye todas las hierbas aromáticas mediterráneas con hojas lanceoladas, como el romero, el tomillo, la lavanda y la menta.
• La familia de las *Umbelíferas* está integrada por plantas con umbelas, flores diminutas agrupadas en forma de sombrilla vuelta hacia arriba, como el hinojo, el eneldo, el cilantro o la angélica.

Partes útiles de la planta

En este apartado se indica la parte de la planta que se emplea en la cocina o en medicina, es decir, hojas, raíces, corteza, flores, bayas o semillas.

Historia

Este apartado brinda información sobre la historia de la planta relacionada con la medicina y la tradición popular, que a menudo es una prolija fuente de sabiduría adquirida a lo largo de cientos de años.

Descripción y cultivo

Además de la descripción de la planta, datos sobre su cultivo, que incluyen las características del suelo, las condiciones óptimas, los métodos de reproducción, la recolección y la conservación.

Componentes activos

Los ingredientes que se han identificado en la planta por su acción, con sus nombres y efectos.

Precauciones

Pautas para utilizar cada planta sin correr ningún riesgo, sobre todo en medicina y en relación a cuestiones particulares como el embarazo.

Uso culinario

La planta relacionada con su uso en la cocina.

Uso medicinal

Este apartado se ocupa de la utilidad de la planta para la salud y el bienestar y propone formas de tratar síntomas comunes. También se explican los métodos especiales de preparación, si procede.

página siguiente, arriba Frote las picaduras de insecto con hojas de albahaca fresca.

página siguiente, centro Las flores de borraja son ricas en aceite vegetal.

página siguiente, abajo El cebollino aporta un delicado aroma a los platos con queso y huevos.

Alholva

Pimienta negra

Otras observaciones acerca del catálogo

Las hierbas aparecen en orden alfabético por su nombre en latín. Consulte el índice alfabético (páginas 255-256) para buscar las plantas por su nombre común (en **negrita** en el catálogo). Si tiene pensado organizar un jardín de hierbas, consulte el catálogo para saber cuáles se adaptarán mejor (véanse las páginas 24-41).

Las hierbas y arbustos aromáticos y medicinales dan un toque especial a cualquier parterre o arriate, pero es imposible cultivar suficientes plantas en el jardín para extraer los aceites esenciales. Con una o dos matas podrá preparar un bálsamo oleoso de lavanda de suave fragancia, pero si quiere aceites esenciales tendrá que comprarlos en una tienda especializada o de dietética. Lo mismo cabe decir de ciertas tinturas y remedios herbales que es preferible tomar por vía oral en las dosis preparadas en productos comerciales.

Achillea millefolium Milenrama Compuestas

La milenrama se ha usado a lo largo de la historia como rapé y en remedios para detener hemorragias. También se conoce como «altarreina», «aquilea» y «milhojas». En el siglo XVII, Culpeper dijo: «(...) contiene las hemorragias violentas y es excelente para el pelo. Con las hojas se prepara una infusión fuerte que hay que beber a menudo. La pomada elaborada con las hojas se aplica sobre las úlceras (...) y las heridas que supuran en abundancia».

Descripción y cultivo

Planta perenne de hasta 30 cm de alto con hojas de color verde grisáceo en forma de pluma y divididas y tallos largos con racimos planos de florecillas de color rosa cremoso, que están en su mejor momento en julio. Se extiende con rapidez gracias a sus estolones o por semillas. Prospera en casi todos los suelos, al sol o a media sombra. Es mejor cultivarla en maceta para que no se extienda demasiado. Hay variedades ornamentales de flores rojas o amarillas, pero sin valor medicinal.

Partes útiles

Corimbos de flores.

Componentes activos

En las inflorescencias, aceite esencial con azuleno, que se forma durante la destilación y tiñe de azul el aceite. También alcaloides, saponinas, ácido salicílico, aminoácidos y glucósidos, que le dan propiedades analgésicas, antiinflamatorias, astringentes, diaforéticas y tónico-gástricas.

Precauciones

El abuso puede provocar dolores de cabeza y sensibilidad en la piel a la luz directa del sol.

Uso culinario

Ninguno.

Uso medicinal

La infusión de hojas secas o frescas es buena contra los resfriados fuertes o la gripe, sobre todo mezclada con menta y flores de saúco a partes iguales. Como éstas, la milenrama favorece la transpiración y baja la fiebre. Con la infusión fría se pueden limpiar y desinfectar cortes y rozaduras y detener hemorragias. En baños o en pomada, tiene una acción analgésica sobre el reumatismo gracias al azuleno y el ácido salicílico. Las cataplasmas de hojas frescas son excelentes para curar heridas.

Alchemilla vulgaris Pie de león Rosáceas

En el siglo XVI, el botánico Tragus bautizó el pie de león o alquimila con el nombre «manto de la Virgen». Esta planta ha estado asociada a la Virgen María desde la Edad Media porque la forma de las hojas recuerda a una capa. El nombre «alquimila» proviene de la palabra árabe *alkemelych* (alquimia). Antiguamente se creía que las gotas de rocío, brillantes como diamantes, que se acumulan sobre sus hojas tenían poderes mágicos.

Descripción y cultivo

Hierba vivaz de hasta 50 cm de alto, de tallos vellosos y ramificados y hojas aterciopeladas de bordes dentados. Da gran cantidad de florecillas amarillas entre junio y septiembre. Crece en casi todos los suelos, y silvestre en zonas montañosas, laderas y hasta lechos rocosos. Prospera mejor a pleno sol pero tolera algo de sombra. Las flores y hojas se recolectan en junio o julio, cuando están en su mejor momento. Hay que secarlas con cuidado y conservarlas en un lugar oscuro para poder usarlas en invierno.

Partes útiles

Flores y hojas.

Componentes activos

Taninos, aceites esenciales, saponinas, compuestos amargos y ácido salicílico, que le confieren propiedades astringentes, diuréticas, antiespasmódicas, emenagogas y antiinflamatorias.

Precauciones

No hay que utilizarla durante el embarazo.

Uso culinario

Las raíces se comen como hortaliza.

Uso medicinal

La infusión, sobre todo hacia el final del ciclo, alivia los dolores menstruales. También va bien para la diarrea, los espasmos digestivos y la indigestión. Se puede tomar como suplemento (marcas comerciales) para regularizar la menstruación y aliviar los síntomas de la menopausia. Las infusiones concentradas aplicadas sobre la piel sirven para detener hemorragias, limpiar heridas y calmar la piel irritada y las picaduras de insectos. También se puede emplear en pomada para curar heridas. La tintura se utiliza en el norte de Europa contra el insomnio.

Allium sativum Ajo Liliáceas

El ajo es originario de la India y Asia central, aunque hoy se cultiva en todo el mundo. Los romanos ya lo cultivaban. El escritor griego Herodoto cuenta que los constructores de las pirámides egipcias comían mucho ajo.

Descripción de la planta

Hierba perenne con un bulbo dividido en dientes, hojas largas verde oscuro y flores de color blanco verdusco. Hay que plantar los bulbos en otoño en un terreno fértil y en un emplazamiento soleado. Se arrancan el verano siguiente y se secan al sol.

Partes útiles

Dientes.

Componentes activos

Aceite esencial que contiene aliina, sustancia que se descompone al cortar la superficie para producir el ingrediente activo alicina y otros compuestos sulfúricos, todos de acción antibacteriana, antimicrobiana y antivírica. Vitaminas A y C, aminoácidos, aceite graso.

Precauciones

Comer más de dos dientes de ajo fresco al día puede causar descomposición.

Uso culinario

De sabor penetrante, está muy extendido en las cocinas de Europa, Oriente Próximo, la India y Extremo Oriente. En guisos de carne y verduras, pan de ajo, mantequilla de ajo, salsas y sopas.

Uso medicinal

Dos dientes de ajo frescos y picados al día con pan y mantequilla o puré de patatas son un eficaz remedio antivírico en caso de resfriados y gripe. También se puede tomar en cápsulas. Es muy recomendable durante los meses de invierno para prevenir la gripe, la tos, las infecciones de pecho, la bronquitis y la falta de defensas en general. Es beneficioso en la dieta o como suplemento en para la hipertensión y el colesterol, y para aclarar la sangre en caso de enfermedades circulatorias (consulte a su médico si padece una o más de estas afecciones y quiere beneficiarse de las propiedades medicinales del ajo).

Allium schoenoprasum Cebollino Liliáceas/Aliáceas

El cebollino es el miembro más pequeño de la familia de la cebolla y está estrechamente emparentado con el ajo, el puerro y el chalote. Es originario de Europa y crece desde latitudes septentrionales hasta Córcega y Grecia. Los romanos ya lo cultivaban. La palabra latina *schoenas* significa junco. El cebollino recuerda por su aspecto a una gramínea. El nombre de «cebollino» proviene del latín *cepa,* que significa cebolla.

Descripción y cultivo

Esta resistente planta vivaz crece de bulbos. Las delgadas hojas aromáticas miden unos 30 cm. A principios de verano aparecen unas flores globulares de color púrpura rosáceo que resultan muy atractivas para las abejas y los sírfidos. Una vez arraigado se puede reproducir dividiendo los bulbos a principios de primavera u otoño. Las hojas frescas se pueden ir cortando para su uso culinario hasta la llegada de las primeras heladas. Es una hierba ideal para un arriate y también crece bien en maceta. Tolera casi todos los suelos pero necesita riego asiduo y un regular aporte de nutrientes.

Partes útiles

Hojas.

Componentes activos

Aceite esencial con compuestos de azufre, que tiene una acción tónico-digestiva y estimulante.

Precauciones

Nada que destacar.

Uso culinario

El cebollino es perfecto para condimentar platos de huevo o queso, como tortillas. También está muy bueno con puré de patatas o mezclado con mantequilla fundida por encima de unas patatas nuevas. Aporta un delicado aroma a cebolla a sopas, salsas y aliños de ensalada, y se puede incorporar en ensaladas de hojas variadas y de pepino o tomate.

Uso medicinal

Aunque el cebollino no se utiliza con fines medicinales, como todos los miembros de la familia de la cebolla, ejerce un efecto beneficioso sobre la circulación y la digestión gracias a los compuestos de azufre que contiene.

Aloe vera Aloe vera Liliáceas

Dioscórides, uno de los padres griegos de la fitoterapia, ya conocía el aloe hacia el año 78 d.C. La planta aparece mencionada en libros de medicina del norte de Europa en el siglo X y en tiempos de los anglosajones en Inglaterra. Se cree que llegó a esas latitudes a través de las rutas comerciales procedentes de Egipto y África. El aloe es originario del este y el sur de África y fue introducido con éxito en las Antillas en el siglo XVII, donde sigue siendo un cultivo muy extendido y utilizado en la medicina natural jamaicana.

Descripción y cultivo

Es una planta sin tallo, con hojas gruesas y carnosas que contienen unos receptáculos llenos de un gel que rezuma al cortarlas. Rara vez florece y alcanza entre 60 y 100 cm de altura. Para poder recoger el gel, la planta tiene que tener tres años. En climas fríos hay que cultivarla en maceta en invernadero, en un sustrato bien drenado y a una temperatura mínima de 5 ºC. En los climas cálidos se puede cultivar al aire libre.

Partes útiles

Hojas.

Componentes activos

El gel contiene saponinas antiinflamatorias y antraquinonas antimicrobianas, vitaminas C y E, ácido salicílico calmante y minerales.

Precauciones

No se conoce ninguna contraindicación de la aplicación del gel sobre la piel. La ingestión debería evitarse durante el embarazo y la lactancia materna. El gel de aloe sólo se debe aplicar sobre heridas muy limpias y no infectadas, porque la acción cicatrizante es muy rápida.

Uso culinario

Ninguno.

Uso medicinal

El gel de aloe vera sobre la piel calma quemaduras solares y leves, picores, erupciones, cortes, eccemas, soriasis, herpes y cualquier inflamación de la piel. Se suele mezclar con zumo de pepino, y de esa forma se puede beber para fortalecer las defensas, la función digestiva y afecciones como el síndrome del colon irritable, la colitis o la enfermedad de Crohn. Se puede adquirir en tiendas de dietética en gel o en zumo. En el Caribe parten las hojas frescas y las aplican directamente sobre la piel.

Anethum graveolens Eneldo Umbelíferas

En el siglo I d.C., Dioscórides escribió acerca de algo llamado *anethon,* y se cree que se refería a esta hierba. El eneldo se ha usado por sus propiedades curativas desde la alta Edad Media, y su nombre en inglés, *dill,* proviene del escandinavo *dilla,* calmar, en alusión a las propiedades calmantes digestivas de la planta. Se creía que contrarrestaba los conjuros de las brujas. Culpeper dijo de él: «(...) estoy seguro de que fortalece la mente (...) la semilla es más útil que las hojas y más eficaz para digerir humores crudos y viciados (...)».

Descripción y cultivo

El eneldo es muy parecido al hinojo, pero anual y no tan alto. Crece hasta 1 m de altura, con un solo tallo y hojas aromáticas plumadas. Tiene umbelas de flores pequeñas y amarillas, y semillas ovaladas y planas que se plantan a finales de la primavera. La planta necesita una tierra rica en nutrientes y bien drenada y mucha humedad. Es mejor no plantarlo cerca de hinojo para evitar la polinización cruzada. Las hojas se pueden usar frescas, y las semillas se recogen a finales del verano (véase la página 60).

Partes útiles

Hojas y semillas.

Componentes activos

Aceite esencial rico en carvona y limoneno, además de aceite graso, taninos y mucílago. El aceite esencial se extrae por destilación al vapor y se emplea en la industria farmacéutica. El eneldo tiene propiedades tónico-digestivas y antiespasmódicas, y es ligeramente sedante.

Precauciones

Nada que destacar.

Uso culinario

Las hojas frescas dan un delicado aroma anisado a sopas, salsas y platos de pescado, y también se utiliza en encurtidos y *chutneys.* Queda bien en ensaladas de pepino y platos de huevo o queso.

Uso medicinal

La infusión preparada con las hojas tiene una acción digestiva muy suave, y pueden tomarla hasta los niños mayores de cinco años. Va bien para la indigestión provocada por el estrés, los calambres gástricos y los gases. También alivia el estreñimiento. Las semillas molidas se utilizan en la medicina india contra la diarrea, y las semillas frescas se mastican para perfumar el aliento.

Angelica archangelica Angélica Umbelíferas

La angélica ha sido venerada desde la Antigüedad por combatir las infecciones y purificar la sangre. La sabiduría popular la relacionaba con los arcángeles Miguel y Gabriel. Durante la epidemia de peste bubónica del siglo XVII, la gente masticaba las raíces de esta planta para protegerse de la infección. Además, en la fitoterapia tradicional se prescribe como remedio depurativo y desintoxicante.

Descripción y cultivo

La angélica alcanza entre 1,2 y 2,4 m de altura y crece en suelos fértiles y húmedos a pleno sol. Tiene los tallos huecos, hojas grandes de un verde pálido y umbelas globulares de flores amarillentas, a las que suceden semillas planas. En agosto se plantan las semillas maduras, o se reproduce por división de las raíces. Para recolectar las raíces, arránquelas en el otoño del primer año, lávelas, séquelas y guárdelas en tarros herméticos. Las hojas y los tallos se recolectan en junio. Los corimbos se recogen a finales de verano y se cuelgan cabeza abajo sobre paños de cocina en un lugar cálido y seco. Las semillas tienen que estar bien secas para guardarlas en tarros herméticos.

Partes útiles

Raíces, hojas, semillas y tallos.

Componentes activos

Las raíces y las semillas contienen aceite esencial, glucósidos, ácidos orgánicos, amargos, taninos y azúcares. Así pues, la planta es tónico-digestiva, antiespasmódica y expectorante.

Precauciones

Puede provocar sensibilidad cutánea a los rayos UVA, por lo que hay que evitar la exposición prolongada a la luz solar cuando se consume con fines terapéuticos. No se recomienda durante el embarazo (puede causar contracciones uterinas).

Uso culinario

Los tallos jóvenes se pueden caramelizar con azúcar. Las semillas y las raíces se emplean para la elaboración de licores, como el Benedictine.

Uso medicinal

La raíz fresca o seca en infusión va bien para la tos y los catarros y hace bajar la fiebre. Calma los dolores digestivos. Añadir raíz fresca o seca al agua de baño alivia los dolores reumáticos.

Anthriscus cerefolium Perifollo Umbelíferas

El perifollo era una planta medicinal muy apreciada en la Edad Media por su acción depurativa de los riñones y el hígado. También se usaba para lavados oculares. Es un ingrediente esencial de las mezclas tradicionales de hierbas para preparar los ramilletes con los que se aromatizan ciertos platos, y hoy día es más conocido por sus usos culinarios que medicinales. Aunque esta hierba también crece silvestre, muchas especies venenosas se le parecen y por eso es mejor comprar las semillas en una tienda de confianza y cultivarla en casa.

Descripción y cultivo

El perifollo es una planta anual resistente, de entre 30 y 60 cm de alto, con hojas de un verde intenso en forma de pluma y umbelas planas de florecillas blancas a principios del verano. Prefiere los terrenos ligeros y húmedos y estar al sol. Es muy fácil de cultivar a partir de semillas, en el jardín, en maceta o en el alféizar de una ventana. Corte los tallos florales para potenciar la producción de hojas.

Partes útiles

Hojas frescas.

Componentes activos

Aceite esencial aromático con propiedades tónico-digestivas.

Precauciones

Nada que destacar.

Uso culinario

El perifollo fresco se utiliza mucho en la cocina francesa para hacer sopas, mantequillas a las hierbas, salsas, aliños de ensalada y, sobre todo, en tortillas o platos de huevos. También combina muy bien con pollo. Las hojas deben añadirse al final de la cocción o para adornar a fin de evitar que pierdan el aroma, que es un poco más anisado que el del perejil. El perejil y el perifollo combinan muy bien y se pueden añadir a ensaladas variadas.

Uso medicinal

Ninguno.

Armoracia rusticana Rábano rusticano Crucíferas/Brasicáceas

Tanto las raíces como las hojas del rábano rusticano se han utilizado mucho en fitoterapia y en la cocina en todo el continente europeo desde la Edad Media. Por los escritos del herbolario del siglo XVI Gerard se sabe que en aquella época, en Inglaterra, se consideraba un simple aderezo. En 1640 Parkinson lo describió como un condimento de sabor penetrante muy apreciado por los hombres trabajadores. En el siglo XVIII se inscribió en Londres como remedio medicinal.

Descripción y cultivo

Planta vivaz con una raíz central muy carnosa y hojas gruesas y grandes que brotan de la base del tallo. Tiene un corimbo compuesto por numerosas florecillas blancas que aparecen en verano. Prefiere los terrenos húmedos y es de crecimiento vigoroso, por lo que una vez arraigada es casi imposible de erradicar. Las raíces se pueden arrancar en otoño y usar frescas, y da hojas durante todo el año.

Partes útiles

Hojas y raíces.

Componentes activos

Aceite esencial con glucósidos de mostaza, resina, enzimas y vitamina C, que estimulan la digestión y son laxantes y expectorantes.

Precauciones

Contraindicada para personas de piel sensible o con propensión alérgica. No comer en caso de úlcera gástrica. No utilizar como remedio en caso de hipotiroidismo o si se está tomando tiroxina.

Uso culinario

La salsa de rábano rusticano hecha con crema de leche y vinagre es un acompañamiento típico del *roast beef* y de otras carnes fuertes o pescados grasos para favorecer la digestión. Las hojas tiernas dan un toque ligeramente picante a las ensaladas de hojas variadas.

Uso medicinal

El rábano rusticano es un estimulante circulatorio y antiséptico muy potente, como la mostaza. Con la raíz fresca se puede preparar un jarabe contra la tos, los resfriados y las afecciones de pecho, además de un tónico general. La cataplasma de raíz rallada alivia los dolores reumáticos, pero hay que tener en cuenta las precauciones mencionadas más arriba.

Artemisia dracunculus Estragón Compuestas/Asteráceas

Esta planta también se conoce como «dragoncillo», quizá porque sus raíces se enroscan como serpientes, o tal vez por la antigua creencia de que curaba todo tipo de mordeduras y venenos. Originario de Rusia meridional y de Siberia, los árabes lo apreciaban mucho y se difundió en Occidente después de las Cruzadas. En el siglo XVII, John Evelyn recomendaba incluirlo en las ensaladas, y Culpeper lo aconsejaba como tónico menstrual.

Descripción y cultivo

Hierba vivaz de hasta 1 m de altura, con tallos ramificados y hojas verdes, aromáticas, estrechas y alargadas. Da unas flores de un blanco verdoso, pero en los climas fríos no produce semillas, por lo que hay que reproducirla por división de las raíces o esquejes en primavera. Necesita suelos húmedos pero bien drenados y pleno sol. Es preferible recolectar los tallos justo antes de que se abran las flores, en un día seco. Para secarlos, cuélguelos boca abajo y luego separe con cuidado las hojas. También es el mejor momento de recolección para preparar un vinagre aromatizado.

Partes útiles

Tallos en flor.

Componentes activos

Además de amargos y taninos en las hojas, contiene un potente aceite esencial con aromas químicos muy penetrantes entre los que destaca el estragol, que es abortivo. Por lo demás, tiene propiedades depurativas y hepáticas.

Precauciones

No debe utilizarse con fines médicos durante el embarazo, y sólo con suma moderación en la comida debido a su contenido en estragol.

Uso culinario

Se añade a platos de huevo, queso, carne, patés, pescado, ensaladas de hojas y aliños, vinagres y aceites aromatizados y mantequillas de hierbas. También realza el sabor de raíces como la chirivía o la zanahoria. Muy usado en la cocina francesa. Para condimentar un plato basta con 3 o 4 hojas frescas o 2,5 g/½ cucharadita de estragón seco.

Uso medicinal

La infusión de hojas frescas o secas se puede usar para enjuagarse la boca en caso de dolor de muelas, encías inflamadas o aftas bucales.

Avena sativa Avena Gramináceas

En el siglo XII, la abadesa, mística y médica alemana Hildegarda de Bingen consideraba la avena un nutriente valiosísimo, sólo por detrás de la espelta *(Triticum vulgare)*. Recomendaba comerla en gachas o galletas para aumentar las reservas de energía, sobre todo en épocas de debilidad o enfermedad. En el siglo XVI, Gerard menciona la difusión del uso de la avena en todo el norte de Inglaterra, sobre todo gracias a los pasteles de avena típicos de Escocia. En el siglo XVII, Culpeper escribió: «Comer avena hervida en vinagre quita las pecas y los granos de la cara». La avena se utiliza desde hace mucho tiempo para suavizar la piel.

Descripción y cultivo

Es una gramínea que alcanza 1,2 m, con los tallos huecos y nudosos y corimbos de flores que se transforman en las semillas, con las que se fabrica la harina. La avena es un cereal de importancia comercial que se cultiva en todo el mundo. Para uso medicinal, procure comprar avena de cultivo biológico a fin de evitar ingerir herbicidas o residuos químicos.

Partes útiles

Semillas (harina de avena).

Componentes activos

Saponinas (en abundancia), alcaloides, flavonoides, almidón, proteínas, grasas y minerales, entre ellos sílice, hierro, calcio, cobre, magnesio y cinc, que le confieren propiedades depuradoras, digestivas, tónicas, fortalecedoras nerviosas y estimuladoras del apetito.

Precauciones

La avena no es recomendable para personas alérgicas al gluten (celíacas).

Uso culinario

En gachas o en galletas, pan o pasteles.

Uso medicinal

Un baño con 45 g/3 cucharadas de harina de avena envuelta en una bolsa de gasa y colgada del grifo es muy relajante para la piel. Las mascarillas faciales (véanse las páginas 162-163) de harina de avena también sirven para limpiar el cutis. La infusión de avena suaviza la garganta y mejora la tos de pecho, además de ser un tónico nervioso para el estrés o la ansiedad. Las compresas calientes impregnadas en infusión ayudan a reventar forúnculos o abscesos y alivian el picor. Tomar tintura de avena ayuda a combatir los altos niveles de estrés y el insomnio.

Borago officinalis Borraja Borragináceas

El herbolario John Gerard dijo de esta hierba silvestre que hacía felices a los hombres, en alusión a sus cualidades antidepresivas. Afirmó: «Ayuda a ahuyentar toda la tristeza, apatía y melancolía». A principios del siglo XIX, los brotes tiernos de la borraja se comían como verdura temprana de primavera, y las hojas, en ensalada. Las flores se garrapiñaban con fines ornamentales. En la actualidad, las semillas de borraja se cultivan para producir un aceite vegetal de propiedades similares al aceite de onagra que se toma como suplemento dietético para fortalecer la piel y el sistema hormonal.

Descripción y cultivo

La borraja es un arbusto que aún crece silvestre en bosques y terrenos baldíos. Mide de 60 a 90 cm. Sus tallos y hojas están cubiertos de vello y son huecos, y a partir del mes de junio da unas flores azules en forma de estrella. Atrae mucho a las abejas. Siembre las semillas en marzo en un suelo húmedo pero bien drenado y a pleno sol. Una vez arraigada, se reproduce sola cada año por germinación de las semillas.

Partes útiles

Flores, hojas y aceite de las semillas.

Componentes activos

Alto contenido en mucílago en las hojas, además de taninos, saponina y minerales que le confieren propiedades reconstituyentes y calmantes; los ácidos grasos de las semillas son beneficiosos en caso de fluctuaciones hormonales.

Precauciones

Nada que destacar.

Uso culinario

Las hojas jóvenes tienen un sabor parecido al pepino y están buenas en ensalada o mezcladas con vino o ponche de verano. Con las flores caramelizadas se adornan pasteles, y frescas aportan un color insólito a las ensaladas.

Uso medicinal

La infusión convencional de hojas y flores frescas ayuda a bajar la fiebre y alivia las indigestiones. La infusión concentrada de flores y hojas frescas puede servir de loción limpiadora, enjuague bucal o para gárgaras de acción antiinflamatoria. Tomar tintura de borraja ayuda a vencer el estrés crónico. El aceite se vende en cápsulas para tomar por vía oral si se tiene la piel seca, o por sus efectos compensadores del sistema hormonal durante la menopausia.

Calendula officinalis Caléndula Compuestas

La caléndula se conoce en Italia como *fiore d'ogni mese,* «flor de todos los meses», porque florece con regularidad a lo largo de todo el año. Antiguamente se decía que mirar las flores doradas fortalecía la vista, y con ellas se hacían colirios calmantes. La caléndula figura en un antiguo herbario del siglo XVIII como planta beneficiosa para la ictericia, las cefaleas, el dolor de muelas y el fortalecimiento del corazón.

Descripción y cultivo

La caléndula es una planta anual de crecimiento bajo (50 cm de alto) con hojas vellosas y un tanto pegajosas y flores de color naranja que florecen de finales de primavera a principios de otoño. Para su uso medicinal hay que plantar esta especie en concreto. Es fácil de cultivar en un lugar soleado o a media sombra, y tolera casi todos los suelos. Las flores muertas se cortan para que florezcan otras. Una vez ha arraigado, se reproduce sola por germinación de las semillas.

Partes útiles

Flores.

Componentes activos

Saponina, flavonoides, amargos, mucílago, resina y aceite esencial, con propiedades depurativas, antisépticas, astringentes, amargas, diaforéticas, diuréticas, vulnerarias y reconstituyentes.

Precauciones

No indicada para uso interno durante el embarazo.

Uso culinario

Los pétalos pueden dar un bonito toque amarillo a arroces, bollos, pasteles y tartas de queso.

Uso medicinal

La infusión ayuda a eliminar toxinas por el sudor, por ejemplo durante la gripe, y calma las molestias del aparato digestivo. La saponina y los flavonoides la hacen muy eficaz en pomada como tónico venoso, para venas rotas, varicosas o hemorroides; con un suave masaje, combate la pesadez y los calambres en las piernas. Tiene una suave acción favorecedora del estrógeno y es eficaz para el síndrome premenstrual y la menstruación irregular, tanto en infusión como en tintura. Es un potente remedio dermatológico para detener hemorragias, desinfectar heridas, prevenir infecciones y favorecer la regeneración de los tejidos.

Calluna vulgaris/Erica vulgaris Brecina Ericáceas

La brecina silvestre se usa en fitoterapia por su acción sedante y desintoxicante de los riñones y el aparato urinario. Es originaria del norte de Europa, el norte de África y el este de Norteamérica. El nombre de *calluna* proviene del griego «limpiar», en alusión a su acción desintoxicante. De las flores se extraía un colorante amarillo anaranjado para teñir tejidos.

Descripción y cultivo

Arbusto resistente con tallos de hasta 60 cm de alto, hojas triangulares superpuestas y muy pequeñas y espigas de flores de color rosa fuerte que florecen de julio a septiembre. Hay muchas variedades ornamentales, pero sólo las especies silvestres se usan con fines medicinales. Abunda en pantanos, páramos, laderas y brezales. Se puede cultivar a partir de semillas y precisa suelos ácidos y muy húmedos a pleno sol. Las flores se pueden recoger a finales de verano y usar frescas, o colgar cabeza abajo en manojos para que se sequen antes de guardarlas para el invierno. La brecina es ideal para el jardín porque atrae abejas, mariposas y otros insectos beneficiosos. La miel de sus flores tiene un sabor exquisito.

Partes útiles

Brotes en flor frescos.

Componentes activos

Los tallos en flor contienen glucósidos, arbutina (de acción diurética), taninos, ácido cítrico y resina, lo que le confiere propiedades antiinflamatorias, desintoxicantes y sedantes.

Precauciones

Nada que destacar.

Uso culinario

Ninguno.

Uso medicinal

Los baños calientes alivian dolores reumáticos y mejoran la mala circulación, y se puede añadir a una pomada para masajes en las articulaciones o zonas afectadas. En infusión dos veces al día, es útil por su acción diurética y antiséptica urinaria para la retención de líquidos, la gota, la cistitis y la prostatitis. Para un baño sedante y relajante muscular, ponga brecina, lavanda y mejorana frescas en una bolsa de gasa y cuélguela del grifo.

Centaurea cyanus Aciano Compuestas

También llamado «azulejo». El nombre de *centaurea* hace referencia al famoso Quirón, mitad hombre, mitad caballo, el centauro de la mitología griega que conocía los poderes curativos de las plantas, y *cyanus* significa «azul». Antaño solía crecer en los trigales, pero hoy los herbicidas químicos lo han hecho desaparecer de los campos de cereales. Cuando los campos se segaban a mano, los duros tallos del aciano le valieron el nombre de «rompe-hoces» porque estropeaban el filo de esas herramientas. Antiguamente, de las flores se obtenía un colorante azul y tinta para escribir.

Descripción y cultivo

Las hermosas flores azules en forma de estrella son muy llamativas en un arriate. Es una planta anual que alcanza los 80 cm de alto y tiene hojas plumadas y tallos duros. Las flores se desarrollan en tallos largos para sobresalir entre los cereales y tienen unas cabezuelas en forma de margarita con unos llamativos pétalos azules en torno al centro púrpura. Es muy fácil de cultivar en el jardín a partir de semilla, al final de la primavera, cuando ya no haya peligro de heladas, y también crece bien en macetas. Plántela en un suelo bien drenado a pleno sol. Las flores se pueden usar frescas o secas.

Partes útiles

Flores.

Componentes activos

Las flores contienen pigmentos azules, saponinas, mucílago y taninos que confieren a la planta propiedades diuréticas, depurativas y antiinflamatorias.

Precauciones

Nada que destacar.

Uso culinario

Ninguno.

Uso medicinal

La infusión concentrada de las flores se puede utilizar para baños oculares y como colirio para los ojos cansados e inflados y los orzuelos, o como enjuague bucal para las aftas. La infusión convencional de aciano, menta y manzanilla a partes iguales tiene una acción calmante y está indicada para las indigestiones y el estreñimiento. Las flores mezcladas con otras hierbas de baño limpian y suavizan la piel.

Cinnamomum zeylanicum Canelo Laureáceas

La canela se aprecia desde tiempos bíblicos como sahumerio, y tanto en medicina como en la cocina. En la medicina oriental es un remedio tradicional para los problemas respiratorios, inmunológicos, digestivos y menstruales. Los portugueses monopolizaron el comercio de esta especia originaria de Sri Lanka en el siglo XVI, y en el XVII les siguieron los holandeses. También crece en el sur de India y Malasia, y hoy se cultiva en el Caribe.

Descripción y cultivo

El canelo es un árbol que puede llegar a medir 9 m de alto y tiene una corteza marrón delgada como papel, hojas verdes duras y brillantes, flores de un blanco cremoso y bayas azules ovaladas. Requiere un terreno arenoso, un clima tropical con lluvias abundantes, mucho sol y una temperatura mínima de 15 ºC. La especia comercializada es la corteza interna seca de los brotes jóvenes. Los árboles se podan a ras de suelo para estimular los rebrotes.

Partes útiles

Corteza interna.

Componentes activos

Aceite esencial aromático extraído por destilación, rico en eugenol (aroma similar al del clavo) y otras sustancias químicas aromáticas como el pineno y el cineol (aromas medicinales) que le confieren un efecto reconfortante, antiséptico y tónico-digestivo.

Precauciones

El aceite esencial no está indicado para pieles sensibles o propensas a padecer alergias ni para su inhalación en caso de asma. La especia seca es muy suave y carece de contraindicaciones.

Uso culinario

La canela, entera o molida, tiene un sabor suave, dulce y penetrante que combina muy bien con manzanas y peras cocidas y con el vino especiado. También es muy sabrosa en pasteles y galletas.

Uso medicinal

Una infusión de canela molida o en rama con una rodaja de limón y 5 g/1 cucharadita de miel es excelente para la garganta irritada, los resfriados o las primeras etapas de la gripe. También va muy bien para los empachos. El aceite esencial se utiliza en aromaterapia para dar masajes que alivien los dolores musculares y los problemas digestivos.

Coriandrum sativum Cilantro Umbelíferas

En la tumba de Tutankhamón, que data de hacia 1300 a.C., se hallaron semillas de esta planta. Con semillas y hojas aún se aderezan en Egipto sopas y pan. Las semillas de cilantro se mencionan en la Biblia (Éxodo 16:31), en la descripción del maná que Dios envió desde el cielo. Ya Plinio el Viejo hablaba del *coriandrum* en el siglo I d.C., y escribió que las especies de mejor calidad provenían de Egipto. Los chinos creían que las semillas otorgaban longevidad y utilizaban la planta entera para tratar las hemorroides, las náuseas y los dolores de muelas.

Descripción y cultivo

Planta anual de hasta 60 cm de alto con hojas plumadas divididas y umbelas de flores de un rosa blancuzco que dan paso a semillas crestadas. Es muy fácil de cultivar a partir de semillas y hay que plantarlo en el jardín al final de la primavera en un suelo fértil y bien drenado, a pleno sol. Corte los tallos florales para estimular al máximo la producción de hojas. Las semillas se recolectan al final del verano (véase la página 60).

Partes útiles

Hojas y semillas.

Componentes activos

Las hojas y las semillas contienen taninos, azúcar y vitamina C. Las semillas son ricas en aceite esencial, que se extrae por destilación al vapor. El cilantro tiene propiedades antiespasmódicas y tónico-digestivas.

Precauciones

Nada que destacar.

Uso culinario

Fresco y picado, es un aderezo delicioso para *currys*, ensaladas y aliños. Con las semillas se sazonan *currys*, encurtidos, *chutneys*, panes y pasteles. Para preparar un *curry* sencillo mezcle 30 g de jengibre seco, 30 g de semillas de cilantro, 30 g de semillas de cardamomo, 5 g/1 cucharadita de cayena molida y 30 g de cúrcuma molida. Májelo en un mortero hasta obtener una mezcla muy fina y guárdelo en un tarro hermético.

Uso medicinal

Las semillas tienen una acción medicinal muy potente. La infusión convencional calma el dolor espasmódico por indigestión o gases y ayuda a digerir las comidas grasas. El aceite esencial se utiliza en aromaterapia para masajes en caso de dolor muscular e indigestión por estrés.

Cucumis sativus Pepino Cucurbitáceas

Hace al menos 3.000 años que se cultivan pepinos. Los romanos los comían crudos y cocidos. El escritor Plinio el Viejo observó que el pepino no faltaba nunca en la mesa del emperador Tiberio. Esta hortaliza era muy apreciada en Egipto tanto para la cocina como en medicina, en especial por sus propiedades refrescantes. El pepino ya se conocía en Inglaterra en la corte del rey Eduardo III, en el siglo XIV, y su cultivo se extendió en el siglo XVII. Gerard dice del pepino que es refrescante «para todo tipo de (...) granos, rozaduras y similares (...)» y antiinflamatorio para el acné.

Descripción y cultivo

El pepino es de la misma familia botánica que el calabacín, el melón y la calabaza. Es una planta rastrera anual de hojas triangulares y flores amarillas que dan lugar a los frutos, alargados y de piel verde, carne blancuzca jugosa y semillas blancas. Si la temperatura desciende por debajo de 10 ºC hay protegerlo con campanas de cristal. Se puede cultivar por semillas y necesita un suelo fértil y húmedo y suficiente agua. Los pepinillos se pueden emparrar con cañas en maceta.

Partes útiles

Todo el fruto.

Componentes activos

El pepino se compone de agua en más de un 90 %, y es hidratante y refrescante. Contiene vitaminas C y del complejo B, calcio, fósforo y hierro.

Precauciones

Nada que destacar.

Uso culinario

El pepino crudo es delicioso en ensalada o con yogur natural para refrescar la boca después de comer *curry*. El zumo de pepino, apio, zanahoria y manzana es una bebida tonificante y muy nutritiva. Bébalo diluido con agua a partes iguales.

Uso medicinal

Las rodajas de pepino fresco sobre quemaduras solares, cortes o pieles irritadas tienen un efecto muy calmante. Las rodajas de pepino recién sacado del frigorífico son un remedio perfecto para los ojos enrojecidos y fatigados. Antes se hacían con pepino jabón, cremas y lociones para blanquear y hacer más fina la piel. Pruebe esta vieja receta: 125 ml de zumo de pepino fresco mezclado con 125 ml de glicerina y agua de rosas. Úselo dos veces al día para limpiar y suavizar la piel. Guárdelo en la nevera.

Curcuma longa Cúrcuma Cingiberáceas

En la India, de donde es originaria, la cúrcuma es una especie esencial en la cocina y un remedio tradicional. Se utiliza en medicina ayurvédica para purificar la sangre y como antiinflamatorio y antiparasitario. Estudios científicos recientes han confirmado sus efectos beneficiosos sobre los intestinos, lo que sugiere que la cúrcuma en la dieta podría ser la responsable de la baja incidencia del cáncer intestinal en la India. También se emplea en el Ayurveda para tratar los problemas digestivos y de la piel, las heridas y las lesiones cutáneas. La raíz de cúrcuma molida es un sucedáneo barato del azafrán.

Descripción y cultivo

Pariente próximo del jengibre, es una planta vivaz de hasta 1,2 m de alto, con hojas lanceoladas brillantes y terminadas en punta, dispuestas por parejas, y espigas densas de flores amarillas. La raíz, tuberosa, carnosa y amarilla, se hierve, seca y muele. Requiere un suelo bien drenado, húmedo y rico en nutrientes, una atmósfera húmeda y una temperatura mínima de 7 ºC. Se puede cultivar en maceta en invernadero, pero las hojas tienen que estar siempre húmedas. Se reproduce por división de las raíces.

Partes útiles

Raíces.

Componentes activos

El aceite esencial de la raíz es rico en turmerona y otras sustancias químicas aromáticas de acción depurativa, diurética, antiinflamatoria, antiparasitaria y potencialmente antitumoral. La fragancia es almizcleña y agridulce.

Precauciones

Nada que destacar.

Uso culinario

En el *curry* indio para platos de carne y verduras. También para teñir de amarillo el arroz.

Uso medicinal

Una infusión de 2,5 g/$^{1}/_{2}$ cucharadita de cúrcuma molida en 200 ml de leche sirve para combatir los parásitos intestinales, la diarrea y las digestiones pesadas, además de la tos, los resfriados y la irritación de garganta. En la India también se usa como tónico para la anemia, porque contiene mucho hierro. Prepare una pasta con cúrcuma molida, un poco de harina de garbanzo y agua y aplíquela sobre cortes y heridas para acelerar el proceso de curación o sobre la piel para suavizarla y mejorar su aspecto.

Cymbopogon citratus Limoncillo Gramináceas

El limoncillo o hierba limón es un cultivo muy extendido en la India y China, donde se emplea con fines medicinales para bajar la fiebre, en particular la provocada por la malaria, y tratar los síntomas relacionados con el estrés. Se cultiva en jardines tropicales en países como Sri Lanka y las islas Seychelles, y hace relativamente poco que se conoce en Occidente, gracias a la creciente popularidad de las cocinas tailandesa e india, a las que el limoncillo fresco aporta un aroma particular y delicado.

Descripción y cultivo

Es una gramínea de porte alto agrupada en matas de hasta 1,5 m y hojas lineales y con un intenso aroma a limón. Es una planta delicada pero se puede cultivar en maceta en un invernadero siempre que la temperatura no descienda por debajo de 7 ºC. Precisa un suelo húmedo y muy bien drenado con gran cantidad de nutrientes y una humedad alta. Puede hacer falta pulverizar las hojas para mantenerlas húmedas.

Partes útiles

Hojas (hierba).

Componentes activos

Aceite esencial rico en citral, limoneno y otras sustancias químicas con aroma a limón. El aceite se extrae por destilación al vapor y se emplea en perfumería y aromaterapia. Tiene propiedades antiespasmódicas, rubefacientes y tónico-digestivas.

Precauciones

No utilizar el aceite esencial en personas con la piel sensible o propensión alérgica, ni en niños.

Uso culinario

Fresco y picado, se usa en las cocinas tailandesa, malaya e india para aromatizar los platos.

Uso medicinal

El aceite esencial se emplea en aromaterapia para dar masajes abdominales en caso de indigestión o espasmos gástricos, y musculares en caso de dolor, lesiones o mala circulación. Combinado con lavanda y romero es un tónico estupendo para las extremidades débiles y estresadas y para masajes deportivos (3 gotas de aceite esencial de romero, 3 de lavanda y 2 gotas de limoncillo en 20 ml/4 cucharaditas de aceite vegetal). El limoncillo con pachulí es un eficaz repelente de insectos (2 gotas de aceite esencial de limoncillo y 6 de pachulí en 20 ml/4 cucharaditas de aceite vegetal de base).

Daucus carota Zanahoria Umbelíferas

Esta hortaliza aparece mencionada en los escritos del romano Plinio el Viejo en el siglo I d.C. y figura en libros de cocina del siglo II d.C. Las zanahorias se han cultivado en Europa a lo largo de toda la historia conocida. En sus orígenes, las zanahorias eran blancas y muy acres. El cultivo extensivo dio como resultado las variedades color naranja y más dulces que conocemos hoy. Las zanahorias silvestres son más apreciadas en medicina, pero la hierba y las semillas de la variedad cultivada también sirven.

Descripción y cultivo

Esta planta es una hierba bianual de hasta 1 m de alto, con hojas finas y en forma de pluma, densas umbelas de flores de color rosa blanquecino que se transforman en semillas planas y raíces gruesas blancas o color naranja. Requiere un suelo arenoso y bien drenado y un emplazamiento a pleno sol. Las hojas y la parte aérea de la planta se pueden recoger al final de la primavera para preparar infusiones, y las semillas se recolectan y secan al concluir el verano.

Partes útiles

Hojas, semillas y raíces.

Componentes activos

En las hojas y semillas: aceite esencial y alcaloides con propiedades antiespasmódicas y tónico-digestivas. En la raíz: nutrientes como vitamina C, caroteno, azúcares y minerales.

Precauciones

Nada que destacar.

Uso culinario

Las zanahorias son una hortaliza muy popular tanto cruda como cocida. El zumo de zanahoria contiene mucha vitamina C y provitamina A, además de minerales. Mezclado con zumo de manzana a partes iguales es un excelente tónico general.

Uso medicinal

La infusión de hojas, tallos y flores ayuda a desintoxicar el organismo, en particular en caso de retención de líquidos, cistitis o prostatitis. Se recomienda beber una taza pequeña (125 ml) por la mañana y por la noche. La infusión de semillas (5 g/1 cucharadita en 200 ml de agua) es excelente para la indigestión, los gases y el vientre hinchado.

Echinacea purpurea Equinácea Compuestas

La equinácea es originaria de Estados Unidos, donde los indígenas americanos la utilizaban para curar heridas, tratar picaduras de serpiente, aliviar el dolor de muelas y como desinfectante general. Los primeros colonos adoptaron la práctica y usaron la planta para combatir las infecciones del sistema inmunitario. La ciencia moderna ha confirmado las propiedades inmunoestimulantes de la equinácea, que se emplea mucho en fitoterapia por su acción antivírica.

Descripción y cultivo

Planta vivaz de 1,2 m de alto, con una raíz llamada «rizoma» y hojas lanceoladas. Las flores, de color púrpura, tienen una parte central cónica dorada (hay especies con flores de color rosa pálido y blancas). Crece silvestre en praderas y llanuras y necesita un suelo bien drenado y rico en nutrientes y un emplazamiento soleado o a media sombra. Cortar las flores cuando se marchitan estimula la producción de nuevas inflorescencias. Se puede cultivar a partir de semillas en primavera o reproducir dividiendo las raíces.

Partes útiles

Raíces, secas y molidas.

Componentes activos

Las raíces contienen inulina, polisacáridos, aceite esencial, resina, esterol vegetal y ácidos grasos. Se ha demostrado que la equinácea aumenta las defensas del organismo frente a las infecciones.

Precauciones

Nada que destacar.

Uso culinario

Ninguno.

Uso medicinal

Las propiedades inmunoestimulantes la hacen esencial en el tratamiento de resfriados y gripe, así como de enfermedades más crónicas como la fiebre ganglionar o la fatiga postvírica. Estimula la producción de leucocitos, que combaten las infecciones, y por eso se usa en el tratamiento del sida. Es preferible tomarla en cápsulas o tintura comerciales. Con la decocción de raíces frescas se puede preparar una pomada, o limpiar y desinfectar directamente cortes o heridas. Por su acción purificadora sanguínea, es útil en pequeñas dosis y durante periodos de tiempo prolongados, pero siempre bajo la supervisión de un herbolario.

Elettaria cardamomun Cardamomo Cingiberáceas

Esta planta es originaria de la India, donde recibe el nombre de *elattari*. Se ha usado durante siglos en medicina ayurvédica como tónico respiratorio, estimulante circulatorio y tónico adrenal. Se conoce como «cardamomo» desde la Grecia clásica; en el siglo I d.C., Dioscórides lo incluyó en su *Herbario,* en el que aparecen muchas especies exóticas.

Descripción y cultivo

El cardamomo es de la misma familia que el jengibre. Tiene un rizoma carnoso grande que produce tallos de 2 a 3 m de altura y elegantes hojas lanceoladas. En la base de la planta salen unas pequeñas flores amarillas y violetas que se transforman en las vainas verdes que contienen las aromáticas semillas de color negro brillante. El cardamomo crece bien en invernaderos con una temperatura mínima de 18 ºC y en suelo fértil y bien drenado a media sombra. Se reproduce por semillas o división de las raíces. Se importa de la India y Extremo Oriente, en las vainas o molido.

Partes útiles

Semillas.

Componentes activos

Aceite esencial, mucílago y resina, que le dan propiedades antiespasmódicas, reconfortantes, estimulantes de la circulación y tónico-digestivas.

Precauciones

Nada que destacar.

Uso culinario

El cardamomo es un ingrediente clave de la cocina india que forma parte del *curry*, una aromática mezcla de especias que también lleva jengibre, semillas de cilantro, pimienta negra y comino. También se toma en infusión y se utiliza para aromatizar helados y dulces.

Uso medicinal

En la medicina ayurvédica, la infusión se receta para resfriados, gripe, tos y sinusitis. Con 5 g/1 cucharadita de vainas hervidas en 250 ml de leche se hace una bebida aromática relajante para antes de acostarse en invierno. El aceite esencial de cardamomo se emplea en aromaterapia para masajes en caso de problemas respiratorios y mala circulación, y para fortalecer las defensas.

Equisetum arvense Cola de caballo Equisetáceas

Las plantas de la familia de las Equisetáceas son parientes próximas de los helechos. En el periodo Carbonífero sus antepasados eran grandes como palmeras; los equisetos habitan la Tierra desde hace al menos 200 millones de años. Esta especie crece silvestre en tierras baldías, bosques y prados húmedos, y en general se considera una mala hierba. Sin embargo, tiene unas propiedades curativas muy potentes. Refiriéndose a sus efectos vulnerarios, en el siglo XVII Culpeper dijo de ella: «Suelda heridas frescas (...) el zumo o agua destilada sirve para tratar inflamaciones, pústulas o ronchas rojas (...)».

Descripción y cultivo

Planta vivaz resistente que llega a medir 50 cm de alto. Tiene unos tallos marrones que producen unos conos de los que se desprenden las esporas. Este método de reproducción es parecido al de los helechos. Los tallos verdes son estériles. Crece preferentemente en condiciones de humedad al sol o a media sombra. Se puede reproducir por división de las raíces, pero una vez arraigada en el jardín es imposible de erradicar. Es preferible buscar un lugar alejado del tráfico donde crezca silvestre y recolectarla entre junio y julio. Se puede secar para el invierno.

Partes útiles

Tallos frescos o secos.

Componentes activos

Contiene sílice en abundancia (hasta el 70%), saponinas, alcaloides, flavonoides y minerales que le confieren propiedades diuréticas, nutritivas y astringentes.

Precauciones

Usar con precaución en pieles sensibles o con propensión alérgica.

Uso culinario

Ninguno.

Uso medicinal

La infusión de esta hierba, tomada dos veces al día, está indicada en casos de falta de energía y anemia así como de piel apagada y cabello sin vida. También puede servir para limpiar cortes y heridas y estimular la cicatrización de la piel, para combatir la bronquitis y las afecciones de pecho y para mejorar la eliminación en caso de cistitis, prostatitis y otras infecciones urinarias. Con esta hierba también se puede elaborar una pomada vulneraria.

Eucalyptus globulus Eucalipto Mirtáceas

El eucalipto es originario de Australia, donde existen más de 300 especies. Estos árboles pueden llegar a medir hasta 100 m. Son muy hábiles absorbiendo agua, incluso en regiones desérticas, y se han plantado en zonas pantanosas del norte de África y el sur de Europa para ganar terreno y reducir la población de mosquitos. El aceite esencial de eucalipto se produce para su comercialización desde el siglo XIX.

Descripción y cultivo

El eucalipto es un árbol alto de corteza blancuzca que se desprende a tiras. La madera es aromática, como las hojas, que suelen ser bastante oscuras en el anverso y muy pálidas en el reverso. Contienen sacos de aceite esencial. Las flores, blanquecinas, dan paso a frutos redondos. Los árboles se pueden plantar en climas cálidos, y en jardines si la temperatura no baja a menos de –5 °C. Necesitan un suelo bien drenado y mucha humedad y sol.

Partes útiles

Hojas.

Componentes activos

Aceite esencial en las hojas, sobre todo cineol y pineno, que se extrae por destilación al vapor y tiene propiedades expectorantes, antisépticas y vulnerarias.

Precauciones

El aceite esencial no está indicado para pieles sensibles o con propensión alérgica. La infusión de hojas frescas se tiene que usar con precaución sobre pieles sensibles.

Uso culinario

Ninguno.

Uso medicinal

La infusión concentrada de hojas frescas es muy útil para limpiar cortes y arañazos. Con una infusión de eucalipto fresco, lavanda y flores de trébol rojo se prepara una pomada vulneraria. Los vahos de aceite esencial de eucalipto van muy bien para la sinusitis, los resfriados, la gripe y las infecciones de pecho (4 gotas en 500 ml de agua hirviendo); con 4 gotas de aceite esencial de eucalipto y 4 de lavanda en 20 ml/4 cucharaditas de aceite vegetal de base se obtiene un aceite para masajes para dolores musculares, manos y pies fríos o tos de pecho.

Eugenia caryophyllus Clavero Mirtáceas

Es probable que el clavo lo introdujeran en Europa mercaderes persas y árabes procedentes de las islas indonesias de donde es originario. El nombre en latín, *caryophyllus,* se remonta al escritor romano del siglo I Plinio el Viejo, que lo denominaba *caryophyllon.* En el siglo XVI, el clavo se consideraba una protección contra la peste, y era uno de los ingredientes de los recipientes de porcelana con hierbas olorosas que la gente llevaba colgados para protegerse. Debe el nombre de «clavo» a su aspecto.

Descripción y cultivo

El clavero es un árbol que alcanza los 20 m de alto y tiene la corteza gris y hojas brillantes de un verde oscuro. Echa unos brotes verdes aromáticos que con el tiempo se transforman en flores de color rojo oscuro. Esos brotes secos son los clavos de especia. Los árboles tienen que tener al menos seis años para poder recolectar los clavos. Necesitan condiciones tropicales: suelo fértil, humedad alta y temperaturas elevadas.

Partes útiles

Capullos florales inmaduros y secos.

Componentes activos

En los capullos secos, aceite esencial (extraído por destilación al vapor) rico en eugenol, una sustancia aromática química de propiedades antisépticas, expectorantes y antivíricas.

Precauciones

El aceite esencial no debe entrar en contacto con membranas mucosas ni pieles sensibles o propensas a sufrir alergias. Los clavos enteros no tienen contraindicaciones médicas, pero no hay que usar más de cinco o seis en cada aplicación.

Uso culinario

Los clavos son deliciosos con manzanas cocidas, frutas en compota, encurtidos y *chutneys.* Realzan el sabor de los platos de cerdo y son indispensables en el vino especiado.

Uso medicinal

En caso de dolor de estómago, indigestión, gases, náuseas, resfriados o gripe, tome una infusión de 5 clavos de olor en 200 ml de agua hirviendo. Para aliviar el dolor de muelas, ablande un clavo poniéndolo en remojo durante diez minutos en 60 ml/4 cucharadas de agua hirviendo y muérdalo. Aproveche el líquido para enjuagarse la boca y tonificar las encías.

Euphrasia officinalis Eufrasia Escrofulariáceas

El nombre de *euphrasia* es de origen griego y proviene de Eufrosina, una de las Tres Gracias, famosas por su alegría y su risa. Se cree que la planta se bautizó con ese nombre porque proporciona un gran alivio a quienes padecen problemas oculares. Sus propiedades beneficiosas para la vista eran famosas en el siglo XIV, y en el XVI la gente bebía infusiones, vino y cerveza de eufrasia como tónicos. El herbolario Culpeper dijo de ella: «La eufrasia ingerida (...) y administrada en gotas en los ojos durante varios días cura todos los achaques de los ojos que causan dificultades de visión (...) fortalece la mente o la memoria débiles».

Descripción y cultivo

Es una hierba anual parásita que se fija mediante serpollos a las raíces de otras plantas, en particular césped, para obtener nutrientes. Por eso hay que sembrarla cerca de o entre el césped; no le perjudica porque muere en otoño. La eufrasia tiene unas hojas redondas dentadas y un pequeño tallo delgado pero fuerte de hasta 30 cm de alto. Las delicadas flores son blanquecinas con vetas púrpura alrededor del centro amarillo. Los brotes en flor se recolectan en julio o agosto, cuando están en plena floración, y se usan frescos o bien se secan para conservarlos.

Partes útiles

Brotes en flor.

Componentes activos

Glucósidos, taninos, aceite esencial, saponinas y resina, que le confieren propiedades calmantes y antiinflamatorias.

Precauciones

Nada que destacar.

Uso culinario

Ninguno.

Uso medicinal

La infusión de inflorescencias frescas alivia la fiebre del heno y la rinitis alérgica. También se dice que es beneficiosa para los catarros y las infecciones de pecho. La infusión concentrada va bien para la inflamación, el dolor, la fatiga y el picor de ojos. Se administra como baño ocular o en compresas frías. En caso de afecciones oculares se puede tomar tintura, y existen una tintura y un remedio homeopáticos de eufrasia para dolencias similares.

Foeniculum vulgare Hinojo Umbelíferas

En su obra *Physica,* del siglo XII, la abadesa, médica y mística alemana Hildegarda de Bingen recomienda el hinojo por encima de cualquier otra hierba para la vista cansada, las dolencias estomacales, la tos y el moqueo, para tonificar el corazón, sanear la piel y combatir el mal aliento, y para desintoxicarse en general. Ella lo usaba tanto en infusión como hirviendo las semillas en vino tinto. Ya antes, en el siglo I, Plinio el Viejo lo recomendaba por su acción diurética para una veintena de afecciones, entre ellas la pérdida de peso.

Descripción y cultivo

Planta bianual de hasta 2 m de alto, con tallos largos y follaje aromático laciniado verde. En verano echa umbelas de flores amarillas que atraen abejas y sírfidos. Las semillas son crestadas y verdes amarillentas. La planta se puede cultivar a partir de semillas y en suelo arenoso, a pleno sol. Corte los tallos florales para estimular la producción de hojas. Las semillas se recolectan en septiembre. Envuelva las umbelas con bolsas de papel y cuélguelas cabeza abajo en un lugar cálido.

Partes útiles

Hojas y semillas.

Componentes activos

Las semillas contienen aceite esencial, aceite graso, proteínas, azúcares y mucílago. El aceite esencial se extrae por destilación al vapor. Las semillas son antiespasmódicas, carminativas, tónico-gástricas, diuréticas y galactagogas.

Precauciones

El aceite esencial y las semillas no se deben ingerir ni utilizar en el embarazo. El uso de las hojas en la cocina no entraña ningún riesgo.

Uso culinario

Las hojas aportan un aroma anisado a los platos de pescado azul, y condimentan sopas y guisos de carne o verdura. Las semillas se pueden masticar después de comer para refrescar el aliento.

Uso medicinal

La infusión de semillas está indicada para el dolor de estómago, la indigestión, los gases y después de comidas fuertes. Es diurética y reduce la retención de líquidos. Aumenta la producción de leche en las madres lactantes y alivia los cólicos en los bebés. La infusión concentrada de semillas es un enjuague bucal antiséptico y va muy bien para hacer gárgaras si la garganta está irritada.

209

Fragaria vesca Fresa silvestre Rosáceas

La fresa aparece mencionada por vez primera en un catálogo de plantas anglosajón del siglo X. Es probable que el término inglés *strawberry* provenga del anglosajón *streauberige,* cuya raíz significa «esparcido», en alusión a los largos estolones y al hábito de crecimiento desordenado de la planta. La fresa era un fruto muy apreciado en el siglo XVII: el dramaturgo Ben Jonson habla de «un tarro de fresas recogidas en el bosque para mezclar con nata».

Descripción y cultivo

En medicina sólo se utiliza la fresa silvestre; la variedad doméstica común, *Fragaria ananassa,* es un híbrido de fruto más grande de procedencia americana cuyas hojas carecen de valor medicinal. *Fragaria vesca* es una hierba vivaz con un rizoma corto, rosetas de hojas trifoliadas y largos estolones a ras de suelo que se extienden alejándose de la planta madre, arraigan y se convierten en nuevas plantas. Las flores nacen de tallos largos que salen de las raíces y se van abultando hasta convertirse en el fruto rojo. Las fresas silvestres son muy pequeñas y ácidas pero dulces. La planta necesita un suelo fértil y bien drenado al sol o a media sombra. Las hojas se recolectan y secan a mediados de verano.

Partes útiles

Hojas y frutos.

Componentes activos

En las hojas, principalmente taninos, amargos, vitamina C y aceite esencial, que le confieren propiedades astringentes, diuréticas y tónicas.

Precauciones

Nada que destacar.

Uso culinario

Los frutos también son ricos en vitamina C y se pueden comer en postres o mermeladas.

Uso medicinal

La infusión de hojas frescas o secas va bien para la gota, la cistitis, los problemas digestivos y el mal aliento. Es sedante y calma los nervios. También se puede usar en frío como loción astringente y tonificante para la piel, y los frutos se pueden añadir a mascarillas faciales o lociones limpiadoras para tonificar los poros y limpiar el cutis. Una mascarilla de fresas trituradas refresca de inmediato las quemaduras leves y solares.

Hamamelis virginiana Hamamelis Hamamelidáceas

Los indígenas americanos utilizaban esta planta como remedio contra hinchazones, contusiones, contracturas musculares e irritación ocular. Se recolectó por primera vez en los bosques húmedos de Virginia, de ahí la segunda parte del nombre botánico. El término *hamamelis* proviene de las palabras griegas *hama* (al mismo tiempo) y *melis* (fruto), porque las flores nuevas aparecen cuando el fruto del año anterior está madurando. Esta planta también se conoce como «nogal de las brujas», quizá en alusión al uso de ramitas jóvenes a modo de varillas de zahorí para buscar agua. Otro antiguo nombre de este árbol es «avellano lanzador», ya que, cuando están maduras, las semillas salen disparadas a cierta distancia.

Descripción y cultivo

Árbol o arbusto de hoja caduca de hasta 5 m de altura, corteza suave y hojas ovaladas alternas con nervios profundos. A principios de febrero o marzo le salen unos racimos de fragantes flores amarillas. Necesita un suelo moderadamente fértil y bien drenado, al sol o a media sombra. La mejor forma de reproducción es la siembra de las semillas. Plántelas primero en semilleros y trasplántelas después a su emplazamiento definitivo en el jardín. Las ramitas se cortan después de la floración para destilar el agua de hamamelis, y con la corteza se elabora tintura.

Partes útiles

Hojas y corteza.

Componentes activos

La corteza y las hojas contienen glucósidos de cumarina, saponinas, taninos y amargos, que son astringentes, antiinflamatorios y antisépticos.

Precauciones

Nada que destacar.

Uso culinario

Ninguno.

Uso medicinal

La pomada de hamamelis preparada con una infusión concentrada de hojas va muy bien para las hemorroides y las varices. El destilado de hamamelis es astringente y depurativo, y bueno para abrir poros obstruidos, para las espinillas y el acné, para las contusiones y como remedio de emergencia para hemorragias, quemaduras, hemorragias nasales o inflamación ocular. También se puede aplicar en compresas sobre varices. En el mercado se encuentra una tintura que sólo se tiene que usar bajo supervisión de un profesional. La infusión convencional de hojas alivia el estreñimiento.

Helianthus annuus Girasol Compuestas/Asteráceas

El girasol es originario del sudoeste de Norteamérica y de México, donde ya se cultivaba en el año 1000 a.C. Se introdujo en Europa en el siglo XVI, pero no se cosechó hasta que llegó a Rusia, donde el cultivo a gran escala obtuvo un gran éxito. Hoy se produce en muchos países de todo el mundo como pienso para el ganado, y también por sus semillas, que se prensan para extraer el aceite. El nombre de *helianthus* deriva de las palabras griegas *helios* (sol) y *anthos* (flor).

Descripción y cultivo

Planta anual que puede alcanzar los 3 m de alto, con flores grandes y doradas de hasta 40 cm de diámetro. Los pétalos son largos y de un amarillo brillante, y tienen unas florecillas tubulosas de color marrón en el centro que constituyen el disco donde se forman las semillas, que presentan franjas blancas y negras; cada flor produce unas mil. Necesita un suelo bien drenado a pleno sol, pero hay que regarlo cuando hace mucho calor. Existen muchas variedades ornamentales con colores que van del naranja al marrón rojizo, y son muy fáciles de cultivar en maceta.

Partes útiles

Semillas.

Componentes activos

De las semillas se extrae un aceite que contiene ácido linoleico insaturado y ácido oleico graso (hasta 45%), además de ácidos palmítico y aráquico y vitamina E. Esta combinación es muy beneficiosa para la piel, pues la suaviza y regenera las capas superficiales. Incorporado en la dieta conserva la estructura celular y reduce el nivel de colesterol en la sangre.

Precauciones

Nada que destacar.

Uso culinario

Es un aceite ligero ideal para preparar aliños, mayonesas y para cocinar. Las semillas se pueden tostar y/o salar y añadir a masas de pan.

Uso medicinal

El aceite de girasol es una base excelente para cualquier bálsamo oleoso de hierbas, ya que se absorbe enseguida y no deja residuos grasos. Con aceite de girasol y mantequilla de cacahuete se prepara una pomada (véanse las páginas 130-131) eficaz para la piel seca o dañada y los eccemas.

Hypericum perforatum Hipérico Hipericáceas

El hipérico, corazoncillo o hierba de san Juan se colgaba en la Edad Media de puertas y ventanas para ahuyentar a los espíritus malignos: *hypericum* procede de una locución griega que significa «sobre una aparición», por los poderes sobrenaturales que se le atribuyen. Los caballeros de san Juan curaban con él las heridas de espada de los cruzados. Florece en torno al solsticio del 21 de junio, fechas consagradas a san Juan. Las flores se recolectaban cuando aún estaban cubiertas de rocío y se usaban para favorecer la concepción.

Descripción y cultivo

Planta vivaz resistente de hasta 60 cm de alto, de tallos erectos y parcialmente lignificados y pares opuestos de hojas ovaladas en las que a trasluz se aprecian unas diminutas glándulas oleosas. Las flores, amarillas doradas, tienen cinco pétalos. Necesita un suelo bien drenado y soleado o a media sombra, y se extiende con rapidez una vez arraigado. Se puede reproducir por división de las raíces. Existen muchas variedades ornamentales, pero sólo la especie *Hypericum perforatum* sirve con fines medicinales. Los tallos en flor se pueden recolectar desde el mes de julio y usar frescos.

Partes útiles

Tallos en flor.

Componentes activos

Taninos, glucósidos flavonoides incluido el pigmento rojo hipericina, aceite esencial y resina, que le confieren propiedades sedantes, antiinflamatorias, antisépticas y astringentes.

Precauciones

La exposición prolongada al sol intenso después del uso terapéutico de esta hierba puede provocar alergias cutáneas a ciertas personas.

Uso culinario

Ninguno.

Uso medicinal

El bálsamo oleoso elaborado con capullos frescos adquiere un tono rojizo por la hipericina y se usa para aliviar el dolor de neuralgias o ciáticas, así como para quemaduras, heridas, contusiones y hemorroides. El hipérico se encuentra en el mercado en forma de tintura o cápsulas, y está indicado en caso de depresión y cambios de humor, por ejemplo en la menopausia. La infusión convencional de capullos frescos ayuda a aliviar los dolores menstruales.

213

Hyssopus officinalis Hisopo Labiadas

En el siglo I, Dioscórides bautizó esta planta con el nombre de *hyssopus,* del hebreo *azob,* «hierba santa». Se utilizaba para purificar recintos sagrados, pero puede que no sea la hierba que se menciona en la Biblia con ese nombre. Hipócrates y Dioscórides recomendaban esta planta para las afecciones respiratorias, como también lo hizo Culpeper en el siglo XVII: «(...) en jarabe, hace expectorar la flema más tenaz y es eficaz para todas las dolencias causadas por el frío o las enfermedades del pecho y los pulmones (...)».

Descripción y cultivo

Planta arbustiva vivaz y semiperennifolia, ya que puede perder las hojas si la afectan heladas fuertes. Alcanza 1 m de altura y tiene tallos leñosos en la base, hojas pequeñas de color verde oscuro y espigas de flores azul púrpura entre junio y agosto. Atrae abejas y mariposas. El hisopo es originario de la región mediterránea y crece en suelos secos, pedregosos y muy soleados.
Se puede reproducir por semillas en primavera, o por esquejes blandos cortados de la planta madre en verano. Pódelo a conciencia a principios de primavera para que conserve una bonita forma.

Partes útiles

Tallos en flor, frescos o secos.

Componentes activos

Aceite esencial con pineno y pinocanfeno, glucósidos, amargos y taninos, que le confieren propiedades tónicas, expectorantes, astringentes, diuréticas y emenagogas.

Precauciones

El hisopo no es recomendable para los epilépticos ni durante el embarazo.

Uso culinario

Ninguno.

Uso medicinal

El hisopo en jarabe o infusión va muy bien para la tos, los resfriados, la gripe y las infecciones de pecho. Favorece la sudoración y la expectoración. La infusión se puede endulzar con miel. A veces se mezcla con marrubio, que también tiene propiedades expectorantes. Las flores frescas en el agua de baño son un viejo remedio para el reumatismo. La infusión fría calma las inflamaciones oculares y las picaduras de insecto. Se vende una tintura comercial.

Juniperus communis Enebro Cupresáceas

Las bayas de enebro se han usado desde tiempos bíblicos para protegerse de cualquier tipo de infección, ya fuera por serpientes, plagas o venenos. En Europa, las ramas de enebro se quemaban a modo de sahumerio. La palabra «enebro» es una deformación de la holandesa *genever,* nombre original de la ginebra, que se aromatiza con sus bayas. Culpeper dice de él: «Las bayas son buenas para la tos, la respiración dificultosa, (...) fortalecen el cerebro, vigorizan la vista fortaleciendo los nervios, son buenas para los episodios febriles, la gota y la ciática y fortalecen las extremidades».

Descripción y cultivo

Arbusto conífero perenne de hasta 4 m de alto, con ramitas de color marrón rojizo y agujas verdes azuladas. Las bayas crecen en las plantas hembra y permanecen verdes durante más de dos años antes de madurar y volverse de un negro azulado. Entonces se pueden recolectar. El enebro necesita un emplazamiento soleado y tolera casi todos los suelos, aunque prefiere los calizos. Crece silvestre en los márgenes de los bosques o en brezales y necesita mucha humedad. Se puede cultivar de semillas o de esquejes cortados en primavera.

Partes útiles

Bayas maduras.

Componentes activos

En las bayas: resina, aceite esencial rico en pineno, azúcares, taninos, flavonoides y vitamina C, que les confieren propiedades muy diuréticas, rubefacientes, carminativas y antisépticas. El aceite esencial se extrae por destilación.

Precauciones

Las bayas de enebro no deben emplearse con fines terapéuticos durante el embarazo ni en pacientes con alguna enfermedad renal.

Uso culinario

En el norte de Europa se prepara una mermelada de bayas como tónico de invierno. Con ellas se sazonan el jamón y el chucrut (col fermentada).

Uso medicinal

La infusión de bayas secas majadas sirve para combatir el reuma, la gota y las digestiones pesadas. La infusión concentrada se puede utilizar como enjuague bucal antiséptico para las encías. El aceite esencial se usa en aromaterapia para dar masajes y en linimentos para tratar los dolores musculares y reumáticos y la mala circulación.

Laurus nobilis Laurel Lauráceas

El laurel es originario del sur de Europa y el norte de África. Los romanos confeccionaban con él coronas para los generales y guirnaldas, y hacían ofrendas sagradas. El laurel se cultivaba para purificar el aire con su fragancia aromática. Después se introdujo en el resto de Europa, donde hoy día se planta en jardines ornamentales y se poda con elegancia para darle bonitas formas.

Descripción y cultivo

El laurel crece muy bien en maceta si dispone de un sustrato medianamente fértil y una ubicación soleada. Puede llegar a medir 3 m de altura. Plantado en tierra alcanza los 15 m, y por eso, si está en un jardín pequeño, hay que podarlo. Una tendencia de poda consiste en cortar las ramas bajas y favorecer el crecimiento de una copa esférica. El mejor momento para recolectar las hojas y secarlas es en pleno verano, cuando el contenido en aceite esencial y el aroma son óptimos, aunque se pueden arrancar hojas frescas durante todo el año. En invierno hay que proteger el arbusto de heladas y vientos fríos.

Partes útiles

Hojas aromáticas.

Componentes activos

Aceite esencial, ácido tánico y amargos, que le confieren propiedades antimicrobianas y estimulantes de la digestión.

Precauciones

Nada que destacar.

Uso culinario

El laurel es un condimento habitual de los guisos de carne o verduras, la salsa boloñesa, platos de pescado, sopas e incluso flanes. Las hojas desprenden mejor su aceite esencial si el plato se cocina a fuego lento durante bastante rato.

Uso medicinal

El laurel no es un remedio muy utilizado. Sin embargo, una infusión de hojas secas o frescas ayuda a combatir los gases y la indigestión o la gripe por su acción antimicrobiana. Un bálsamo oleoso elaborado con hojas de laurel secas o frescas mejora los dolores musculares y las magulladuras.

Lavandula angustifolia Lavanda Labiadas/Lamiáceas

La lavanda o espliego es originaria de las regiones mediterráneas meridionales y quizá los romanos la introdujeran en el resto de Europa. El nombre de «lavanda» proviene del latín *lavare,* lavar. Gerard dijo en el siglo XVI: «Beneficia en gran medida a quienes padecen parálisis lavarles con el agua destilada de las flores de lavanda (...)», y más tarde Culpeper escribió: «Es muy útil para dolores de cabeza y cerebrales (...) calambres, convulsiones y desvanecimientos (...) aplicada en las sienes y las aletas de la nariz reduce los estremecimientos y pasiones del corazón (...)».

Descripción y cultivo

Existen al menos 80 especies y muchas variedades de lavanda en todo el mundo. La especie que más se utiliza en medicina es *Lavandula angustifolia.* Otras, como *Lavandula spica*, de aroma penetrante, y el híbrido *Lavandula x intermedia*, de fragancia más medicinal, se usan en farmacia. La lavanda es un arbusto aromático de hasta 1 m de alto, tallos compactos y leñosos en la base cubiertos de hojas verdes grisáceas y largas espigas de flores púrpura a mediados de verano. A principios de primavera o finales de verano hay que podarla para que conserve la forma. Se reproduce mejor por esquejes a finales de primavera. Las flores se recolectan hacia finales de julio. Necesita mucho sol y un suelo algo arenoso.

Partes útiles

Flores.

Componentes activos

Aceite esencial con acetato de linalilo y taninos, de propiedades antiespasmódicas, sedantes, tónicas y rubefacientes. Se extrae por destilación al vapor.

Precauciones

Si se quiere usar durante el embarazo hay que pedir consejo profesional.

Uso culinario

Con flores de lavanda se pueden decorar pasteles o sazonar bollos para darles un sabor original.

Uso medicinal

La infusión de flores y tallos va bien para el dolor de cabeza, la migraña, el síndrome premenstrual, el estrés, la ansiedad y el insomnio. Se puede usar para lavar y relajar la piel. El bálsamo oleoso de infusión de lavanda es muy útil para los dolores musculares y, con romero, mejora la circulación. En aromaterapia, con el aceite esencial se dan masajes contra el dolor muscular y el estrés.

Levisticum officinale Levístico Umbelíferas

El levístico es una hierba tradicional en las casas de campo inglesas y se utiliza desde hace siglos como condimento y tónico digestivo. En el siglo XVII, Culpeper dijo de él: «Alivia todos los males y dolores internos, elimina los gases y combate venenos e infecciones. Una decocción de esta hierba es una cura para la fiebre y los dolores del cuerpo y las tripas debidos al frío». Como las semillas de levístico tienen un sabor picante, en ciertas recetas se incorporaban molidas para condimentar como si de granos de pimienta se tratara. También se echaban al agua de baño para tratar el reuma y se tomaban como afrodisíaco.

Descripción y cultivo

Planta herbácea vivaz, muy resistente, de raíces carnosas y profundas y tallos de hasta 3 m de alto. Las hojas están divididas, son de color verde brillante y tienen un aroma especiado. En verano echa flores amarillas en umbela, seguidas de las pequeñas semillas. Prefiere los suelos húmedos y bien abonados y un emplazamiento soleado o a media sombra. Es preferible reproducirla por división de las raíces en otoño, pero también se cultiva a partir de semilla. Las hojas se recolectan frescas durante la primavera y el verano, y la raíz se arranca y seca en otoño para decocciones.

Partes útiles

Hojas y raíces.

Componentes activos

Las raíces tienen que tener tres años para poder recolectarlas. Contienen aceite esencial, cumarinas, azúcares, ésteres y resina, de propiedades tónico-estomacales, hepáticas, diuréticas, expectorantes y antirreumáticas.

Precauciones

No se debe usar durante el embarazo ni en caso de enfermedades renales.

Uso culinario

Con hojas tiernas de levístico se preparan sopas y ensaladas de hojas variadas. Las semillas se pueden añadir a masas de pan.

Uso medicinal

La infusión de hojas va bien para la fatiga nerviosa, el reuma y la digestión de comidas fuertes. La decocción o tintura de raíz sirve para indigestiones, cólicos, gases y trastornos urinarios como cistitis. Una infusión concentrada de las hojas en el agua de baño tiene una acción purificadora y desintoxicante sobre la piel.

Lippia citriodora/Aloysia citriodora Hierbaluisa Verbenáceas

La hierbaluisa es originaria de Sudamérica, en particular de Perú y los Andes, donde se siguen preparando infusiones, lociones y otros cosméticos para el cuidado natural de la piel. Se introdujo en Europa a finales del siglo XVIII y se extendió con rapidez por el continente. En el siglo XIX se hacían saquitos y almohadas perfumados rellenándolos con sus flores secas. Es una infusión muy habitual en Francia, donde se llama *verveine* y se sirve en cualquier café o restaurante.

Descripción y cultivo

Arbusto de hoja caduca. Las hojas son puntiagudas, tienen un fuerte aroma a limón y están moteadas en el reverso de sacos de aceite esencial. En los climas cálidos, al final del verano aparecen unas espigas de diminutas flores de color blanco tirando a rosa, pero no florece si se cultiva en latitudes más frías. Puede sobrevivir a una temperatura de –5 ºC, pero necesita abrigo y pleno sol en un suelo bien drenado. Plántela en maceta y resguárdela en el invernadero en caso de heladas persistentes. Las hojas se pueden recolectar a lo largo de todo el verano y secar para el invierno. Conservan su aroma durante mucho tiempo. La hierbaluisa se tiene que podar en primavera y se puede reproducir por esquejes.

Partes útiles

Hojas.

Componentes activos

Aceite esencial con citral, geraniol y nerol, responsables de su intensa fragancia alimonada y de sus propiedades antiespasmódicas, carminativas, tónico-digestivas y hepáticas.

Precauciones

Nada que destacar.

Uso culinario

Una o dos hojas de hierbaluisa fresca picadas aportan un insólito toque a limón a las ensaladas.

Uso medicinal

Sobre todo en infusión, para la indigestión, los gases, estimular la función hepática después de una comida pesada, los espasmos digestivos y el dolor de estómago. Es muy suave y puede tomarla todo el mundo. También alivia el estrés y la ansiedad y ayuda en los problemas de insomnio. Se puede tomar caliente o fría, mezclada con menta fresca o melisa, zumo de limón y miel.

Marrubium vulgare Marrubio Labiadas

El marrubio ha sido una planta muy apreciada desde la época de los romanos, y su nombre en latín deriva del hebreo *marrob,* una hierba amarga. El herbolario Gerard dijo de ella: «El jarabe preparado con las hojas verdes frescas y azúcar es un remedio muy singular contra la tos y los silbidos de los pulmones (...)», y Culpeper escribió: «Ayuda a expulsar las flemas del pecho (...) y el frío del reuma de los pulmones de los ancianos, sobre todo si son asmáticos y están cortos de resuello».

Descripción y cultivo

Hierba vivaz agrupada en matas, de raíz corta, tallos cuadrangulares y hojas arrugadas, dentadas, velludas y puntiagudas. En verano aparecen racimos de diminutas flores blancas en las uniones entre las hojas y los tallos. Su agradable olor recuerda el de la manzana. El marrubio se cultiva con facilidad aunque el suelo sea pobre. Se puede reproducir mediante semillas en primavera, por esquejes o por división de raíces. No florece hasta los dos años. Las flores, tallos y hojas se pueden cortar a finales de verano y usar en fresco o secos para preparar un jarabe.

Partes útiles

Tallos en flor.

Componentes activos

Amargos, alcoholes, alcaloides, taninos, saponina y resina, que le confieren propiedades antiespasmódicas, expectorantes, sedantes, hepáticas y emenagogas.

Precauciones

No se recomienda durante el embarazo.

Uso culinario

Ninguno.

Uso medicinal

El marrubio es excepcional para combatir la tos, sobre todo si hay mucosidad en el pecho, asma o bronquitis. Lo mejor es preparar un jarabe con la hierba fresca y usarlo en invierno. Es un remedio eficaz y de agradable sabor para los niños. Con las hojas se puede preparar una pomada que va muy bien para curar heridas, y sobre la piel inflamada o infectada se pueden aplicar compresas calientes o cataplasmas. El marrubio se toma en infusión para combatir los resfriados, la gripe, la tos y los trastornos menstruales.

Matricaria chamomilla y Anthemis nobilis Manzanilla Compuestas

Estas dos especies de manzanilla, o camomila, se usan mucho en fitoterapia. La palabra «camomila» proviene del griego *kamai melon,* que significa «manzana de tierra», porque esta hierba crece a ras de suelo y tiene un aroma que recuerda el de la manzana. Como atrae insectos beneficiosos, fomenta la salud del jardín en general, y por eso Culpeper la llama «el médico de plantas».

Descripción y cultivo

La manzanilla común (*Matricaria chamomilla*) alcanza una altura de 60 cm y tiene unas hojas aromáticas en forma de pluma y característicos pétalos de color blanco puro alrededor del centro dorado. La manzanilla romana (*Anthemis nobilis*) tiene las hojas parecidas pero los pétalos son más alargados y crece a ras de suelo. La manzanilla romana *treneague* no hace flores y se puede cultivar como césped aromático.

Partes útiles

Flores.

Componentes activos

Ambas especies contienen aceite esencial. La manzanilla común tiene más chamazuleno, un componente antiinflamatorio que tiñe de azul el aceite, y la romana, más ésteres, con un aroma afrutado intenso. Otros componentes de flores y hojas son flavonoides, ácidos grasos, aminoácidos, amargos y taninos. Son antiinflamatorios, antiespasmódicos y sedantes.

Precauciones

Nada que destacar.

Uso culinario

La manzanilla es una infusión refrescante que mejora la digestión. Las infusiones comerciales suelen ser de flores de manzanilla común.

Uso medicinal

Sirven las dos especies. La infusión concentrada y fría de flores frescas o secas calma la piel en caso de irritación, urticaria, eccema, sarpullido, cortes y quemaduras de sol. La convencional mejora las indigestiones por nervios, los altibajos de humor y el insomnio, y suaviza la membrana intestinal. Los amargos estimulan la producción de jugos gástricos. En aromaterapia, el aceite esencial se usa para problemas dermatológicos y digestivos.

Melissa officinalis Melisa Labiadas/Lamiáceas

La melisa, o toronjil, también se conoce como «hierba abejera» porque resulta muy atractiva para los insectos beneficiosos. El nombre de «melisa» proviene de la palabra griega que significa «abeja», y la miel de este arbusto es deliciosa. Los escritores romanos Plinio el Viejo y Dioscórides la empleaban en el siglo I para hacer más lento el flujo sanguíneo y curar heridas sin que se infectaran. Un libro de fórmulas magistrales del siglo XVII dice: «Una esencia de melisa tomada con vino canario cada mañana rejuvenece, fortalece la mente, ahuyenta la languidez y previene la calvicie».

Descripción y cultivo

Vigorosa planta vivaz anual que rebrota de la base. Mide hasta 1 m de alto, con tallos cuadrangulares duros y hojas dentadas y ásperas, de intenso aroma a limón. Pellizque y arranque los tallos en flor para estimular la producción de hojas; las florecillas blanquecinas aparecen a finales de verano. Las aromáticas hojas se marchitan y pierden su fragancia enseguida, por lo que es mejor usarlas frescas. Crece en casi todos los suelos y prefiere un emplazamiento al sol o a media sombra. Una vez arraigada, se extiende fácilmente por germinación de sus propias semillas.

Partes útiles

Hojas frescas.

Componentes activos

Aceite esencial (con citral, limoneno y otras sustancias de aroma dulce, aunque en ínfima cantidad), taninos y flavonoides, que le dan propiedades antiespasmódicas, sedantes, antihistamínicas y antisépticas.

Precauciones

Nada que destacar.

Uso culinario

Las hojas frescas se pueden picar y añadir a ensaladas variadas o a rodajas de naranja fresca para darles un toque a limón. También puede servir para adornar copas, salsas y postres veraniegos.

Uso medicinal

La infusión de hojas frescas es buena para el dolor de estómago por estrés y gases y la indigestión. Calma los nervios y relaja. Alivia cortes y rozaduras, picaduras de insecto y urticaria, así como los síntomas de la fiebre del heno. El aceite esencial es muy caro y difícil de obtener, pero en aromaterapia se utiliza en masajes para el herpes, la varicela, las pupas de la boca y el estrés.

Mentha x piperita Menta Labiadas/Lamiáceas

En el siglo I, los romanos se adornaban con coronas de menta piperita para los banquetes y aderezaban salsas con ella. Pero sus propiedades medicinales no se reconocieron hasta el siglo XVII. En el XVIII ya se cultivaba en Inglaterra con fines comerciales en Mitcham, Surrey, donde se producía el que entonces se consideraba el mejor aceite esencial del mundo. Alemania y Francia siguen siendo grandes productoras de menta, pero casi todo el aceite esencial procede hoy de Estados Unidos.

Descripción y cultivo

La menta piperita es un híbrido de dos especies, *Mentha aquatica* (menta de agua) y *Mentha spicata*, y se presenta en dos variedades, llamadas «blanca» y «negra». Es una planta resistente e invasora de raíces rastreras, tallos cuadrangulares fuertes y rojizos de hasta 1 m de alto y hojas aromáticas lanceoladas dentadas. En verano produce espigas largas de flores rosadas. Crece en suelos húmedos y densos y prefiere la sombra. Cuando arraiga, es muy difícil de erradicar. Se puede contener plantándola en una maceta grande sin fondo enterrada en el suelo. Las hojas frescas se pueden aprovechar durante toda la temporada, pero para secarlas es mejor cogerlas en verano.

Partes útiles

Hojas.

Componentes activos

Aceite esencial rico en mentol (se extrae por destilación al vapor), amargos y taninos, con propiedades tónico-digestivas, antiespasmódicas, analgésicas, carminativas y expectorantes.

Precauciones

El aceite esencial se debe aplicar con precaución sobre pieles sensibles o propensas a las alergias.

Uso culinario

Hojas frescas para adornar postres de fruta, ponches o bebidas veraniegas.

Uso medicinal

La infusión de hojas frescas o secas alivia el dolor de estómago causado por indigestión o digestión pesada. La menta combina bien con la melisa o la hierbaluisa, para trastornos digestivos, o con la manzanilla para indigestiones causadas por el estrés. El mentol que contiene es analgésico, y en aromaterapia se aplica mediante masajes para la mala circulación y la tensión abdominal.

Myrtus communis Arrayán Mirtáceas

Este bonito arbusto de agradable fragancia, originario del Mediterráneo meridional, estaba consagrado a Afrodita, la diosa del amor, y tiene una larga tradición como remedio femenino y cosmético natural. El arrayán fue durante mucho tiempo una planta típica de los ramos de novia, y después del enlace los recién casados plantaban las ramitas en su casa para que les dieran fertilidad y buena suerte. En la Grecia clásica las bayas de arrayán secas se empleaban como especia culinaria y para teñir el cabello.

Descripción y cultivo

Arbusto aromático siempre verde de hasta 3 m de alto, con hojas ovaladas de un verde oscuro brillante y terminadas en punta, olorosas flores color crema con el centro dorado en julio y agosto, y bayas pequeñas de un azul negruzco a finales de verano. Necesita un suelo ligero y bien drenado y nutrientes en abundancia. Sobrevive a las heladas si se planta al abrigo de un muro. Necesita pleno sol y calor. Las hojas huelen bien todo el año, pero su perfume es más intenso en julio y agosto. Se secan bien y conservan su aroma.

Partes útiles

Hojas.

Componentes activos

Aceite esencial en las hojas (extraído por destilación al vapor) con aromas canforáceos, dulces y cítricos de propiedades expectorantes, antisépticas, inmunoestimulantes y depurativas.

Precauciones

Nada que destacar.

Uso culinario

Las hojas, y a veces las bayas, se utilizan en Oriente Próximo para aromatizar carnes fuertes.

Uso medicinal

En ciertas regiones mediterráneas es costumbre empezar el día con una infusión de hojas frescas o secas, sobre todo por su acción tónica de los órganos urinarios y reproductores. La infusión fría o caliente de arrayán con menta o melisa está muy buena con rodajas de limón fresco y miel. Además, va bien para la tos de pecho, los resfriados, la inflamación de garganta y la sinusitis. Con las hojas o el aceite esencial se pueden hacer vahos (véanse las páginas 132-133). Añadir al agua de baño una infusión concentrada de arrayán limpia y desodoriza la piel.

Ocimum basilicum Albahaca Labiadas (Lamiáceas)

La albahaca tiene una larga tradición. En 1629, el herbolario John Parkinson dijo de ella: «Por así decirlo, la albahaca corriente es la mejor de entre todas las hierbas dulces para preparar aguas dulces o para lavar (...)». Y también: «Su perfume es tan excelente que es digno de la casa real». Una variedad llamada *tulsi,* «albahaca sagrada», se cultiva en los jardines de la India para ahuyentar las desgracias, y está consagrada al dios Visnú.

Descripción y cultivo

La albahaca es una hierba anual que mide entre 20 y 60 cm. Los tallos y hojas son muy aromáticos. Corte los tallos en flor para estimular la producción de hojas. Existen muchas variedades: «Purple Ruffles» es de un color oscuro y tiene un aroma semejante al del clavo; «Genovese» es compacta y muy aromática; «Minimum» es ideal para una maceta pequeña, y «Crispum» tiene las hojas rizadas y presenta un crecimiento vigoroso. Siembre las semillas en macetas en una tierra húmeda y fértil, a pleno sol. En los climas fríos se puede tener tras una ventana o en un invernadero.

Partes útiles

Hojas frescas o secas, aceite esencial.

Componentes activos

Aceite esencial aromático, taninos, glucósidos y saponina, con propiedades tónico-gástricas, antisépticas, antiespasmódicas y expectorantes.

Precauciones

El aceite esencial no debe utilizarse durante el embarazo, pero las hojas se pueden comer.

Uso culinario

Muy utilizada en la cocina italiana, sobre todo para hacer el *pesto,* la ensalada de *mozzarella* y tomate y las pizzas.

Uso medicinal

El aceite esencial de albahaca va muy bien para hacer vahos en caso de sinusitis (cuatro gotas en 500 ml de agua hirviendo). La infusión de hojas frescas está indicada para la indigestión y el estreñimiento. Con miel y limón, alivia la congestión de pecho y la bronquitis. Las picaduras de insecto se pueden frotar con hojas frescas para mitigar el picor. Las hojas frescas en el agua de baño revigorizan los músculos fatigados.

Oenothera biennis Onagra Onagrariáceas

Originaria de Norteamérica, en el siglo XVII esta planta se importó a Italia, desde donde se extendió por toda Europa. Antes, las hojas se comían en ensalada y las raíces como verdura. A principios de los años ochenta se detectaron cantidades significativas de ácido gamma-linolénico (AGL) en las semillas. Ese compuesto tiene un efecto relevante sobre los niveles de prostaglandinas (sustancias parecidas a las hormonas) y, por lo tanto, sobre el equilibrio hormonal. La onagra se cultiva con fines comerciales para la extracción del aceite.

Descripción y cultivo

Es una planta bianual de hasta 1,5 m de alto, con una gruesa raíz central amarilla y una roseta de hojas en la base de las que surgen los tallos florales. Las hojas son estrechas y de un verde oscuro, y las flores se agrupan en racimos amarillos y se abren por la noche para atraer a las mariposas nocturnas. Con el tiempo, las flores son remplazadas por vainas vellosas llenas de semillas. Prospera en casi todos los suelos gracias a su resistencia, aunque prefiere un emplazamiento cálido y soleado. Una vez arraigada se reproduce espontáneamente por germinación de sus propias semillas.

Partes útiles

Semillas (prensadas para extraer el aceite).

Componentes activos

El aceite que contienen las semillas es rico en ácido gamma-linolénico (AGL) y otros ácidos grasos con propiedades compensadoras hormonales y rejuvenecedoras de la piel.

Precauciones

Nada que destacar.

Uso culinario

Ninguno.

Uso medicinal

El aceite se puede tomar como suplemento en cápsulas para combatir el síndrome premenstrual, los dolores menstruales, la piel seca, el acné, el eccema y los síntomas de la menopausia. Para notar el efecto hay que tomarlo con regularidad durante al menos tres meses, porque los niveles de AGL del organismo tienen que aumentar para poder reequilibrar las prostaglandinas. Investigaciones clínicas han demostrado que los suplementos de onagra son beneficiosos para el eccema y los niños hiperactivos.

Olea europea Olivo Oleáceas

Los olivos se cultivan en la cuenca mediterránea desde hace al menos 3.000 años. En el antiguo Egipto quienes los cultivaban estaban exentos del servicio militar. El nombre de «olivo» proviene del latín *oleum,* que significa «aceite». El aceite de oliva ardía en las lámparas sagradas de los templos, y con hojas de olivo se confeccionaban coronas para los atletas victoriosos. El relato bíblico de Noé habla de la paloma que volvió con una rama de olivo en el pico, lo que dio lugar al símbolo de paz.

Descripción y cultivo
Árbol siempre verde de hasta 12 m de alto, de corteza gris pálida, hojas largas, lisas y duras y flores color crema de las que se desarrolla el fruto, la aceituna, de un púrpura oscuro cuando está madura. Las aceitunas se recogen verdes para prensarlas porque son menos ácidas, lo que mejora la calidad del aceite. El aceite de oliva virgen extra de primera prensada es el de aroma más delicado y el que tiene más vitaminas y minerales. Los árboles necesitan un suelo bien drenado y pleno sol. Aunque resisten las heladas, en climas fríos no producen frutos.

Partes útiles
Fruto (aceitunas y aceite).

Componentes activos
Vitamina E (antioxidante) y ácido oleico, un ácido graso omega-9 que reduce el colesterol.

Precauciones
Nada que destacar.

Uso culinario
Esencial para aliños, salsas, panes, pizzas, pasta, mayonesa y platos de carne o pescado.

Uso medicinal
Un estudio clínico reciente ha revelado que los pacientes con la presión sanguínea alta en cuya dieta se introducen 30-40 g/6-8 cucharaditas de aceite de oliva diarias durante un periodo de seis meses reducen a la mitad la necesidad de medicación por hipertensión. También se ha demostrado que mejora la memoria en las personas mayores. Asimismo, la incidencia de cáncer intestinal es menor en la cuenca mediterránea, donde el aceite de oliva es un ingrediente básico de la dieta. El aceite es un tónico excelente para la piel y el cabello y se emplea para elaborar champús y cosméticos.

Origanum majorana Mejorana Labiadas/Lamiáceas

El nombre de *origanum* proviene de las palabras griegas *oros ganos,* que significan «alegría de la montaña». La mejorana está emparentada con el *Origanum vulgare,* el orégano, muy utilizado en la cocina italiana, pero es de porte menos alto y las hojas son más oscuras. Se cultiva como hierba medicinal y culinaria desde el antiguo Egipto, y ya la conocían griegos y romanos.

Descripción y cultivo

Planta vivaz bastante resistente, de hojas verdes pequeñas y ovaladas terminadas en punta y pequeñas flores rosadas a finales de verano. Corte los tallos en flor para estimular la producción de hojas. Necesita un suelo bien drenado pero húmedo y con muchos nutrientes, a pleno sol. Se reproduce por semillas en primavera pero no tolera las heladas, por lo que hay que protegerla a finales del otoño. Las hojas se pueden recolectar a lo largo de todo el periodo de crecimiento.

Partes útiles

Hojas.

Componentes activos

Aceite esencial y taninos, amargos, carotenos y vitamina C, con propiedades tónico-gástricas, antiespasmódicas y sedantes. El aceite esencial se extrae por destilación al vapor.

Precauciones

Nada que destacar.

Uso culinario

Las hojas frescas aportan un suave y delicioso sabor a salsas para pasta, pizzas, vinagres y aceites y panes, así como a los platos de pollo.

Uso medicinal

La infusión de hojas frescas está indicada para la indigestión o la digestión de comidas pesadas y para el síndrome premenstrual y los dolores menstruales. La infusión concentrada o las hojas mezcladas con el agua de baño mejoran los dolores musculares y el reuma. El aceite esencial se utiliza en masajes para todo tipo de dolores, trastornos gástricos por estrés y dolor menstrual, además de ansiedad e insomnio. Combina muy bien con la lavanda para un masaje relajante (cinco gotas de aceite esencial de mejorana y cinco de lavanda en 20 ml/4 cucharaditas de aceite vegetal).

Origanum vulgare Orégano Labiadas (Lamiáceas)

En la Grecia clásica, el orégano se usaba como antídoto de los venenos narcóticos, como remedio contra las convulsiones y en cataplasmas para tratar heridas profundas. Los romanos creían que el orégano alegraba a los muertos y por eso solían plantarlo sobre las tumbas. También existía la creencia de que atraía felicidad a las bodas, y con él se confeccionaban coronas nupciales. En la Edad Media, por su intenso aroma, se esparcía por el suelo mezclado con la paja.

Descripción y cultivo

Planta vivaz arbustiva de hasta 60 cm de alto, con aromáticas hojas ovaladas terminadas en punta. A finales de verano echa unos tallos con diminutas flores de un púrpura rosado que atraen abejas, mariposas y otros insectos beneficiosos. Las hojas contienen más timol que la mejorana (*Origanum majorana*), por lo que su aroma es mucho más intenso y penetrante, sobre todo si crece a pleno sol. Prospera en suelos arenosos bien drenados y crece incluso silvestre en regiones costeras. La mejor forma de reproducción son los esquejes. Para secarlas para el invierno, recolecte las hojas en agosto o septiembre.

Partes útiles

Hojas.

Componentes activos

Aceite esencial en las hojas con aroma canforáceo debido al timol, taninos y amargos, con propiedades antiespasmódicas, tónico-gástricas, astringentes, expectorantes, sedantes y carminativas.

Precauciones

No se debe usar con fines terapéuticos durante el embarazo. Como condimento no entraña riesgo.

Uso culinario

Aporta sabor a pizzas y otras recetas italianas, así como a las ensaladas verdes variadas.

Uso medicinal

La infusión de hojas frescas está indicada para dolores de cabeza, calambres menstruales, insomnio y digestiones pesadas. Las hojas en el agua del baño calman los dolores reumáticos y musculares. Masajear las extremidades con un bálsamo oleoso de orégano y lavanda alivia el dolor y el entumecimiento. Las compresas calientes empapadas en infusión concentrada limpian y reducen la hinchazón de cortes y heridas.

Passiflora incarnata Pasiflora Pasifloráceas

Esta bella flor, de asombrosa geometría, también se conoce como «pasionaria», nombre con que la bautizaron los primeros misioneros porque les recordaba la crucifixión de Cristo, la Pasión. El nombre en latín incorpora otra denominación relacionada con Jesucristo, *incarnata* (encarnada). Las estructuras internas de la flor se asemejan a los clavos y la corona de espinas. Es originaria de América y su cultivo está hoy muy extendido en jardines de latitudes más frías, donde prospera si está bien resguardada. Los indígenas americanos la usaban para calmar los nervios.

Descripción y cultivo

Planta vivaz resistente de tallo leñoso y duro que puede llegar a medir hasta 8 m si no se poda. Tiene las hojas oscuras y lobuladas y se sostiene mediante zarcillos. Las flores son de color rosa pálido o amarillento con franjas color púrpura y blanco. Necesita un suelo arenoso bien drenado y mucho sol, además de un muro, una valla o una espaldera por donde trepar. En climas fríos se tiene que proteger. Se puede reproducir por esquejes a finales de verano, pero es preferible empezar con una planta comprada en un centro de jardinería.

Partes útiles

Flores y hojas.

Componentes activos

Alcaloides, flavonoides, azúcar y goma, que le confieren propiedades sedantes, tranquilizantes y relajantes.

Precauciones

No usar si se están tomando tranquilizantes.

Uso culinario

Ninguno.

Uso medicinal

La infusión de flores y hojas frescas está indicada para el insomnio, el estrés y la fatiga nerviosos, la indigestión nerviosa y el síndrome premenstrual. Relaja el sistema nervioso gracias a los alcaloides que contiene, pero no es adictiva. También se puede usar para bajar la hipertensión, aunque sólo debe tomarse con ese fin bajo la supervisión de un profesional. La pasiflora se encuentra en el mercado en forma de tintura y de remedio homeopático, y es un ingrediente habitual de las mezclas relajantes para infusión.

Petroselinum crispum Perejil rizado Umbelíferas

El perejil es originario de la región mediterránea, y en la actualidad se cultivan muchas variedades. Fue Dioscórides quien en el siglo I dio a la planta el nombre de *petroselinum,* que proviene del griego *petra* (piedra) y *selinon* (apio). Estaba consagrado a la diosa Perséfone, la reina de los Infiernos, y sobre las tumbas se colocaban coronas de perejil. En el siglo XVI, Gerard dijo del perejil: «Es delicioso al paladar y agradable al estómago». Y también afirmó que podía neutralizar los venenos, tal vez debido a su penetrante aroma.

Descripción y cultivo

Planta bianual que crece de una raíz gruesa y mide hasta 60 cm de alto, de hojas trilobuladas triangulares que se rizan en las puntas. Umbelas de flores amarillas florecen el segundo año, seguidas de unas vainas seminales ovaladas que contienen unas semillas falciformes. Necesita un suelo fértil, húmedo pero bien drenado, a medio sol. Si la tierra del jardín no es indicada, se puede cultivar en maceta. Se reproduce por semillas, que deben plantarse al final de la primavera. La variedad de hoja plana es muy aromática.

Partes útiles

Hojas y semillas.

Componentes activos

Desde el punto de vista terapéutico las semillas son más potentes, pues contienen aceite esencial (hasta el 7%), flavonoides, glucósidos, vitaminas A y C y minerales, con propiedades muy diuréticas, emenagogas, carminativas y tónico-gástricas. Las hojas son muy ricas en vitamina C y hierro.

Precauciones

Las semillas no se deben usar con fines terapéuticos durante el embarazo ni en caso de enfermedad renal. Las hojas se pueden comer.

Uso culinario

Como condimento en sopas, salsas, platos de huevo y queso, aliños de ensalada y platos de carne o pescado.

Uso medicinal

La infusión de hojas es excelente para la indigestión, en particular después de comidas fuertes, así como para la retención de líquidos y la gota. Estimula el apetito y mejora la asimilación de nutrientes. No se recomienda la automedicación con semillas, pero los profesionales las usan en fitoterapia.

Piper nigrum Pimentero Piperáceas

En el siglo v, la pimienta se consideraba tan valiosa como el oro, y una ciudad como Roma se podía rescatar de un asedio por unos centenares de kilos de la especia. La pimienta se hizo más accesible durante la Edad Media gracias a las rutas comerciales que comunicaban Europa con la India y, más adelante, con Malasia. En el siglo XVII, la pimienta era ya una especia muy habitual en Europa. En la medicina ayurvédica india se utiliza para tratar la fiebre y las infecciones respiratorias y del pecho y para mejorar la circulación.

Descripción y cultivo

Planta trepadora que llega a los 8 m de alto si no se poda. Tiene un tallo leñoso y hojas de color verde oscuro brillante en forma de corazón. Los pequeños racimos colgantes de florecillas blancas se transforman en los granos de pimienta, rojos cuando están maduros y que se vuelven negros si permanecen al sol. La pimienta blanca son las bayas maduras secas sin la cáscara negra. La pimienta negra es la que contiene más aceite esencial y aporta más aroma. El árbol necesita un sustrato profundo, fértil y bien abonado, a pleno sol, y una atmósfera húmeda tropical. En latitudes frías crece en invernaderos, pero no florece. Hay que mantener las hojas húmedas.

Partes útiles

Frutos (granos de pimienta).

Componentes activos

Aceite esencial con sabineno, pineno y otras sustancias aromáticas picantes, con propiedades tónico-gástricas, digestivas, estimulantes circulatorias, analgésicas y antisépticas.

Precauciones

Nada que destacar.

Uso culinario

Realza el sabor de platos salados.

Uso medicinal

En medicina ayurvédica se prescribe la infusión de 6 granos de pimienta un poco majados, 5 g/ 1 cucharadita de miel y 250 ml de agua hirviendo como tónico digestivo y remedio hepático; también es un buen tónico para gripe, resfriados o dolor de garganta. La pimienta negra se puede combinar con clavo o canela para fortalecer las defensas. El aceite esencial se emplea en aromaterapia para masajes contra todo tipo de dolores, la mala circulación y la indigestión.

Rosa damascena, Rosa centifolia y Rosa gallica Rosal Rosáceas

Originarios de China, los rosales llegaron a la India y Persia por las rutas comerciales, y de allí se extendieron a Oriente Próximo y Europa. Las rosas son las flores más apreciadas en muchas culturas, y ahora se cultivan un sinfín de variedades. Las tres especies que aquí se recogen, la rosa damascena, la de las cien hojas y la francesa, son los tres rosales «antiguos» más usados en medicina y perfumería. Las delicadas rosas damascenas se cultivan en Bulgaria y Marruecos, las rosas de las cien hojas, en Francia y el norte de África, y las rosas francesas, en Francia. Tienen un perfume muy intenso pero no la forma perfecta de las rosas modernas.

Descripción y cultivo

Un rosal puede medir 2 m de alto. Tienen tallos espinosos y folíolos dispuestos en grupos de cinco o siete. Producen flores de distintos colores, perfumadas y con muchos pétalos. Las rosas damascenas son de un rosa pálido, las de cien hojas, de un rosa un poco más fuerte, y las francesas, de rosa fuerte a rojo. Necesitan protección y pleno sol al menos unas horas al día, y consumen muchos nutrientes. El abonado regular contribuye a prevenir las plagas. Para asegurarse de plantar la especie correcta, hay que comprarla en un comercio especializado.

Partes útiles

Pétalos.

Componentes activos

Las rosas de estas tres especies contienen aceite esencial con distintas sustancias químicas de aromas florales (hasta 300), además de taninos, glucósidos y pigmentos, de propiedades antiinflamatorias, astringentes, tónico-hepáticas y tónico-digestivas. Los aceites esenciales y el agua de rosas se obtienen por destilación y extracción con disolvente, y son muy caros.

Precauciones

Nada que destacar.

Uso culinario

Con agua de rosas se hacen glaseados, y con pétalos caramelizados se adornan pasteles.

Uso medicinal

El agua de rosas es buena en caso de diarrea y favorece la digestión de comidas pesadas. Además, limpia y calma inflamaciones cutáneas, eccemas o acné. El aceite esencial se emplea en perfumería, y en masajes de aromaterapia para aliviar el estrés, la ansiedad y los traumas emocionales.

Rosmarinus officinalis Romero Labiadas/Lamiáceas

Rosmarinus significa «rocío del mar». Esta planta es originaria de los litorales rocosos del Mediterráneo meridional. Antes símbolo de fidelidad, con romero se hacían coronas y ramos nupciales. En la Grecia clásica se quemaba como sahumerio y estaba consagrado a la diosa Artemisa, la cazadora. En el siglo XVI existía la costumbre de dorar ramas de romero, atarlas con cintas y regalarlas a los invitados de las bodas o para Año Nuevo, porque se creía que traía buena suerte.

El romero también era habitual en las decoraciones navideñas junto con el acebo y el tejo.

Descripción y cultivo

El romero es un arbusto siempre verde de hasta 2 m de alto, tallos leñosos y hojas estrechas muy aromáticas. A principios de primavera echa unas flores de color azul pálido o rosa que alimentan a las abejas. Prospera en suelos arenosos y bien drenados a pleno sol. En los climas fríos necesita protección. Las hojas se pueden recoger durante todo el año pero son más aromáticas en julio o agosto, el momento ideal si se piensan secar. El romero se puede reproducir por esquejes o acodado, y se poda después de la floración.

Partes útiles

Hojas.

Componentes activos

Aceite esencial (se extrae por destilación al vapor) con pineno y otras sustancias aromáticas frescas, además de taninos, saponina y ácidos orgánicos, con propiedades estimulantes circulatorias, tónico-digestivas, antiespasmódicas y analgésicas.

Precauciones

Las personas epilépticas o embarazadas deben evitar su uso terapéutico pero no culinario.

Uso culinario

Con cordero, cerdo y otros platos de carne, en vinagres, adobos y aliños de ensalada.

Uso medicinal

La infusión de hojas frescas o secas es buena para el dolor de cabeza, la migraña, la fatiga, los gases y la indigestión. Con arrayán, romero y lavanda a partes iguales se prepara un bálsamo oleoso que, en masaje, va muy bien para el reumatismo. Unas hojas o aceite esencial (4 gotas) en el agua del baño matinal son revigorizantes. El aceite esencial se utiliza en bálsamos musculares y friegas para deportistas, así como en aromaterapia en masajes para dolores en general y mala circulación.

Rubus idaeus Frambueso Rosáceas

En la medicina tradicional china, con los frutos se tratan dolencias renales. En la Grecia clásica, frutos y hojas se tomaban como tónicos urinarios y descongestivos. *Rubus* significa «arbusto espinoso», y se cree que *idaeus* hace referencia al monte Ida de Grecia, donde proliferaban los frambuesos. Culpeper dijo del frambueso: «Venus posee este arbusto (...) el fruto tiene un olor y un sabor muy agradables, es cordial, fortalece el estómago y evita los vómitos (...)».

Descripción y cultivo

Arbusto de hoja caduca de tallos espinosos bianuales de hasta 1,4 m de alto y hojas alternas con nervaduras, dentadas, verdes y velludas en el anverso y blanquecinas y aterciopeladas en el revés. Echa flores blancas en mayo o junio, y les siguen bayas rojas compuestas y fragantes. Crece silvestre en bosques y laderas. En el jardín necesita pleno sol y un suelo bien drenado y un poco ácido. Crece muy rápido. Es mejor recolectar las hojas justo antes de que las flores se abran, y se pueden usar frescas o secas. El fruto se recoge cuando está maduro y se puede comer fresco o congelar.

Partes útiles

Hojas y frutos.

Componentes activos

En las hojas, taninos, pectina, vitamina C, ácidos orgánicos y fragarina, que son tónico-uterinos, galactagogos, diuréticos, astringentes y expectorantes. Los frutos son ricos en vitamina C, ácidos orgánicos y azúcares.

Precauciones

No hay que usar las hojas con fines terapéuticos durante los primeros meses del embarazo, pero son buenas en el último mes y en el parto.

Uso culinario

Los frutos, en postres, licores o vinagre.

Uso medicinal

La infusión de hojas es excelente para los calambres menstruales y los dolores del parto, porque tonifica los músculos uterinos y pélvicos. Durante el último mes de gestación prepara el parto y estimula la producción de leche. Se puede dar a los niños para aliviar los espasmos por indigestión o diarrea. La infusión concentrada va muy bien de enjuague bucal o para hacer gárgaras si se tiene la garganta irritada.

Rumex acetosa Acedera Poligonáceas

La acedera de jardín es una planta muy común en toda Europa. Crece silvestre en los pastos, donde el suelo es rico en hierro y nitrógeno. Desde el siglo XIV se han empleado en la cocina varias especies, y la acedera gozó de enorme aceptación por su valor nutritivo en ensalada durante el reinado de Enrique VIII de Inglaterra, en el siglo XVI. En el siglo XVIII, John Evelyn escribió: «aporta (...) tal vitalidad a las ensaladas que nunca debe faltar». Culpeper añadió: «La acedera (...) calma todo tipo de inflamaciones y baja las fiebres pestilentes (...) y el malestar de los desmayos (...)». Recomendaba aplicar cataplasmas de acedera sobre las llagas de la peste. También se usaba como tinte verde y se mezclaba con vinagre y azúcar para preparar una salsa para carnes frías que se llamaba «salsa verde».

Descripción y cultivo

Planta vivaz, resistente, de hasta 1,2 m de alto, grandes hojas oblongas verdes con una punta característica y espigas grandes de flores de color marrón rojizo a mediados de verano. Una vez consolidada en suelos húmedos y fértiles al sol o a media sombra se reproduce con facilidad por germinación de sus semillas. Las hojas jóvenes son mejores porque están más tiernas.

Partes útiles

Hojas frescas.

Componentes activos

En las hojas: taninos, vitamina C y ácido oxálico, que en exceso es tóxico porque interfiere en la absorción del hierro. Por eso se utilizan las hojas jóvenes, y sólo con moderación. La acedera tiene propiedades diuréticas y depurativas de la sangre.

Precauciones

No se recomienda su uso culinario ni medicinal durante el embarazo o en caso de anemia.

Uso culinario

Hojas jóvenes, sin abusar, en ensaladas verdes variadas y en sopa.

Uso medicinal

La infusión fría de hojas jóvenes es una bebida calmante durante los episodios febriles, y sirve para hacer gárgaras cuando se tiene la garganta inflamada y de tónico digestivo. La cataplasma de hojas jóvenes desinfecta forúnculos y heridas.

Salvia officinalis Salvia (común) Labiadas/Lamiáceas

El nombre de «salvia» proviene del latín *salvere,* que significa «salvar» o «gozar de buena salud». Un viejo proverbio inglés dice así: «Quien quiera vivir para siempre tiene que comer salvia en mayo». Antaño se conocía como *Salvia salvatrix,* «salvia la salvadora». En el siglo XVI, Gerard dijo de ella: «La salvia es muy buena para la cabeza y el cerebro, agiliza los sentidos y la memoria, fortalece los nervios, restablece la salud a quienes están paralíticos (...)». Un tónico tradicional de las zonas rurales de Italia consiste en comer hojas de salvia fresca con pan y mantequilla.

Descripción y cultivo

Arbusto siempre verde, aromático, de hasta 60 cm de alto, tallos leñosos y hojas verdes grisáceas aterciopeladas y olorosas. A principios de verano produce espigas de flores de un azul violáceo que atraen abejas y mariposas. Precisa un suelo ligero y bien drenado a pleno sol, y no demasiada agua. En agosto es cuando las hojas son más aromáticas, por eso es el mejor momento para secarlas. Se reproduce por esquejes o acodado.

Partes útiles

Hojas.

Componentes activos

Aceite esencial rico en tujona y otras sustancias de aroma penetrante, amargos, compuestos de estrógenos, ácidos fenólicos, resina y taninos, con propiedades antisépticas, antifúngicas, antiespasmódicas, diuréticas y compensadoras del nivel de estrógenos.

Precauciones

Por su contenido en tujona, las hojas no deben utilizarse con fines terapéuticos durante el embarazo, pero son inocuas como condimento.

Uso culinario

Con moderación en platos de cerdo, cordero y otras carnes fuertes, o de queso. Con salsa de manzana.

Uso medicinal

La infusión de hojas frescas o secas está indicada para resfriados, tos, infecciones de pecho y gripe. Modera la transpiración, lo que (con su efecto compensador de los niveles de estrógeno) hace de ella un remedio excelente durante la menopausia. (Nota: no hay que beber infusiones durante más de cuatro días seguidos.) La infusión concentrada va muy bien para hacer gárgaras en caso de inflamación de garganta y como enjuague antiséptico para úlceras y encías inflamadas.

Salvia sclarea Salvia romana Labiadas (Lamiáceas)

La salvia romana, también llamada «esclarea» o «amaro», se conocía antiguamente en francés como *toute bonne* («toda buena»). Es originaria del sur de Europa, en particular de Francia e Italia. En el siglo XIX, la salvia romana se empleaba como sucedáneo del lúpulo y, gracias a su intenso aroma, se obtenían unas cervezas fortísimas.

Descripción y cultivo

La salvia romana es una planta sorprendente que puede llegar a medir 1,2 m de alto, de hojas vellosas muy grandes y altas espigas de flores de color azul rosado a finales de verano. La planta desprende una fragancia característica. Prefiere los suelos húmedos y fértiles a pleno sol y se puede cultivar a partir de semilla en primavera. Muere en el segundo año, pero antes produce gran cantidad de semillas a partir de las cuales vuelve a brotar. Las hojas se pueden usar a lo largo de todo el año. Las flores se recolectan a principios de verano y las semillas, a finales.

Partes útiles

Hojas (herboristería); flores (aceite esencial).

Componentes activos

Taninos, amargos y aceite esencial extraído por destilación al vapor. Tiene propiedades calentadoras, antiespasmódicas, tónicas y compensadoras de los niveles hormonales.

Precauciones

No es recomendable durante el embarazo.

Uso culinario

Hojas, flores y aceite esencial se emplean para aromatizar licores y el vermú. Antes las hojas tiernas se comían rebozadas como guarnición.

Uso medicinal

La infusión concentrada de hojas jóvenes es muy eficaz para limpiar cortes, arañazos y heridas. La cataplasma de hojas ayuda a expulsar astillas y a desinfectar cortes y forúnculos. Sumergiendo 2,5 g/$^1/_2$ cucharadita de semillas en 200 ml de agua caliente unos minutos se obtiene un mucílago que, colado, va muy bien para lavar los ojos inflamados y cansados. En aromaterapia, el aceite esencial se utiliza en masajes para recuperar el equilibrio hormonal y mejorar la depresión y la fatiga.

Sambucus nigra Saúco Caprifoliáceas

Para encender el fuego, los anglosajones lo soplaban con las ramás huecas del saúco. Antaño se decía que la madera de la cruz de Cristo era de ese árbol, y las supersticiones del norte de Europa aún prohíben cortar ramas o troncos de saúco sin pedir antes permiso a Hlyde-Moer, el espíritu de la «anciana madre» que habita en el árbol.

Descripción y cultivo

El saúco es un árbol que alcanza los 10 m, con las hojas verde mate y umbelas de flores color crema que dejan paso a las pequeñas bayas negras. Crece silvestre en bosques y setos. Hay variedades ornamentales, pero sólo las especies silvestres tienen valor terapéutico. Requiere un suelo húmedo y bien drenado, al sol o a media sombra.

Partes útiles

Flores y bayas.

Componentes activos

Las flores contienen glucósidos, mucílago, taninos y ácidos orgánicos, de propiedades calmantes y diaforéticas (sudoríficas). Las bayas contienen pigmentos, azúcar y gran cantidad de vitamina C.

Precauciones

Las hojas del saúco son tóxicas. Las bayas no se deben comer crudas, pero hervidas sirven para preparar jarabes y licores.

Uso culinario

Las flores frescas de saúco rebozadas y fritas son una delicia. Aportan un sabor delicado a las grosellas u otros frutos ácidos hervidos. Con ellas también se preparan licores, infusiones o vinagres aromáticos.

Uso medicinal

Una mezcla de hierbas indispensable para los resfriados, la gripe, la tos, la sinusitis y el catarro se prepara con flor de saúco, milenrama y hojas de menta a partes iguales. Con las bayas se puede preparar un nutritivo jarabe que también calma las gargantas irritadas y fortalece las defensas (véanse las páginas 152-153). La infusión de flores de saúco dejada enfriar tonifica y calma la piel, y se puede añadir a cremas o mascarillas faciales.

Satureja hortensis Ajedrea (de jardín) Labiadas/Lamiáceas

Plinio el Viejo fue el primero en llamar a esta planta *satureja,* en el siglo I, quizá en referencia a Sátiro, la criatura mítica mitad hombre y mitad cabra, puesto que esta hierba tenía fama de afrodisíaca. A Virgilio, otro escritor romano célebre, le gustaba la fragancia de la ajedrea y decía que había que plantarla cerca de las colmenas. Su sabor recuerda la pimienta, y en las recetas romanas se usaba como condimento picante. Culpeper la apreciaba mucho y aconsejaba preparar con las hojas secas un jarabe para el invierno «para expulsar las flemas tenaces del pecho».

Descripción y cultivo

Pequeña planta anual arbustiva de tallos leñosos erectos de hasta 38 cm de alto y pequeñas hojas lanceoladas de un verde oscuro. En verano aparecen unas florecillas blancas. Necesita un suelo bien drenado a pleno sol y se puede plantar en maceta. Plantada entre matas de judías, ahuyenta los áfidos negros. Se reproduce por semillas en el jardín a finales de primavera, y las hojas se recolectan en agosto, cuando son más aromáticas.

Partes útiles

Hojas, tallos jóvenes.

Componentes activos

En las hojas y tallos jóvenes, aceite esencial con carvacrol y cimeno además de resinas, compuestos fenólicos, taninos y mucílago, de propiedades antiespasmódicas, carminativas, astringentes, tónico-gástricas y expectorantes.

Precauciones

No debe usarse con fines terapéuticos durante el embarazo. Como condimento culinario y con moderación, no entraña ningún riesgo.

Uso culinario

Esta hierba ensalza el sabor de las judías y evita los gases. También se utiliza para rellenos, panes de frutos secos, patés vegetarianos y platos de huevos, aves o carne.

Uso medicinal

La infusión va bien para la indigestión y el exceso de gases, estimula el apetito y cura la diarrea. También tiene fama de acabar con los parásitos intestinales. El jarabe elaborado con las hojas secas es un expectorante excelente. Las hojas de ajedrea fresca frotadas sobre la piel proporcionan un alivio inmediato a las picaduras de abeja y avispa.

Symphytum officinale Consuelda Borragináceas

El nombre en latín proviene del griego *sympho* (en combinación) y *phyto* (planta), por las tradicionales propiedades de esta planta beneficiosas para la piel y los huesos. El herbolario Gerard dijo de ella: «Un ungüento elaborado con la hierba fresca favorece la curación de partes magulladas o fracturadas». Más tarde, Culpeper añadió: «Hervir la raíz en agua o vino y beber la decocción es beneficioso para todas las lesiones, contusiones y heridas internas y ayuda a expectorar las flemas».

Descripción y cultivo

Es una planta vivaz de crecimiento vigoroso que puede llegar a medir 1,2 m de alto y 1 m de envergadura. Las hojas son grandes, carnosas y vellosas, y a principios de verano salen unas florecillas violetas o rosas. Necesita suelo húmedo y algo de sombra. La mejor forma de reproducirla es dividiendo las raíces en primavera. Es un fertilizante vegetal y un extraordinario acelerador del compost (véanse las páginas 52-53). Las hojas jóvenes son las mejores para fines terapéuticos, y con las raíces se elabora una tintura.

Partes útiles

Hojas y raíces.

Componentes activos

Alcaloides, abundante mucílago, taninos, alantoína, almidón y aceite esencial con propiedades antiinflamatorias, vulnerarias, antisépticas y cicatrizantes.

Precauciones

No se recomienda la automedicación interna con consuelda porque contiene alcaloides, que pueden dañar el hígado.

Uso culinario

Ninguno.

Uso medicinal

La pomada elaborada con hojas de consuelda es excelente para contusiones, heridas, cortes, cicatrices, varices y dolores musculares, además de ayudar en la recuperación de fracturas. La cataplasma de hojas de consuelda es eficaz contra los forúnculos, los abscesos y el acné extendido porque reduce la inflamación y tiene una acción desinfectante. El contenido en alantoína contribuye a la curación y recuperación espontánea de la piel.

Tanacetum parthenium Tanaceto Compuestas

Esta especie de tanaceto es famosa por su acción febrífuga. Originario del sudeste de Europa y Asia Menor, se ha propagado a muchas otras partes del mundo por el Mediterráneo. En el siglo XVII, el herbolario Culpeper dijo de él: «Es muy eficaz contra todos los males de la cabeza (...) Venus elogiaba esta hierba por socorrer a sus hermanas, ya que es un fortalecedor general de la matriz (...) se utiliza sobre todo para los trastornos de las madres (...)».

Descripción y cultivo

Planta arbustiva vivaz de hasta 1 m de alto y hojas aromáticas divididas y vellosas de color verde oscuro. Las flores tienen los pétalos blancos y el botón central amarillo. Existen variedades ornamentales, como Aureum, de hojas doradas, pero sin propiedades medicinales. El tanaceto crece en cualquier tipo de suelo y sobrevive incluso a la sequía. Las semillas se plantan en primavera, pero también se puede reproducir por esquejes de plantas maduras. Las hojas y las flores se pueden utilizar frescas o recolectar en verano para secarlas y conservarlas.

Partes útiles

Flores.

Componentes activos

Aceite esencial con un fuerte aroma canforáceo, amargos, taninos, mucílago y sesquiterpenos de efecto analgésico.

Precauciones

Masticar las hojas en exceso puede provocar úlceras en la boca.

Uso culinario

Ninguno.

Uso medicinal

Estudios científicos han demostrado que el tanaceto es eficaz contra el dolor de cabeza y la migraña, alivia el dolor de la artritis y mejora el sueño. Se vende en cápsulas y tintura. Un método tradicional consiste en comer dos o tres hojas frescas con pan y mantequilla una vez al día durante cuatro o cinco días. 30 gotas de tintura diluidas en 125 ml de agua protegen de las picaduras de insecto y las curan si ya se han producido. La infusión convencional de flores frescas alivia el síndrome premenstrual, los cambios de humor y los periodos irregulares.

Taraxacum officinale Diente de león Compuestas

Al parecer, *taraxacum* deriva de dos palabras griegas, *taraxos,* que significa «desorden», y *akos,* «remedio». Esta planta se utiliza como remedio depurativo y diurético desde la Grecia clásica. En la Inglaterra del siglo XIX, con hojas de diente de león se elaboraba un tipo de cerveza conocido como «diente de león y bardana». Con las flores se hacía un vino.

Descripción y cultivo

No suele hacer falta plantar diente de león, porque es una «mala hierba» que crece en cualquier parte. Una raíz central gruesa produce unas frescas hojas verdes y un único tallo floral que, al madurar, se abre en una cabezuela amarilla parecida a la margarita y con el tiempo se transforma en una esfera de semillas volátiles. Lo que mucha gente no sabe es lo útil que es.

Partes útiles

Hojas y raíces.

Componentes activos

Las hojas y raíces contienen amargos, esteroles, taninos, glucósidos, resina, aceite esencial y vitaminas A y C, que le confieren propiedades estimulantes digestivas, tónico-amargas, muy diuréticas y hepáticas.

Precauciones

Por sus potentes propiedades diuréticas, no está indicada para las personas con enfermedades renales graves.

Uso culinario

Las hojas tiernas de diente de león son deliciosas en ensaladas, a las que aportan un sabor amargo penetrante; son excelentes mezcladas con hojas de lechuga, chalote recién picado y cebollino. La raíz de diente de león seca, tostada y molida es un sucedáneo sin cafeína del café.

Uso medicinal

La raíz de diente de león se suele emplear en fitoterapia como tónico amargo para afecciones digestivas. La decocción de la raíz estimula el apetito y favorece la digestión de comidas pesadas. Las raíces también contienen inulina, que ayuda al páncreas a controlar los niveles de azúcar en la sangre (aunque los nombres se parecen, no tiene nada que ver con la insulina).

Thymus vulgaris Tomillo Labiadas/Lamiáceas

Los griegos sahumaban con tomillo templos y casas para purificarlos. La palabra «tomillo» podría derivar del griego *thumus,* que significa «valor». El aroma cálido e intenso del tomillo se ha apreciado siempre por sus propiedades estimulantes. Autores romanos alababan sus virtudes fumigadoras y antisépticas, y en el siglo XVI Gerard escribió: «Es un remedio eficaz contra la mordedura de cualquier bestia venenosa, ya sea bebido o aplicado externamente».

Descripción y cultivo

Planta vivaz de hasta 46 cm de alto, con tallos leñosos en mata densa cubierta de diminutas hojas aromáticas verde oscuro y espigas de flores rosadas en verano. Atrae abejas, mariposas y otros insectos beneficiosos. Existen muchas variedades. Necesita un suelo bien drenado, mejor arenoso, en un lugar cálido y muy soleado. Se reproduce por esquejes en verano o acodado en primavera. Aunque se puede recolectar durante gran parte del año, su aroma es más penetrante en verano, cuando se recoge para secarlo.

Partes útiles

Hojas.

Componentes activos

En los tallos florales y las hojas: aceite esencial rico en timol y otras sustancias aromáticas penetrantes, además de amargos, taninos, flavonoides y saponinas, de propiedades antisépticas, expectorantes, estimulantes uterinas, antimicrobianas y vulnerarias.

Precauciones

No recomendado con fines terapéuticos durante el embarazo. Como condimento no entraña riesgo.

Uso culinario

Con carnes y pescados, en cazuelas y guisos y con raíces como zanahorias. También en vinagres y aceites aromatizados con hierbas.

Uso medicinal

La infusión de tomillo fresco o seco con 5 g/ 1 cucharadita de miel es un tónico excelente para inflamaciones de garganta, tos, resfriados, respiración dificultosa y ronquera. Con tomillo se prepara un jarabe de acción antiséptica para el invierno. El aceite esencial está presente en linimentos, friegas para el pecho y medicinas para afecciones respiratorias y musculares.

Trifolium pratense Trébol rojo Leguminosas

El trébol rojo o de los prados es una planta autóctona de Europa que crece silvestre en pastos, laderas y prados. Se cultiva como forraje para los animales desde la prehistoria. El nombre de *trifolium* se debe a las hojas trilobuladas (trifolios). Esta planta atrae abejas, abejorros y mariposas, y la miel de sus flores es una de las más exquisitas. Tiene una larga tradición en Europa como hierba vulneraria y hoy se cultiva a gran escala en Norteamérica y Australia, donde se ha aclimatado bien.

Descripción y cultivo

Planta vivaz efímera de hasta 60 cm de alto que también puede crecer a ras de suelo. Las suaves hojas verdes son trifoliadas y las flores, de un rosa subido, están agrupadas en densos corimbos. Precisa un suelo húmedo y bien drenado y pleno sol, y es muy fácil de reproducir a partir de las semillas. Las flores deben recolectarse cuando están en plena floración, entre mayo y septiembre.

Partes útiles

Flores.

Componentes activos

En las flores: taninos, glucósidos, ácidos orgánicos, pigmentos, flavonoides y cumarinas, que le confieren propiedades astringentes, expectorantes, vulnerarias y antiespasmódicas.

Precauciones

Nada que destacar.

Uso culinario

Los brotes jóvenes frescos se pueden comer en ensalada o sopas, o cocinados como espinacas.

Uso medicinal

La infusión de las flores tiene un sabor muy agradable y está indicada para la bronquitis, la ronquera, las infecciones y la tos de pecho y las indigestiones. Es muy eficaz contra la tos ferina en la infancia, sobre todo en jarabe. Puede servir para limpiar y desinfectar cortes y heridas, así como para tratar afecciones de la piel como eccemas y soriasis. La pomada de trébol rojo y caléndula es muy buena para la piel. Las compresas o cataplasmas de flores aceleran la curación de quemaduras leves y solares y la inflamación cutánea. La ingestión regular de un suplemento de trébol rojo puede servir de ayuda para los síntomas del síndrome premenstrual como el acné y para regular las hormonas.

Trigonella foenum-graecum Alholva Leguminosas

También llamada fenugreco. *Foenum graecum* significa «heno griego», porque esta planta se suele mezclar con el heno que se da a los caballos como forraje. *Trigonella* hace alusión a las hojas trifoliadas, parecidas al trébol. Las semillas de alholva se han empleado en medicina y en la cocina en Europa y Asia desde la Antigüedad. En China y la India se utilizan para eliminar impurezas del organismo y la piel.

Descripción y cultivo

Hierba anual resistente de hasta 60 cm de alto, de tallo erecto ramificado y hojas trilobuladas. Las flores, de color amarillo pálido en verano, dan paso a las vainas curvadas que contienen las aromáticas semillas, que se pueden recolectar y secar. Las hojas se pueden usar frescas. Se reproduce a partir de semilla y se cultiva en suelo bien drenado y rico en nutrientes, a pleno sol.

Partes útiles

Hojas y semillas.

Componentes activos

Las semillas de alholva contienen alcaloides, saponinas esteroidales con propiedades compensadoras de las hormonas, flavonoides, mucílago calmante y vitaminas A, B y C.

Precauciones

Ni las hojas ni las semillas de alholva se deben utilizar con fines terapéuticos durante el embarazo; como condimento, no hay riesgo.

Uso culinario

Las hojas frescas se cuecen y se comen como verdura. Las semillas secas molidas forman parte del *curry* indio y se usan en la cocina egipcia, norteafricana y de Oriente Próximo. Los brotes también se pueden comer frescos en ensalada.

Uso medicinal

La infusión de semillas desprende el mucílago, calma la inflamación del aparato digestivo, baja la fiebre y desintoxica el organismo. Esta hierba tiene fama de equilibrar las hormonas y mejorar la producción de leche materna, también tomada en infusión. La aplicación externa está indicada para la piel inflamada, el acné y los forúnculos.

Zingiber officinale Jengibre Zingiberáceas

El jengibre se ha utilizado durante milenios en China y la India como remedio contra la diarrea, la malaria, los resfriados y los trastornos gástricos, como afrodisíaco y como especia vital en la cocina. En Europa aparece mencionado en libros de medicina del siglo x, y ha gozado de gran popularidad en la gastronomía desde la Edad Media. Los españoles lo exportaron en el siglo xvi a las Indias Orientales y a América, donde se sigue cultivando.

Descripción y cultivo

Planta vivaz de raíz carnosa (rizoma), parejas de elegantes hojas lanceoladas en tallos de hasta 1,2 m de alto y flores muy aromáticas en conos separados de las hojas. Necesita un suelo fértil y húmedo, muy rico en nutrientes, y un clima tropical húmedo. Si se cultiva en invernadero o en un lugar caluroso, hay que ir pulverizándolo con agua para que las hojas no se sequen.

Partes útiles

Raíz, fresca o seca.

Componentes activos

Aceite esencial antiespasmódico, además de resina, grasas, almidón, vitaminas A y B, minerales y aminoácidos, de acción reconfortante, tónico-digestiva y circulatoria. El aceite esencial se extrae por destilación al vapor.

Precauciones

Nada que destacar.

Uso culinario

La raíz de jengibre seca es un ingrediente del *curry*, y una especia dulce empleada en bollería. La raíz fresca se utiliza en la India, China y Tailandia para dar un sabor picante a los platos. En confitería se utiliza el jengibre caramelizado.

Uso medicinal

En medicina china, con la raíz fresca se tratan resfriados, gripes e infecciones respiratorias favoreciendo la sudoración; se puede tomar una infusión con 5 g/1 cucharadita de miel y una rodaja de limón tres veces al día. Una taza al día puede mitigar las náuseas del embarazo. El jengibre en comprimidos o tintura está indicado para las náuseas, el mareo en viajes y la indigestión. En aromaterapia, el aceite esencial se utiliza en masajes para aliviar molestias musculares y digestivas y mejorar la circulación.

glosario

ABORTIVO: sustancia que provoca abortos espontáneos.

ACEITE ESENCIAL: esencia volátil, concentrada y fragante de una única planta.

ACEITE GRASO: aceite vegetal natural, por ejemplo de onagra.

AFRODISÍACO: que incrementa el deseo sexual.

AGUDO: dicho de una enfermedad, de aparición súbita e intensa y corta duración.

AGUJA: hoja muy estrecha, como la del pino.

ALCALOIDE: elemento de acción potente que está presente en algunas plantas.

AMARGO: sustancia de acción a menudo antibacteriana y sabor amargo.

ANAFRODISÍACO: que reduce el deseo sexual.

ANALGÉSICO: que calma el dolor.

ANEMIA: carencia de hierro.

ANTIBIÓTICO: que destruye los microorganismos.

ANTIDIAFORÉTICO: que impide el exceso de transpiración.

ANTIESPASMÓDICO: que calma los espasmos de los músculos involuntarios (como el colon).

ANTIINFLAMATORIO: que reduce la inflamación.

ANTIRREUMÁTICO: que calma el reuma.

ANTISÉPTICO: que destruye los gérmenes bacterianos.

ANUAL: dicho de una planta, con un ciclo vital que dura sólo un año y que luego hay que volver a sembrar.

AROMÁTICO: de olor fragante.

ASTRINGENTE: que contrae los tejidos y detiene las hemorragias.

AUTÓCTONO: dicho de una planta, originaria del lugar.

BÁLSAMO: preparado elaborado sumergiendo material vegetal en un aceite graso.

BIANUAL: planta que completa su ciclo vital en dos años; crece el primer año y florece o da fruto el segundo.

BULBO: órgano subterráneo con hojas carnosas y un tallo corto cerca del brote del año siguiente.

CADUCIFOLIO: árbol o arbusto que pierde todas sus hojas en otoño y rebrota en primavera.

CARMINATIVO: que favorece la expulsión de gases del tubo digestivo.

CATAPLASMA: paño humedecido que se suele aplicar directamente sobre el cuerpo para calmar el dolor y la inflamación.

COMPRESA: paño húmedo aplicado sobre el cuerpo, normalmente para detener hemorragias y aliviar la inflamación.

COMPUESTO: dicho de hojas o flores, en racimo con ramificaciones.

CORTEZA: el revestimiento externo de un tallo leñoso o tronco.

CRÓNICO: enfermedad acompañada de síntomas leves pero que persiste durante un periodo de tiempo prolongado.

DE HOJA CADUCA: véase Caducifolio.

DECOCCIÓN: preparado de raíces o material vegetal duro hervidos en agua.

DIAFORÉTICO: que estimula la transpiración.

DIURÉTICO: que incrementa la eliminación de líquido a través de los riñones y la vejiga.

EDEMA: acumulación de líquido en los tejidos.

EMENAGOGO: que estimula la menstruación.

EMOLIENTE: sustancia calmante que protege las membranas mucosas.

ESENCIA: véase Aceite esencial.

ESTIMULANTE: sustancia que incrementa la actividad fisiológica.

ESTOLÓN: sistema de raíces rastreras.

EXPECTORANTE: que favorece la expulsión de secreciones mucosas del pecho.

FLAVONOIDE: conjunto de pigmentos orgánicos de las plantas.

GALACTAGOGO: que favorece la producción de leche materna.

GLUCÓSIDO: sustancia que contiene azúcar.

HERBARIO: libro con descripciones de hierbas y sus preparados.

HÍBRIDO: planta obtenida del cruce de dos especies (se indica con una «x» en el nombre en latín).

HIPERTENSOR: sustancia que eleva la presión sanguínea.

HIPOTENSOR: sustancia que reduce la presión sanguínea.

INFUSIÓN: material vegetal puesto en remojo en agua hirviendo.

INGREDIENTE ACTIVO: sustancia de acción medicinal.

INTRODUCIDO: dicho de una especie botánica, trasladada por el hombre a un lugar.

MUCÍLAGO: sustancia gelatinosa que secretan ciertas plantas.

NARCÓTICO: sustancia que causa sensación de estupor y mitiga el dolor.

PERENNE: véase Vivaz.

PLUMADO: dicho de hojas, divididas en múltiples segmentos.

POMADA: emulsión a base de aceite y grasa para el tratamiento de la piel.

RAÍZ CENTRAL: raíz principal gruesa que crece vertical (como la zanahoria).

RIZOMA: raíz carnosa (como el jengibre).

RUBEFACIENTE: que produce enrojecimiento localizado en la piel.

SAPONINAS: ingredientes vegetales que forman espuma en el agua.

SEDANTE: sustancia calmante que alivia la tensión y provoca somnolencia.

SIEMPRE VERDE: árbol o arbusto que permanece verde a lo largo de todo el año.

SUSTANCIA QUÍMICA AROMÁTICA: ingrediente oloroso de un aceite esencial.

TANINOS: grupo de ingredientes vegetales con efectos astringentes y antibacterianos.

TINTURA: remedio elaborado sumergiendo el material vegetal en alcohol.

TÓNICO: que ejerce una acción fortificante sobre el organismo.

TÓNICO-DIGESTIVO: que estimula los procesos digestivos.

TRIFOLIADO: dícese de las hojas con tres lóbulos (como el trébol).

UMBELA: flor en forma de paraguas con tallos igual de largos que parten de un mismo punto (como la angélica).

VIVAZ: planta que vive más de dos años y florece cada verano. Algunas se marchitan hasta la raíz en invierno y rebrotan en primavera (como la melisa).

VULNERARIO: que contribuye a la cicatrización de las heridas y la curación de las contusiones.

Índice de nombres científicos

Índice alfabético

Índice alfabético

Agradecimientos fotográficos

La Bridgewater Book Company desea expresar su agradecimiento a Corbis por permitirle reproducir material con derechos de autor: págs. 2, 4, 12, 14, 21, 23, 32, 33, 37, 41, 45, 46, 47, 49, 53, 64, 120, 155, 207, 214.